药圣故里　蕲地腾飞

乡村振兴横车实践

吕洪良　主编

华中科技大学出版社
http://press.hust.edu.cn
中国·武汉

图书在版编目(CIP)数据

乡村振兴横车实践/吕洪良主编.—武汉：华中科技大学出版社,2023.5
ISBN 978-7-5680-9073-5

Ⅰ.①乡… Ⅱ.①吕… Ⅲ.①农村-社会主义建设-调查研究-蕲春县 Ⅳ.①F327.634

中国国家版本馆CIP数据核字(2023)第056015号

乡村振兴横车实践　　　　　　　　　　　　　　　　　吕洪良　主编
Xiangcun Zhenxing Hengche Shijian

策划编辑：钱　坤　杨　玲
责任编辑：贺翠翠
封面设计：廖亚萍
责任校对：余晓亮
责任监印：周治超
出版发行：华中科技大学出版社(中国·武汉)　电话：(027)81321913
　　　　　武汉市东湖新技术开发区华工科技园　邮编：430223
排　　版：华中科技大学惠友文印中心
印　　刷：湖北金港彩印有限公司
开　　本：710mm×1000mm　1/16
印　　张：17.5　插页：2
字　　数：285千字
版　　次：2023年5月第1版第1次印刷
定　　价：89.00元

本书若有印装质量问题，请向出版社营销中心调换
全国免费服务热线：400-6679-118　　竭诚为您服务
版权所有　侵权必究

内容提要
ABSTRACT

本书主要是围绕湖北省蕲春县横车镇实施乡村振兴战略撰写的系列论文,共包括3篇政策论文和23篇调研报告,共分7个部分。其中"理论篇"3篇,主要对习近平总书记关于乡村振兴的重要论述以及23个中央一号文件的乡村发展轨迹进行系统梳理和提炼。"产业篇"6篇,"人才篇"4篇,"文化篇"2篇,"生态篇"4篇,"治理篇"4篇,比较集中地反映了本次调研的成果,即关于横车镇的产业、人才、文化、生态、治理五个方面的发展现状、存在问题,每篇调研报告最后均提出了相应的政策建议。"他山之石篇"3篇,收入了来自赣南和湘西的3篇调研报告。

目 录
CONTENTS

第一部分　理论篇 / 1

2021年中央一号文件开启农业农村现代化新征程　吕洪良 / 3
习近平"三农"重要论述与乡村振兴战略　郝慧欣 / 13
从23个中央一号文件看乡村振兴战略　罗　艺 / 31

第二部分　产业篇 / 41

产业振兴助力乡村振兴的路径选择探究
　　——以蕲春县横车镇为例　侯美鹏 / 43
论长石村成为特色小镇的可能性　肖　潮 / 53
全域旅游布局下的乡村旅游开发困境与对策
　　——基于蕲春县横车镇乡村调研　王江雪 / 70
"药圣"故里明星乡镇的发展困境及对策　徐　芮 / 82
乡村振兴背景下土地流转与村集体经济发展的互动
　　——基于横车镇三个村的土地流转及利用情况对比分析　王广靖 / 94
发挥产业在乡村振兴中的带动作用
　　——以横车镇富冲村、许岗村为例　易先愫 / 101

第三部分　人才篇 / 109

基于乡村振兴战略的人才培养路径探究
　　——关于横车镇人才振兴的调研报告　牛欢欢 / 111
人力资本助力乡村振兴的困境及对策研究

——基于湖北省黄冈市蕲春县横车镇的调查　陈　鸿 / 118
乡村人才振兴进程中的主要困境与对策剖析
　　——以蕲春县横车镇为例的调研报告　高雅芯 / 127
横车镇人力资源问题与解决路径探析　刘君林 / 137

第四部分　文化篇 / 145

乡村振兴战略下乡村文化建设路径研究
　　——以横车镇长石村为例　任欣云 / 147
文化建设助力乡村振兴调研报告
　　——以湖北省蕲春县横车镇为例　郝江云 / 156

第五部分　生态篇 / 163

横车镇资源及生态发展调研报告　涂天宇 / 165
横车镇生态旅游发展的制约因素及对策　曹志磊 / 174
乡村振兴视角下生态保护与经济发展的博弈困境研究
　　——以横车镇九颗松村为例　贺　婷 / 183
乡村振兴建设下的乡村生态产业化研究
　　——以蕲春县横车镇为例　谷晓宇 / 192

第六部分　治理篇 / 201

因地制宜推进乡村振兴
　　——对横车镇九棵松村与长石村的调查　向　妃 / 203
乡村振兴背景下数字化乡村治理模式探析
　　——以横车镇为例　钟晴晴　石艳丽 / 210
乡村振兴战略视角下第一书记嵌入乡村治理路径探析
　　——以横车镇第一书记为例　王　贺 / 217
农村土地流转的成效、困境及其突破之路探析
　　——基于湖北省蕲春县横车镇的调研　徐东辉 / 227

第七部分　他山之石篇 / 235

从脱贫攻坚到乡村振兴的一条"于都路径"
　　——以于都县产业脱贫为例　刘璐华 / 237
如何通过改善乡村教师资源问题实现乡村教育振兴
　　——湘西乡村教师资源案例调查报告　徐梓源　段松涛　李鼎成　虞凯杨 / 251
农村箬竹产业的发展现状与对策　明　朋 / 267

后记 / 271

第一部分

理论篇

2021年中央一号文件开启农业农村现代化新征程

吕洪良

自党的十九大提出实施乡村振兴战略以来,从2018年至2021年中共中央、国务院连续发出4个支持农业农村发展和促进乡村振兴的"一号文件",分别是《中共中央 国务院关于实施乡村振兴战略的意见》《中共中央 国务院关于坚持农业农村优先发展做好"三农"工作的若干意见》《中共中央 国务院关于抓好"三农"领域重点工作确保如期实现全面小康的意见》《中共中央 国务院关于全面推进乡村振兴加快农业农村现代化的意见》。2018年一号文件聚焦乡村振兴总要求,明确了乡村振兴的总方向和发展蓝图。2019年和2020年一号文件重点围绕打赢脱贫攻坚战,为实施乡村振兴战略奠定基础。2021年一号文件立足胜利完成脱贫攻坚任务和全面小康社会的新起点,着眼于开启农业农村现代化新征程,提出了全面实施乡村振兴战略的一系列新要求和新举措,为各地实施乡村振兴提供了基本遵循。

一、新的历史定位

实施乡村振兴战略,是党的十九大作出的重大决策部署,是决胜全面建成小康社会、全面建设社会主义现代化国家的重大历史任务,是新时代"三农"工作的总抓手。

2021年《中共中央 国务院关于全面推进乡村振兴加快农业农村现代化的意见》是21世纪以来第18个指导"三农"工作的中央一号文件,全文共5个部分,包括总体要求、实现巩固拓展脱贫攻坚成果同乡村振兴有效衔接、加快推进农业现代化、大力实施乡村建设行动、加强党对"三农"工作的全面领导。

文件指出,"十四五"时期,是乘势而上开启全面建设社会主义现代化国家新征程、向第二个百年奋斗目标进军的第一个五年。民族要复兴,乡村必振兴。党中央认为,新发展阶段"三农"工作依然极端重要,须臾不可放松,务必抓紧抓实。要坚持把解决好"三农"问题作为全党工作重中之重,把全面推进乡村振兴作为实现中华民族伟大复兴的一项重大任务,举全党全社会之力加快农业农村现代化,让广大农民过上更加美好的生活。

文件确定,把乡村建设摆在社会主义现代化建设的重要位置,全面推进乡村产业、人才、文化、生态、组织振兴,充分发挥农业产品供给、生态屏障、文化传承等功能,走中国特色社会主义乡村振兴道路,加快农业农村现代化,加快形成工农互促、城乡互补、协调发展、共同繁荣的新型工农城乡关系,促进农业高质高效、乡村宜居宜业、农民富裕富足。

2021年中央一号文件围绕准确把握新发展阶段、深入贯彻新发展理念、加快构建新发展格局,对全面推进乡村振兴、加快农业农村现代化作出重大部署,对于我们扎实做好新发展阶段"三农"工作,促进农业高质高效、乡村宜居宜业、农民富裕富足,具有重大指导意义。

习近平总书记指出:"全面建设社会主义现代化国家,实现中华民族伟大复兴,最艰巨最繁重的任务依然在农村,最广泛最深厚的基础依然在农村。"必须深刻认识到,解决好发展不平衡不充分的问题,重点难点在"三农",迫切需要补齐农业农村短板弱项,推动城乡协调发展;构建新发展格局,潜力后劲在"三农",迫切需要扩大农村需求,畅通城乡经济循环;应对国内外各种风险挑战,基础支撑在"三农",迫切需要稳住农业基本盘,守好"三农"基础。

在中国特色社会主义新时代,乡村是一个可以大有作为的广阔天地,迎来了难得的发展机遇。我们有党的领导的政治优势,有社会主义的制度优势,有亿万农民的创造精神,有强大的经济实力支撑,有历史悠久的农耕文明,有旺盛的市场需求,完全有条件有能力实施乡村振兴战略。

二、新的目标任务

2018年中央一号文件指出,按照产业兴旺、生态宜居、乡风文明、治理有效、生活富裕的总要求,建立健全城乡融合发展体制机制和政策体系,统筹推进农村经济建设、政治建设、文化建设、社会建设、生态文明建设和党的建设,加快推进乡村治理体系和治理能力现代化,加快推进农业农村现代化,走中国特色社会主义乡村振兴道路,让农业成为有奔头的产业,让农民成为有吸引力的职业,让农村成为安居乐业的美丽家园。到2020年,乡村振兴取得重要进展,制度框架和政策体系基本形成。到2035年,乡村振兴取得决定性进展,农业农村现代化基本实现。到2050年,乡村全面振兴,农业强、农村美、农民富全面实现。

2021年中央一号文件明确提出了到2025年的具体目标。

(1)农业农村现代化取得重要进展,农业基础设施现代化迈上新台阶,农村生活设施便利化初步实现,城乡基本公共服务均等化水平明显提高。

(2)农业基础更加稳固,粮食和重要农产品供应保障更加有力,农业生产结构和区域布局明显优化,农业质量效益和竞争力明显提升,现代乡村产业体系基本形成,有条件的地区率先基本实现农业现代化。

(3)脱贫攻坚成果巩固拓展,城乡居民收入差距持续缩小。

(4)农村生产生活方式绿色转型取得积极进展,化肥农药使用量持续减少,农村生态环境得到明显改善。

(5)乡村建设行动取得明显成效,乡村面貌发生显著变化,乡村发展活力充分激发,乡村文明程度得到新提升,农村发展安全保障更加有力,农民获得感、幸福感、安全感明显提高。

三、新的政策举措

2018年中央一号文件提出,举全党全国全社会之力,以更大的决心、更明确的目标、更有力的举措,推动农业全面升级、农村全面进步、农民全面发展,谱写新时代乡村全面振兴新篇章。2021年中央一号文件进一步提出了以下重要举措。

(一)实现巩固拓展脱贫攻坚成果同乡村振兴有效衔接

(1)设立衔接过渡期。对摆脱贫困的县,从脱贫之日起设立5年过渡期。过渡期内保持现有主要帮扶政策总体稳定,并逐项分类优化调整,合理把握节奏、力度和时限,逐步实现由集中资源支持脱贫攻坚向全面推进乡村振兴平稳过渡。

(2)健全防止返贫动态监测和帮扶机制,对易返贫致贫人口及时发现、及时帮扶,守住防止规模性返贫底线。

(3)实施脱贫地区特色种养业提升行动,广泛开展农产品产销对接活动,深化拓展消费帮扶。

(4)在脱贫地区重点建设一批区域性和跨区域重大基础设施工程。加大对脱贫县乡村振兴支持力度。

(5)支持各地自主选择部分脱贫县作为乡村振兴重点帮扶县。

(二)加快推进农业现代化

1.提升粮食和重要农产品供给保障能力

(1)深入推进农业结构调整,推动品种培优、品质提升、品牌打造和标准化生产。

(2)加快构建现代养殖体系,保护生猪基础产能,健全生猪产业平稳有序发展长效机制,积极发展牛羊产业,继续实施奶业振兴行动,推进水产绿色健康养殖。

(3)促进木本粮油和林下经济发展。

2. 坚决守住18亿亩耕地红线

(1)统筹布局生态、农业、城镇等功能空间,科学划定各类空间管控边界,严格实行土地用途管制。

(2)明确耕地和永久基本农田不同的管制目标和管制强度,严格控制耕地转为林地、园地等其他类型农用地,强化土地流转用途监管,确保耕地数量不减少、质量有提高。

(3)实施新一轮高标准农田建设规划,提高建设标准和质量,健全管护机制,多渠道筹集建设资金,中央和地方共同加大粮食主产区高标准农田建设投入。

3. 强化现代农业科技和物质装备支撑

(1)坚持农业科技自立自强,完善农业科技领域基础研究稳定支持机制,深化体制改革,布局建设一批创新基地平台。

(2)深入开展乡村振兴科技支撑行动。

(3)支持高校为乡村振兴提供智力服务。

(4)加强农业科技社会化服务体系建设,深入推行科技特派员制度。

4. 构建现代乡村产业体系

(1)依托乡村特色优势资源,打造农业全产业链,把产业链主体留在县城,让农民更多分享产业增值收益。

(2)加快健全现代农业全产业链标准体系,推动新型农业经营主体按标生产,培育农业龙头企业标准"领跑者"。

(3)立足县域布局特色农产品产地初加工和精深加工,建设现代农业产业园、农业产业强镇、优势特色产业集群。

(4)推进公益性农产品市场和农产品流通骨干网络建设。

(5)开发休闲农业和乡村旅游精品线路,完善配套设施。

(6)推进农村一二三产业融合发展示范园和科技示范园区建设。把农业现代化示范区作为推进农业现代化的重要抓手,围绕提高农业产业体系、生产体系、经营体系现代化水平,建立指标体系,加强资源整合、政策集成,以县(市、区)为单位开展创建,到2025年创建500个左右示范区,形成梯次推进农业现代化的格局。

5. 推进农业绿色发展

(1)持续推进化肥农药减量增效,推广农作物病虫害绿色防控产品和技术。

(2)加强畜禽粪污资源化利用。

(3)全面实施秸秆综合利用和农膜、农药包装物回收行动,加强可降解农膜研发推广。

(4)在长江经济带、黄河流域建设一批农业面源污染综合治理示范县。

(5)支持国家农业绿色发展先行区建设。

(6)实施水系连通及农村水系综合整治,强化河湖长制。

(7)巩固退耕还林还草成果,完善政策、有序推进。

6. 推进现代农业经营体系建设

(1)突出抓好家庭农场和农民合作社两类经营主体,鼓励发展多种形式适度规模经营。

(2)实施家庭农场培育计划,把农业规模经营户培育成有活力的家庭农场。

(3)推进农民合作社质量提升,加大对运行规范的农民合作社扶持力度。

(4)发展壮大农业专业化社会化服务组织,将先进适用的品种、投入品、技术、装备导入小农户。

(三)大力实施乡村建设行动

1. 加快推进村庄规划工作

2021年基本完成县级国土空间规划编制,明确村庄布局分类。

(1)积极有序推进"多规合一"实用性村庄规划编制,对有条件、有需求的村庄尽快实现村庄规划全覆盖。对暂时没有编制规划的村庄,严格按照县乡两级国土空间规划中确定的用途管制和建设管理要求进行建设。

(2)编制村庄规划要立足现有基础,保留乡村特色风貌,不搞大拆大建。加强村庄风貌引导,保护传统村落、传统民居和历史文化名村名镇。

(3)加大农村地区文化遗产遗迹保护力度。

(4)乡村建设是为农民而建,要因地制宜、稳扎稳打,不刮风搞运动。

(5)严格规范村庄撤并,不得违背农民意愿、强迫农民上楼,把好事办好、把实事办实。

2.加强乡村公共基础设施建设

继续把公共基础设施建设的重点放在农村,着力推进往村覆盖、往户延伸。

(1)实施农村道路畅通工程。有序实施较大人口规模自然村(组)通硬化路。加强农村资源路、产业路、旅游路和村内主干道建设。

(2)实施农村供水保障工程。加强中小型水库等稳定水源工程建设和水源保护,实施规模化供水工程建设和小型工程标准化改造,有条件的地区推进城乡供水一体化,到2025年农村自来水普及率达到88%。

(3)实施乡村清洁能源建设工程。加大农村电网建设力度,全面巩固提升农村电力保障水平。推进燃气下乡,支持建设安全可靠的乡村储气罐站和微管网供气系统。发展农村生物质能源。加强煤炭清洁化利用。

(4)实施数字乡村建设发展工程。推动农村千兆光网、第五代移动通信(5G)、移动物联网与城市同步规划建设。完善电信普遍服务补偿机制,支持农村及偏远地区信息通信基础设施建设。加快建设农业农村遥感卫星等天基设施。

(5)发展智慧农业,建立农业农村大数据体系,推动新一代信息技术与农业生产经营深度融合。

(6)完善农业气象综合监测网络,提升农业气象灾害防范能力。

(7)加强乡村公共服务、社会治理等数字化智能化建设。

(8)实施村级综合服务设施提升工程。加强村级客运站点、文化体育、公共照明等服务设施建设。

3.实施农村人居环境整治提升五年行动

(1)分类有序推进农村厕所革命,加快研发干旱、寒冷地区卫生厕所适用技术和产品,加强中西部地区农村户用厕所改造。统筹农村改厕和污水、黑臭水体治理,因地制宜建设污水处理设施。

(2)健全农村生活垃圾收运处置体系,推进源头分类减量、资源化处理利用,建设一批有机废弃物综合处置利用设施。

(3)健全农村人居环境设施管护机制。有条件的地区推广城乡环卫一体化第三方治理。

(4)深入推进村庄清洁和绿化行动。开展美丽宜居村庄和美丽庭院示范创建活动。

4.提升农村基本公共服务水平

建立城乡公共资源均衡配置机制,强化农村基本公共服务供给县乡村统筹,逐步实现标准统一、制度并轨。

(1)提高农村教育质量,多渠道增加农村普惠性学前教育资源供给,继续改善乡镇寄宿制学校办学条件,保留并办好必要的乡村小规模学校,在县城和中心镇新建改扩建一批高中和中等职业学校。完善农村特殊教育保障机制。推进县域内义务教育学校校长教师交流轮岗,支持建设城乡学校共同体。面向农民就业创业需求,发展职业技术教育与技能培训,建设一批产教融合基地。开展耕读教育。加快发展面向乡村的网络教育。

(2)健全统筹城乡的就业政策和服务体系,推动公共就业服务机构向乡村延伸。深入实施新生代农民工职业技能提升计划。

(3)完善统一的城乡居民基本医疗保险制度,合理提高政府补助标准和个人缴费标准,健全重大疾病医疗保险和救助制度。落实城乡居民基本养老保险待遇确定和正常调整机制。推进城乡低保制度统筹发展,逐步提高特困人员供养服务质量。

(4)加强对农村留守儿童和妇女、老年人以及困境儿童的关爱服务。健全县乡村衔接的三级养老服务网络,推动村级幸福院、日间照料中心等养老服务设施建设,发展农村普惠型养老服务和互助性养老。

(5)推进农村公益性殡葬设施建设。

(6)推进城乡公共文化服务体系一体建设,创新实施文化惠民工程。

5.全面促进农村消费

(1)加快完善县乡村三级农村物流体系,改造提升农村寄递物流基础设施,深入推进电子商务进农村和农产品出村进城,推动城乡生产与消费有效对接。

(2)完善农村生活性服务业支持政策,发展线上线下相结合的服务网点,推动便利化、精细化、品质化发展,满足农村居民消费升级需要,吸引城市居民下乡消费。

6.加快县域内城乡融合发展

推进以人为核心的新型城镇化,促进大中小城市和小城镇协调发展。

(1)把县域作为城乡融合发展的重要切入点,强化统筹谋划和顶层设计,破除城乡分割的体制弊端,加快打通城乡要素平等交换、双向流动的制度性通道。统筹县域产业、基础设施、公共服务、基本农田、生态保护、城镇开发、村落分布等空间布局,强化县城综合服务能力,把乡镇建设成为服务农民的区域中心,实现县乡村功能衔接互补。

(2)加快小城镇发展,完善基础设施和公共服务,发挥小城镇连接城市、服务乡村作用。

（3）推进以县城为重要载体的城镇化建设，有条件的地区按照小城市标准建设县城。

（4）积极推进扩权强镇，规划建设一批重点镇。

（5）开展乡村全域土地综合整治试点。

7. 强化农业农村优先发展投入保障

（1）各地区各部门要进一步完善涉农资金统筹整合长效机制。支持地方政府发行一般债券和专项债券用于现代农业设施建设和乡村建设行动，制定出台操作指引，做好高质量项目储备工作。

（2）发挥财政投入引领作用，支持以市场化方式设立乡村振兴基金，撬动金融资本、社会力量参与，重点支持乡村产业发展。

（3）支持市县构建域内共享的涉农信用信息数据库，用3年时间基本建成比较完善的新型农业经营主体信用体系。

（4）发展农村数字普惠金融。

（5）大力开展农户小额信用贷款、保单质押贷款、农机具和大棚设施抵押贷款业务。

8. 深入推进农村改革

（1）完善农村产权制度和要素市场化配置机制，充分激发农村发展内生动力。

（2）坚持农村土地农民集体所有制不动摇，坚持家庭承包经营基础性地位不动摇，有序开展第二轮土地承包到期后再延长30年试点，保持农村土地承包关系稳定并长久不变，健全土地经营权流转服务体系。

（3）积极探索实施农村集体经营性建设用地入市制度。完善盘活农村存量建设用地政策，实行负面清单管理，优先保障乡村产业发展、乡村建设用地。根据乡村休闲观光等产业分散布局的实际需要，探索灵活多样的供地新方式。

（4）加强宅基地管理，稳慎推进农村宅基地制度改革试点，探索宅基地所有权、资格权、使用权分置有效实现形式。规范开展房地一体宅基地日常登记颁证工作。

（5）2021年基本完成农村集体产权制度改革阶段性任务，发展壮大新型农村集体经济。

保障进城落户农民土地承包权、宅基地使用权、集体收益分配权，研究制定依法自愿有偿转让的具体办法。

加强农村产权流转交易和管理信息网络平台建设,提供综合性交易服务。

四、新的保障机制

(一)制度保障:强化五级书记抓乡村振兴的工作机制

(1)要深入贯彻落实《中国共产党农村工作条例》,健全中央统筹、省负总责、市县乡抓落实的农村工作领导体制,将脱贫攻坚工作中形成的组织推动、要素保障、政策支持、协作帮扶、考核督导等工作机制,根据实际需要运用到推进乡村振兴,建立健全上下贯通、精准施策、一抓到底的乡村振兴工作体系。

(2)加强党对乡村人才工作的领导,将乡村人才振兴纳入党委人才工作总体部署,健全适合乡村特点的人才培养机制,强化人才服务乡村激励约束。

(3)加快建设政治过硬、本领过硬、作风过硬的乡村振兴干部队伍,选派优秀干部到乡村振兴一线岗位,把乡村振兴作为培养锻炼干部的广阔舞台,对在艰苦地区、关键岗位工作表现突出的干部优先重用。

(二)政治保障:加强党委农村工作领导小组和工作机构建设

各地要围绕"五大振兴"目标任务,设立由党委和政府负责同志领导的专项小组或工作专班,建立落实台账,压实工作责任。

(三)组织保障:加强党的农村基层组织建设和乡村治理

(1)充分发挥农村基层党组织领导作用,持续抓党建促乡村振兴。

(2)坚持和完善向重点乡村选派驻村第一书记和工作队制度。

(3)加大在优秀农村青年中发展党员力度,加强对农村基层干部激励关怀,提高工资补助待遇,改善工作生活条件,切实帮助解决实际困难。

(4)开展乡村治理试点示范创建工作。

(5)创建民主法治示范村,培育农村学法用法示范户。

(四)文化保障:加强新时代农村精神文明建设

在乡村深入开展"听党话、感党恩、跟党走"宣讲活动。深入挖掘、继承创新优秀传统乡土文化,把保护传承和开发利用结合起来,赋予中华农耕文明新的时代内涵。

(五)监督保障:健全乡村振兴考核落实机制

各省(自治区、直辖市)党委和政府每年向党中央、国务院报告实施乡村振兴战略进展情况。对市县党政领导班子和领导干部开展乡村振兴实绩考核,纳入党政领导班子和领导干部综合考核评价内容,加强考核结果应用,注重提拔使用乡村振兴实绩突出的市县党政领导干部。加强乡村振兴宣传工作,在全社会营造共同推进乡村振兴的浓厚氛围。

习近平"三农"重要论述与乡村振兴战略

郝慧欣

摘 要：站在新的历史起点上，习近平总书记就农村新形势、新变化和新问题，发表了一系列重要讲话，深刻回答了新的历史条件下我国"三农"发展的一系列重大理论和现实问题。十九大又提出了乡村振兴战略，这是党中央对新时代"三农"问题提出的新理念、新思想、新战略，也是习近平总书记"三农"思想的集中体现和延续创新，是新时代指导"三农"工作的重大战略部署和行动指南。本文先分析梳理了习近平总书记关于"三农"重要论述形成的理论渊源与实践基础，然后分析了"三农"思想对乡村振兴战略提出的重要意义，最后总结了习近平总书记对乡村振兴重要论述的主要内容，这有助于我们全面认识和科学把握习近平总书记关于"三农"思想的精髓，从而更好地推进新时代"三农"工作和实现乡村振兴。

关键词：习近平；"三农"；乡村振兴

我国是一个历史悠久的农业大国，"三农"问题始终是中国革命、建设、改革和发展中的重要问题。近年来，尤其是党的十八大以来，以习近平同志为核心的新一届中央领导集体，结合历史经验，继续深入研究我国"三农"问题，提出实施乡村振兴战略。

一、习近平关于"三农"重要论述的理论渊源与实践基础

（一）马克思主义经典作家的"三农"思想是习近平总书记关于"三农"重要论述的方法指导

"三农"问题不只是困扰我国发展进程的一个特殊问题，而是普遍存在于人类社会的一个重要议题。以马克思、恩格斯、列宁为代表的马克思主义经典作家对农业、农村和农民问题的一些深刻论述，虽然是在其历史背景和国家情况下展开的研究，与我国现阶段国情在时间和空间上不符，但他们的一些经典论述仍为习近平总书记开展"三农"工作提供了理论支撑

和方法指导。

经过梳理与概括,以马克思、恩格斯、列宁为代表的马克思主义经典作家对"三农"问题的研究主要集中在以下几个方面。

一是粮食即农业生产是一切问题的基础,农业在社会生产中占据基础地位。马克思认为,"一切劳动首先而且最初是以占有和生产食物为目的的"[1],"农业劳动是其他一切劳动得以独立存在的自然基础和前提"[2],非常直接地肯定了粮食生产的重要作用和农业的基础性地位。列宁也认为,"粮食问题是一切问题的基础"[3],"真正的经济基础是粮食储备"[4]。列宁结合本国处于国内战争后经济萧条、粮食短缺的实际情况,深刻认识到粮食安全与国家政权之间的利害关系,提出"没有这些粮食,国家政权就等于零。没有这些粮食,社会主义的政策不过是一种愿望而已"[5]。显然,列宁作为第一个将马克思主义与本国实际相结合的成功实践者,发展了社会主义国家的农业基础性理论。

二是通过改造小农经济发展社会主义农业,走农业合作化道路。马克思前瞻性地看到了小农经济的结局,认为小农由于其自身的局限性必将走向灭亡,而他认为出路就在于,"我们对于小农的任务,首先是把他们的私人生产和私人占有变为合作社的生产和占有"[6]。恩格斯认为,"当我们掌握了国家权力的时候,我们绝不会用暴力去剥夺小农(无论有无报偿,都是一样),……而是通过示范和为此提供社会帮助"[7]。他认为在引导农民参与社会主义社会化大生产的时候,不能依靠暴力或强制的手段推进,要尊重农民意愿,通过示范引领和提供社会帮助来逐步引导,等到农民看到好处、尝到甜头的时候就可以大规模推广了。

三是缩小工农差别,实现城乡融合发展。马克思和恩格斯基于西方资本主义社会背景下分析发现,工商业的收益明显高于农业,城市居民收入远超农村居民,工农之间、城乡之间存在明显差别。马克思主张从工农融合的角度去消灭城乡差别,在《共产党宣言》中,他主张道:"把农业和工业

---

[1] 资本论(第3卷)[M].北京:人民出版社,1975:713.
[2] 资本论(第3卷)[M].北京:人民出版社,1975:713.
[3] 列宁全集(第30卷)[M].北京:人民出版社,1959:159.
[4] 列宁全集(第30卷)[M].北京:人民出版社,1959:460.
[5] 列宁全集(第30卷)[M].北京:人民出版社,1959:460.
[6] 马克思恩格斯选集(第4卷)[M].北京:人民出版社,1972:310.
[7] 马克思恩格斯选集(第4卷)[M].北京:人民出版社,1972:675.

结合起来,促使城乡之间的差别逐步消灭。"①恩格斯在《反杜林论》中关于"城乡融合",他认为:在布局方面要使"大工业在全国都尽可能平衡地分布",这是前提,也是条件,具备了这个条件后,那"消灭城市和乡村的分离,……也不是什么空想"。②

(二)毛泽东、邓小平和江泽民、胡锦涛的"三农"思想是习近平总书记"三农"重要论述的理论来源

"三农"问题是我国革命、建设和改革过程中的关键性问题,历来为党和政府所重视,在马克思理论的指导下,党带领中国人民不断探索解决"三农"问题的途径。针对不同时期的不同问题,党和政府制定了一系列方针政策,同时也形成了不同时期党和国家领导人的"三农"思想。从"耕者有其田"到农业现代化、从家庭联产承包到三权分置、从社会主义新农村到乡村振兴,"三农"工作始终是全党工作的重中之重,而习近平总书记关于"三农"问题和乡村振兴的重要论述正是在中国共产党解决"三农"问题的实践经验中不断汲取理论养分的。

1. 毛泽东的"三农"思想

首先,毛泽东也充分意识到"三农"问题至关重要。他认为农村发展和城市发展一样重要,提出"必须使城市工作和乡村工作、使工人和农民、使工业和农业,紧密地联系起来。决不可以丢掉乡村,仅顾城市,如果这样想,那是完全错误的"③。其次,毛泽东也发展了中国特色的社会主义农业基础地位思想,1962年八届十中全会制定了"以农业为基础,以工业为主导"的经济建设方针,并且把以前重、轻、农的国民经济顺序调整为农、轻、重的顺序。最后,1949年后我国开展了实现"耕者有其田"的土地改革运动,极大地调动了农民的积极性,但在实践过程中也存在贫富分化的问题,毛泽东认为只有通过合作社把农民联合起来才能避免两极分化的出现。毛泽东适时提出的农业合作化、农业现代化和农民教育的理论等为新中国的农业发展指明了方向。

2. 邓小平的"三农"思想

首先,邓小平在毛泽东"三农"问题重要性论述的基础上,进一步强调了农业的基础地位。邓小平指出"农业,最主要的是粮食问题"④,"农村不

---

① 共产党宣言[M].北京:人民出版社,1997:49.
② 马克思恩格斯选集(第3卷)[M].北京:人民出版社,1972:335.
③ 毛泽东选集(第4卷)[M].北京:人民出版社,1991:1427.
④ 邓小平文选(第3卷)[M].北京:人民出版社,1993:159.

稳定,整个政局就不稳定"①,他将农业作为国计民生之根本,指出要将农业放在第一位。其次,邓小平对发展马克思主义农业思想的最大贡献是农业的改革和发展必然要经历"两个飞跃",即"中国社会主义农业的改革和发展,从长远的观点看,要有两个飞跃。第一个飞跃,是废除人民公社,实行家庭联产承包为主的责任制。第二个飞跃,是适应科学种田和生产社会化的需要,发展适度规模经济,发展集体经济。当然这是很长的过程"。② 最后,邓小平还提出了农民脱贫致富要靠改革、要靠科技、要靠先富帮后富。邓小平的论述反复强调了,改革是发展的不竭动力,科学技术是第一生产力,先富帮后富是实现共同富裕的重要途径。

3. 江泽民的"三农"思想

江泽民基于建立社会主义市场经济体制的背景,将"三农"问题提升到关乎党和国家全局的战略高度。首先,江泽民一如既往强调农业在国民经济中的基础地位。他指出:"没有农业的牢固基础,就不可能有我们国家的根本独立;没有农业的积累和全面发展,就不可能有整个社会的稳定和全面进步。"③其次,统筹城乡发展,加快推进农村城镇化建设。江泽民强调"现在农业和农村的问题仅靠自身是解决不了的,必须靠城乡一体、城乡统一市场来解决"④,打破城乡二元结构成为解决"三农"问题的必由之路。再次,科教兴农是江泽民"三农"思想的重要内容。江泽民强调要"把农业和农村经济的发展,逐步地转移到依靠科技进步和提高劳动者素质轨道上来"⑤。最后,江泽民认为增加农民收入是一个全局性的问题,减轻农民负担,增加农民收入是解决"三农"问题的重要任务。

4. 胡锦涛的"三农"思想

首先,胡锦涛把"三农"问题从"基础""重点"提升到了全党工作的"重中之重"的新高度。他在2003年中央农村工作会议上提出:"更多地关注农村,关心农民,支持农业,把解决好农业、农村和农民问题作为全党工作

---

① 邓小平文选(第3卷)[M].北京:人民出版社,1993:237.
② 邓小平文选(第3卷)[M].北京:人民出版社,1993:355.
③ 江泽民文选(第一卷)[M].北京:人民出版社,2006:258.
④ 陆学艺."三农"论——当代中国农业、农村、农民研究[M].北京:社会科学文献出版社,2002:184.
⑤ 中共中央文献研究室.新时期农业和农村工作重要文献选编[M].北京:中央文献出版社,1992:794.

的重中之重,放在更加突出的位置。"①其次,统筹城乡发展,胡锦涛构建了以城带乡、城乡互动、协调发展的新型城乡关系,并积极推动"生产发展、生活宽裕、乡风文明、村容整洁、管理民主"的社会主义新农村建设。最后,胡锦涛出台一系列惠民政策,切实保障农民权益,重视增加农民收入、提高农民收入水平。胡锦涛提出:"要坚持多予、少取、放活的方针,采取综合措施,努力增加农民收入。"②

(三)习近平总书记的实践经历是关于"三农"重要论述的实践基础

习近平总书记从青年时期就扎根陕北农村,在陕北度过了七年知青岁月,在这期间,他熟悉了农业,认识了农村,和农民产生了深厚感情。而后在河北、福建、浙江等地任职时也都领导或分管过农业工作,对"三农"工作很了解也很有感情,一系列经历使他形成了独特的"三农"思想。

1. 扎根陕北的"黄土情结"

1969年初—1975年10月,习近平在陕北度过了七年知青岁月。他在插队生活中带头参加体力劳动,每件事干得都很漂亮;在借调到赵家河大队整队时,修公厕等成绩出色,后被提拔担任梁家河大队的党支部书记;在担任党支部书记期间,他带领村民打水井、办沼气、办铁业社、办代销社、办缝纫社等,着力解决村民困难,为老百姓干实事,向着"一年四季能吃上玉米面"的朴素目标而奋斗。正是因为他在陕北期间和农民同吃同住、一起劳动,上山下乡的经历使他直接体验到了"三农"状况,也奠定了他深切关心"三农"问题的情感基调,也为他形成关于"三农"工作的重要论述奠定了最初的情怀。

2. 河北正定的"半城郊型"探索

1982年3月—1985年5月,习近平在河北省正定县先后担任县委副书记、县委书记,走遍全县200多个村子,探索农村改革脱贫路。首先,他通过走访群众和实地调研,对当时正定农村的现状和特点进行深入了解,认为正定县处在城市和农村中间过渡的位置上,就应该走城市和农村中间型的经济发展之路,因此习近平提出正定要走"半城郊型"的发展路子。自此,正定县大力开展多种经营,大搞农工商,正定经济很快就进入了发展的快车道。其次,针对正定县征购负担过重、始终是"高产穷县"的问题,习近

---

① 中共中央文献研究室.十六大以来重要文献选编(上)[M].北京:中央文献出版社,2005:112.

② 中共中央文献研究室.十六大以来重要文献选编(上)[M].北京:中央文献出版社,2005:116.

平写了一封信向中央反映农民负担过重,使征购由7600万斤核减到4800万斤,并通过调整种植结构,使农业产值翻了一番,农民人均收入从148元涨到了400多元,翻了一番半,一年就彻底解决了农民的温饱问题。① 再次,他解放思想,大胆促进农村改革,实行家庭联产承包责任制,调动农民积极性。一年公社农业产值翻了一番半,社员年人均收入分配从210多元涨到了400多元。最后,习近平认为人才是发展经济、翻番致富的根本,大刀阔斧革新人才制度。聘请顾问团、建立"人才账"、颁布"人才九条"等,做到人得其所,才适其用,对正定发展做出了巨大贡献。②

3.福建闽东的"摆脱贫困"思考

1985年6月—2002年10月,习近平先后在福建厦门、宁德、福州,以及福建省委、省政府工作,他高度重视"三农"工作,尤其是在以农业为主的闽东地区,他几乎走遍所有的乡镇,不断探索"弱鸟先飞"的路子。至于如何精准扶贫、摆脱贫困,首先,他强调"扶贫要先扶志",要从思想上淡化"贫困意识"才能摆脱贫困,同时他认为要把脱贫与农村的精神文明建设结合起来;其次,"闽东过去靠农业,今后仍然离不开农业的综合发展,发展大农业是闽东坚定不渝的方向,是农民脱贫致富的根本所在",习近平认为闽东要因地制宜地促进农业的多层次和深层次发展;再次,为了增加扶贫的可持续性,在具体措施上,他认为要一手继续抓千家万户脱贫,一手抓乡镇企业,壮大乡村两级集体经济实力,同时抓好十个亿元乡镇的示范建设;最后,他大力推动党员干部到基层任职,强调党组织在农村工作中的重要作用。③

4.浙江的"城乡统筹"改革

2002年,习近平调任浙江工作,他用几个月的时间跑遍了浙江11个地市,用一年多的时间跑了将近90个县(市、区),每到一个地方他必到农村与基层干部和农民座谈,很快就熟悉了浙江的"三农"情况。第一,他提出用统筹城乡发展的思路来推动"三农"的新发展,打破城乡二元结构,形成以城带乡、以乡促城、城乡互促共进的发展机制,不断缩小城乡差别,使城乡居民共享现代文明生活;第二,习近平高度重视科技教育在提高农民素质和农民创业创富能力中的作用,实施了免费就读大中专农业技术专业和千万农村劳动力培训工程等;第三,针对当时浙江农村生态和人居环境比

---

① 习近平.知之深爱之切[M].石家庄:河北人民出版社,2016.
② 中央党校采访实录编辑室.习近平在正定[M].北京:中央党校出版社,2019.
③ 习近平.摆脱贫困[M].福州:福建人民出版社,2014.

较差、农业效益比较低、农业规模细小和农产品品质不高的实际,习近平提出和实施"千村示范、万村整治"工程,率先开展农村人居环境整治和新农村建设,提出把发展高效生态农业作为现代农业的发展方向,走新型农业现代化的路子。①

二、习近平"三农"重要论述为乡村振兴战略奠定理论基础

习近平继承和发展了历届中央领导集体的农业发展思想,并总结自己在不同时期与地区农村基层工作的实际经验,同时结合新的历史时期农村实践中出现的新情况、新问题,深化对中国"三农"问题的认识,并提出了一系列立意深刻、内涵丰富、内容充实的"三农"重要论述,为新时期我国农业现代化建设提供了宝贵的理论指导。经过梳理概括,习近平总书记的"三农"重要论述可以集中概括为"中国要强,农业必须强;中国要美,农村必须美;中国要富,农民必须富"这三个方面。

(一)中国要强,农业必须强

1. 稳固农业基础地位,将"三农"问题作为全党工作的重中之重

农业的基础地位为历届中央领导集体所重视,并将解决"三农"问题、增进人民福祉作为重要的奋斗目标。在中国特色社会主义伟大事业建设的征程中,习近平总书记也多次在工作会议和调研实践过程中提出要稳固农业基础地位,保障粮食安全,坚持"三农"工作重中之重的地位。习近平总书记在2012年中央经济工作会议上指出,"把解决好'三农'问题作为全党工作重中之重,必须长期坚持、毫不动摇"。在2013年中央农村工作会议上,习近平总书记又提出,"农业基础稳固,农村和谐稳定,农民安居乐业,整个大局就有保障,各项工作都会比较主动"。2015年7月,习近平总书记在吉林考察时也强调了"任何时候都不能忽视农业、忘记农民、淡漠农村"。习近平在2018年中央农村工作会议上又提出,"坚持把解决'三农'问题作为全党工作的重中之重,坚持农业农村优先发展,牢牢把握稳中求进总基调,落实高质量发展要求,深入实施乡村振兴战略"。习近平总书记的相关论述给我们的启示是,要一以贯之地推进"三农"工作,对待"三农"工作必须长期保持重视,毫不放松农业生产,不能因眼前已取得的成就而有所懈怠、止步不前。

---

① "习近平同志坚持用创新的思路和办法抓'三农'工作"——习近平在浙江(二十四)[EB/OL]. https://www.12371.cn/2021/04/02/ARTI1617341123216764.shtml.

2. 推进科技兴农,促进农业现代化

我国农业生产历史悠久,科技在传统的农业生产中发挥的作用较小,随着我国生产力水平的不断提高,传统农业生产模式与我国现代化生产要求不符。随着我国科技兴农战略的提出,国家对农业的科技投入不断增加,科技对农业生产的贡献率也稳步上升,但我国科技水平与发达国家相比仍有较大差距,科技兴农之路任重而道远。2013年11月,习近平在山东省农业科学院召开座谈会时就强调,"农业出路在现代化,农业现代化关键在科技进步。我们必须比以往任何时候都更加重视和依靠农业科技进步,走内涵式发展道路"。同时他强调,"解决好'三农'问题,根本在于深化改革,走中国特色现代化农业道路。要给农业插上科技的翅膀,加快构建适应高产、优质、高效、生态、安全农业发展要求的技术体系"。因此,解决"三农"问题的关键在于实现农业现代化,而农业现代化的关键在于科技水平的发展与提升,让"给农业插上科技的翅膀"成为真正惠民惠农的动力。2014年12月,习近平总书记在江苏调研时也提到,"没有农业现代化,没有农村繁荣富强,没有农民安居乐业,国家现代化是不完整、不全面、不牢固的"。① 由此看出,农业现代化对于农村的繁荣富强和农民的安居乐业具有决定性的作用,只有抓好这个关键才能做好"三农"工作。2015年全国"两会"期间,在参加吉林代表团审议时,习近平总书记表示,"中国现阶段不是要不要农业的问题,而是在新形势下怎样迎难克艰、继续抓好的问题。新型工业化、信息化、城镇化、农业现代化中,农业现代化不能拖后腿。我们必须始终保持战略清醒"。② 在2018年中央政治局第八次集体学习时,习近平总书记再次强调,"农业农村现代化是实施乡村振兴战略的总目标……要坚持农业现代化和农村现代化一体设计、一并推进,实现农业大国向农业强国跨越"。③ 此外,近年来习近平总书记在河南、江苏、广西等地考察调研时也多次提到要重视农业现代化建设,坚持走具有中国特色的农业现代化之路,加快推进农业农村的现代化事业。

---

① 习近平:主动把握和积极适应经济发展新常态[EB/OL]. http://www.xinhuanet.com/politics/2014-12/14/c_1113636703.htm.
② 习近平参加吉林团审议:不是要淡化农业,而是怎样继续抓好[EB/OL]. http://politics.people.com.cn/n/2015/0309/c70731-26663191.html.
③ 习近平主持中共中央政治局第八次集体学习[EB/OL]. http://www.xinhuanet.com/politics/leaders/2018-09/22/c_1123470956.htm.

(二)中国要美,农村必须美

1. 坚持深化改革助推农村发展

改革开放以后,我国农村一改原来一穷二白、百废待兴的状况,农村发生了翻天覆地的变化,农村面貌焕然一新,但是农村发展还存在一些问题。为此,习近平总书记在不同时间和场合里,多次提到要深化农业农村改革。2016年4月,习近平在在安徽凤阳县小岗村召开的农村改革座谈会上提出,"要坚定不移深化农村改革,坚定不移加快农村发展,坚定不移维护农村和谐稳定"。① 在2016年中央农村工作会议上,习近平总书记指出,"要坚持新发展理念,把推进农业供给侧结构性改革作为农业农村工作的主线,培育农业农村发展新动能,提高农业综合效益和竞争力"。② 在2016年8月份召开的中央全面深化改革领导小组第二十七次会议上,习近平总书记针对农村土地制度改革这一广大农民最关心的问题,强调"深化农村土地制度改革,实行所有权、承包权、经营权'三权分置',是继家庭承包制后农村改革的又一大制度创新,是农村基本经营制度的自我完善。要围绕正确处理农民和土地关系这一改革主线,不断探索农村土地集体所有制的有效实现形式"。③ 十九大报告也提出,要"构建现代农业产业体系、生产体系、经营体系,完善农业支持保护制度,发展多种形式适度规模经营,培育新型农业经营主体,健全农业社会化服务体系,实现小农户和现代农业发展有机衔接"。因此,在新时代我们要进一步深化改革,将其作为农业农村发展的动力之源。

2. 加强农村基层党组织建设,完善乡村治理机制

农村党组织是党在农村工作的基础,也是农村生产生活的领导核心。"村民富不富,关键看支部;村子强不强,要看'领头羊'"④,这也说明基层党组织关系着农村的繁荣与农民的脱贫致富。而农村基层干部就是推动农村经济发展、带领群众脱贫致富的"领头羊",他们的文化水平与农村发展水平有极大的关联性,因此习近平也极其重视农村基层干部建设,他认识

---

① 习近平在小岗村主持召开农村改革座谈会[EB/OL]. https://www.chinanews.com/gn/2016/04-28/7852799.shtml.

② 中央农村工作会议在京召开习近平对做好"三农"工作作出重要指示[EB/OL]. http://www.xinhuanet.com//politics/2016-12/20/c_1120155000.htm.

③ 习近平主持召开中央全面深化改革领导小组第二十七次会议[EB/OL]. http://cpc.people.com.cn/shipin/n1/2016/0830/c243247-28678160.html.

④ 习近平谈"三农":端牢"饭碗"推进农业强农村美农民富[EB/OL]. http://www.xinhuanet.com/politics/2014-08/13/c_1112057362.htm.

到"建设一支高素质的干部队伍,是保证党和国家兴旺发达的根本大计"①。习近平强调:"各级领导干部特别是以农业为主产业的市县乡镇干部,要熟悉农业、了解农业";"要不断提高农村基层党组织科学文化水平,培养造就一支熟悉农业、了解农村、懂得农民的干部队伍,努力夯实党在农村的执政基础"。② 要完善基层干部选拔任用制度,发挥农村基层党组织的领导核心作用,为打赢脱贫攻坚战、深入实施乡村振兴战略,实现农村经济社会健康发展提供根本保证。

3. 建设美丽乡村

建设美丽乡村是建设美丽中国的客观要求,习近平总书记非常重视美丽乡村和美丽中国建设。2013年9月,习近平总书记在哈萨克斯坦纳扎尔巴耶夫大学演讲时讲到,"我们既要绿水青山,也要金山银山。宁要绿水青山,不要金山银山,而且绿水青山就是金山银山"。③ 2015年习近平总书记在云南省大理市湾桥镇古生村考察工作时指出,"新农村建设一定要走符合农村实际的路子,遵循乡村自身发展规律,充分体现农村特点,注意乡土味道,保留乡村风貌,留得住青山绿水,记得住乡愁"。④ 习近平认为美丽乡村建设要以"绿水青山就是金山银山"为发展理念,以"水净、人文、村美、民富"为基本要求,因地制宜地挖掘农村发展潜力,不能搞面子工程,不能一刀切,更不能破坏古村落、古建筑等农村印记。农村既是农民生产生活的载体,也是承载传统文化最深厚的地区,农村的发展与繁荣是全面小康最重要也是最艰难的任务,构建社会主义美丽乡村要"望得见山、看得见水、记得住乡愁"。

(三)中国要富,农民必须富

1. 坚持强农惠农富农政策,增加农民收入

习近平总书记始终强调要坚持和完善强农惠农富农的政策,促进农民增收,让广大农民尤其是贫困地区的农民一同迈入小康社会。2013年4月,习近平总书记在海南考察时提出,"要把中央制定的强农惠农富农政策

---

① 习近平.改革开放30年党的建设回顾与思考[J].贵阳文史,2008(6):4-11.
② 坚持不懈推进农业强农村美农民富[N].人民日报,2014-06-23.
③ 绿水青山就是金山银山——关于大力推进生态文明建设[EB/OL]. http://theory.people.com.cn/n/2014/0711/c40531-25267092.html.
④ 习近平在云南考察工作时强调:坚决打好扶贫开发攻坚战[EB/OL]. http://www.gov.cn/xinwen/2015-01/21/content_2807769.htm.

贯彻落实好，不断开创'三农'工作新局面"。① 2015年7月，习近平总书记在吉林调研时再次强调，"必须始终坚持强农惠农富农政策不减弱、推进农村全面小康不松劲，在认识的高度、重视的程度、投入的力度上保持好势头"。② 习近平通过一系列强农惠农富农政策，多方位、多渠道地让农民得到实惠，将政策切实转化为农民的可支配收入，让更多农民真正过上体面的生活，满足广大农民的美好生活期待，实现全民共同富裕。

2. 提高农民整体素质，培育新型职业农民

随着我国农业现代化进程的不断推进，传统农民掌握的科学技术和生产经营方式已经不能满足农业现代化对农民自身素质的要求，因此，提高农民整体素质、培育一批新型职业农民势在必行。习近平总书记在2013年中央农村工作会议上指出，"要把加快培育新型农业经营主体作为一项重大战略，以吸引年轻人务农、培育职业农民为重点，建立专门政策机制，构建职业农民队伍，为农业现代化建设和农业持续健康发展提供坚实人力基础和保障"。③ 2013年11月习近平在山东省农业科学院召开座谈会时谈到"要适时调整农业技术进步路线，加强农业科技人才队伍建设，培养新型职业农民"。④ 2016年4月习近平总书记在安徽凤阳县小岗村主持召开的农村改革座谈会上强调"发展现代农业，要在稳定粮食生产、确保国家粮食安全基础上，着力构建现代农业产业体系、生产体系、经营体系，加快构建职业农民队伍，形成一支高素质农业生产经营者队伍"。⑤ 通过提高农民素质、建立一支新型农民队伍，为农业的可持续发展和美丽乡村建设提供了人才支撑，也有利于实现农业现代化。

三、习近平关于乡村振兴重要论述的主要内容

2002年我国提出"生产发展、生活宽裕、乡风文明、村容整洁、管理民主"的社会主义新农村建设总要求。现在，中国特色社会主义进入了新时

---

① 习近平在海南考察：加快国际旅游岛建设谱写美丽中国海南篇[EB/OL]. http://cpc.people.com.cn/n/2013/0411/c64094-21093668.html.
② 韩长赋. 任何时候都不能忽视农业忘记农民淡漠农村——深入学习习近平同志在吉林调研时的重要讲话[N]. 人民日报，2015-08-13.
③ 中央农村工作会议在北京举行[N]. 人民日报，2013-12-25.
④ "平语"近人——习近平的"三农观"[EB/OL]. http://news.xinhuanet.com/politics/2015-12/29/c_1117601781_2.htm.
⑤ 习近平：加大推进新形势下农村改革力度[EB/OL]. http://politics.people.com.cn/n1/2016/0428/c1024-28312703.html.

代,对新农村建设提出了更高的要求,实施乡村振兴的20字总要求是"产业兴旺、生态宜居、乡风文明、治理有效、生活富裕"。乡村振兴战略是习近平总书记在继承和总结马克思经典作家和历代中央领导人对"三农"问题的基础上,结合新时代发展的矛盾与特点对"三农"问题进行的理论创新,成为新时代如何实现农业兴、农村美和农民富的战略指导。

(一)产业兴旺

产业兴旺是实现乡村振兴的物质基础,用"产业兴旺"替代"生产发展",凸显了农业经济发展上的整体升级。

第一,习近平总书记在新时代延续了"三农"工作作为全党工作的重中之重,提出要坚持农业农村优先发展。2018年中央农村工作会议指出,"坚持把解决'三农'问题作为全党工作的重中之重,坚持农业农村优先发展,牢牢把握稳中求进总基调,落实高质量发展要求,深入实施乡村振兴战略"。① 同时,关于如何准确把握坚持农业农村优先发展的要求,习近平总书记提出,"把农业农村优先发展的要求落到实处,在干部配备上优先考虑,在要素配置上优先满足,在公共财政投入上优先保障,在公共服务上优先安排"。② 这为我们贯彻落实农业农村优先发展明确了重点,指明了方向。

第二,在新时代历史起点上党和政府也对"三农"问题作出了新思考、新出发和新部署。习近平总书记在十九届中央政治局第八次集体学习时指出,"新时代'三农'工作必须围绕农业农村现代化这个总目标来推进"。③ 我国农业目前的问题是产业竞争力较小,农业产业的发展难以适应市场发展的需要,要大力推进农业产业化,生产优质产品,提高竞争力。习近平总书记在江西考察时提到,"要推进农业农村现代化,夯实粮食生产基础,坚持质量兴农、绿色兴农,不断提高农业综合效益和竞争力"。④ 同时习近平总书记也认识到人才在农业发展中的重要性,提出"中国现代化离不开农业农村现代化,农业农村现代化关键在科技、在人才",要通过培养更多知

---

① 中央农村工作会议在京召开 习近平对做好"三农"工作作出重要指示[EB/OL]. http://www.moa.gov.cn/ztzl/2018zyncgzhy/zxdt/201812/t20181229_6165868.htm.
② 中央农村工作会议在北京举行 习近平重要讲话[EB/OL]. http://www.moa.gov.cn/ztzl/ncgzhy2017/zxdt/201801/t20180103_6133744.htm.
③ 中共中央党史和文献研究室.习近平关于"三农"工作论述摘编[M].北京:中央文献出版社,2019:44.
④ 习近平在江西考察并主持召开推动中部地区崛起工作座谈会[EB/OL]. http://www.gov.cn/xinwen/2019-05/22/content_5393815.htm.

农爱农新型人才来为乡村全面振兴做贡献。

第三,要深化农村制度改革。市场化和城市化的发展,对我国"以家庭承包经营为基础、统分结合"的农村基本经营制度提出了调整要求,但是也为农村的土地制度改革和集体产权制度改革提供了机遇。因此,习近平总书记提出,"土地流转和多种形式规模经营,是发展现代农业的必由之路,也是农村改革的基本方向"①,同时"必须深化农业供给侧结构性改革,走质量兴农之路"。②

第四,乡村的产业振兴,不光要聚焦农业,更要依托农业发展二三产业,促进产业融合,实现百业兴旺。习近平总书记在2018年参加十三届全国人大一次会议山东省代表团审议时强调,"要推动乡村产业振兴,紧紧围绕发展现代农业,围绕农村一二三产业融合发展,构建乡村产业体系,实现产业兴旺"。③同时,鼓励农村依托当地自然资源、生态景观、特色产业等优势,发展旅游业等。习近平总书记2019年在河南考察时提到,"依托丰富的红色文化资源和绿色生态资源发展乡村旅游,搞活了农村经济,是振兴乡村的好做法"。④

(二)生态宜居

生态宜居是乡村振兴的内在要求,用"生态宜居"替代"村容整洁",凸显了人与环境的和谐共生。

第一,要保护农村生态环境。生态兴则文明兴,生态衰则文明衰。习近平总书记在全国生态环境保护大会上强调,"中华民族向来尊重自然、热爱自然,绵延5000多年的中华文明孕育着丰富的生态文化"。⑤大自然中的山水林田湖草,作为一个相互依存、联系紧密的生态系统,不仅为人类的生存发展提供了物质基础和条件,而且还共同构成了人类的精神家园。我国农业生态环境形势严峻,习近平总书记提出,"我们既要绿水青山,也要

---

① 习近平:做好耕地占补平衡 推进农村土地流转[EB/OL]. http://www.xinhuanet.com/politics/2015-05/26/c_1115415731.htm.
② 中央农村工作会议在北京举行 习近平作重要讲话[EB/OL]. http://www.moa.gov.cn/ztzl/ncgzhy2017/zxdt/201801/t20180103_6133744.htm.
③ 推动乡村产业振兴[EB/OL]. http://www.gov.cn/xinwen/2018-03/12/content_5273249.htm.
④ 习近平在河南考察时强调 坚定信心埋头苦干奋勇争先 谱写新时代中原更加出彩的绚丽篇章[EB/OL]. http://www.xinhuanet.com/politics/leaders/2019-09/18/c_1125011847.htm.
⑤ 中华文明孕育着丰富生态文化[N].人民日报,2018-08-02.

金山银山。宁要绿水青山,不要金山银山,而且绿水青山就是金山银山"。①

第二,要改善农村人居环境。中国要美,农村必须美,而村庄干净整洁是基本要求,因此要建设美丽宜居乡村。一方面要继续完善农村公共基础设施。习近平2019年在内蒙古考察时强调:"乡村振兴了,环境变好了,乡村生活也越来越好了。要继续完善农村公共基础设施,改善农村人居环境,重点做好垃圾污水治理、厕所革命、村容村貌提升,把乡村建设得更加美丽。"另一方面,要不断加强对农村突出环境问题的综合治理。习近平总书记指出,"要推动乡村生态振兴,坚持绿色发展,加强农村突出环境问题综合治理,扎实实施农村人居环境整治三年行动计划,推进农村'厕所革命',完善农村生活设施,打造农民安居乐业的美丽家园,让良好生态成为乡村振兴支撑点"。

第三,要发展乡村生态产业。习近平总书记的"两山理论"告诉我们绿水青山就是金山银山,因此,环境开发与保护并不冲突,我们可以利用农村实际情况发展具有当地特色的生态产业,但同时也要注意不要大拆大建或者搞"一刀切",破坏乡村本来的生态与面貌。习近平总书记在河南调研时,认同当地依托红色旅游资源和绿色生态资源等带领村民脱贫致富的做法,同时也强调了"发展乡村旅游不要搞大拆大建,要因地制宜、因势利导,把传统村落改造好、保护好"。②

(三)乡风文明

乡风文明是乡村振兴的精神支撑,"乡风文明"这一要求没有变化,体现了乡风文明建设的重要性和长期性。

乡风文明属于精神文明建设范畴,是乡村振兴战略的重要保障,体现了乡村精神风貌和道德支撑,乡风文明建设需要我们长期坚持和完善发展。

第一,要加强农村思想道德建设。我国部分地区农民的思想道德水平相对比较低,农村中依然存在一些愚昧落后的观念,这在很大程度上阻碍了农业农村的发展。要想实现乡村振兴,就必须帮助农民摆脱错误落后的观念,必须加强农村的思想道德建设,习近平总书记在参加十三届全国人大一次会议山东代表团审议时提出,"要推动乡村文化振兴,加强农村思想

---

① 绿水青山就是金山银山——关于大为推进生态文明建设[EB/OL]. http://theory.people.com.cn/n/2014/0711/c40531-25267092.html.

② 习近平在河南考察时强调 坚定信心埋头苦干奋勇争先 谱写新时代中原更加出彩的绚丽篇章[EB/OL]. http://www.xinhuanet.com/politics/leaders/2019-09/18/c_1125011847.htm.

道德建设和公共文化建设,以社会主义核心价值观为引领,深入挖掘优秀传统农耕文化蕴含的思想观念、人文精神、道德规范,培育挖掘乡土文化人才,弘扬主旋律和社会正气,培育文明乡风、良好家风、淳朴民风,改善农民精神风貌,提高乡村社会文明程度,焕发乡村文明新气象"。①

第二,要传承农村优秀传统文化。在乡村长期的发展过程中,不仅形成了独特的生产和生活方式,而且也形成了极具当地特色的文化传统和民风民俗。一方面,要注重对传统乡村文化的保护。城市化的快速推进导致农村文化被严重破坏,习近平总书记强调,"要推动乡村振兴健康有序进行,规划先行、精准施策、分类推进,科学把握各地差异和特点,注重地域特色,体现乡土风情,特别要保护好传统村落、民族村寨、传统建筑,不搞一刀切,不搞统一模式,不搞层层加码,杜绝'形象工程'"。另一方面,要培育乡村精神文明新风。农村红白喜事大操大办、结婚彩礼铺张攀比的风气泛滥,因此要弘扬先进文化,培育乡村文明新风,习近平总书记同时强调,要"弘扬主旋律和社会正气,培育文明乡风、良好家风、淳朴民风,改善农民精神风貌,提高乡村社会文明程度,焕发乡村文明新气象"。

(四)治理有效

治理有效是乡村振兴的重要保障,用"治理有效"替代"管理民主",凸显了农村社会治理的新思路。

第一,要加强农村基层党组织建设。基层党组织是领导农村进行各项工作的关键力量,习近平总书记强调,"一个村子建设的好,关键要有一个好党支部"。② 首先,要重视基层党组织的领导核心作用,习总书记在参加十三届全国人大二次会议河南代表团审议时强调,"要夯实乡村治理这个根基。采取切实有效措施,强化农村基层党组织领导作用,选好配强农村党组织书记,整顿软弱涣散村党组织,深化村民自治实践,加强村级权力有效监督"。其次,要把领导班子建设强,充分发挥好乡村党组织的作用。习近平总书记强调,"在接续推进乡村振兴中,要继续选派驻村第一书记,加强基层党组织建设,提高基层党组织的政治素质和战斗力"③;"坚持五级书

---

① 中共中央党史和文献研究室.习近平关于"三农"工作论述摘编[M].北京:中央文献出版社,2019:125-126.
② 习近平总书记宁夏考察:社会主义是干出来的[N].人民日报,2018-01-21.
③ 习近平在湖南考察时强调 推动高质量发展上闯出新路子 谱写新时代中国特色社会主义湖南新篇章[EB/OL]. http://www.xinhuanet.com/politics/leaders/2020-09/18/c_1126512380.htm.

记抓乡村振兴,让乡村振兴成为全党全社会的共同行动"①。最后,要建立健全现代乡村社会治理体制。习近平总书记强调,"要推动乡村组织振兴,打造千千万万个坚强的农村基层党组织,培养千千万万名优秀的农村基层党组织书记,深化村民自治实践,发展农民合作经济组织,建立健全党委领导、政府负责、社会协同、公众参与、法治保障的现代乡村社会治理体制,确保乡村社会充满活力、安定有序"。同时也要健全"三治"结合的乡村治理体系,"健全自治、法治、德治相结合的乡村治理体系,让农村社会既充满活力又和谐有序"②。

第二,要加强农村人才队伍建设。人才的缺乏是农村建设和农业发展的短板,习近平总书记强调,"乡村振兴,人才是关键"③,这也说明了实现乡村振兴必须重视人才队伍的建设。首先要在观念上重视人才。习近平总书记强调,"实施乡村振兴战略,迫切需要造就一支懂农业、爱农村、爱农民的农村工作队伍"。④ 其次要重视人才培养。习近平总书记强调,"要积极培养本土人才,鼓励外出能人返乡创业,鼓励大学生村官扎根基层,为乡村振兴提供人才保障"。⑤ 最后,要重视人才引进。习近平总书记强调,"人才振兴是乡村振兴的基础,要创新乡村人才工作体制机制,充分激发乡村现有人才活力,把更多城市人才引向乡村创新创业"。⑥

(五)生活富裕

生活富裕是乡村振兴的价值追求,用"生活富裕"替代"生活宽裕",凸显了提升居民生活水平的新目标。

第一,要坚决打赢脱贫攻坚战。乡村要想实现振兴就必须帮农民摆脱贫困,习近平总书记指出,"没有农村的小康,特别是没有贫困地区的小康,

---

① 中共中央党史和文献研究室.习近平关于"三农"工作论述摘编[M].北京:中央文献出版社,2019:19.
② 王红玲.维护农村社会稳定 全面助推乡村振兴[N].人民政协报,2022-07-22.
③ 习近平在山东考察[EB/OL].http://www.gov.cn/xinwen/2018-06/14/content_5298781.htm.
④ 中共中央党史和文献研究室.习近平关于"三农"工作论述摘编[M].北京:中央文献出版社,2019:192.
⑤ 习近平在山东考察[EB/OL].http://www.gov.cn/xinwen/2018-06/14/content_5298781.htm.
⑥ 习近平主持中共中央政治局第八次集体学习[EB/OL].http://www.xinhuanet.com/politics/leaders/2018-09/22/c_1123470956.htm.

就没有全面建成小康社会"。① 在2018年两会期间,习近平总书记又指出,"要把脱贫攻坚同实施乡村振兴战略有机结合起来,推动乡村牧区产业兴旺、生态宜居、乡风文明、治理有效、生活富裕,把广大农牧民的生活家园全面建设好";"要推动乡村产业振兴,把产业发展落到促进农民增收上来,全力以赴消除农村贫困,推动乡村生活富裕"。

第二,要拓宽渠道促进农民增收。提高农民收入、改善农民生活水平是农民最关心的问题,也是乡村振兴战略要实现的重要目标。2018年6月,习近平在山东考察时强调,"农业农村工作,说一千、道一万,增加农民收入是关键。要加快构建促进农民持续较快增收的长效政策机制,让广大农民都尽快富裕起来"。② 习近平总书记在2018年农村工作会议上也强调,"要加快培育农村发展新动能,支持各类人才返乡下乡创业创新,拓展农村就业空间和农民增收渠道"。③

第三,要完善农村基础设施和社会保障体系。由"宽裕"到"富裕"表明农民收入在不断提高,人民在衣食无忧、经济宽裕的基础上对生活质量提出了更高要求。但我国城乡居民在教育、医疗、社会保障等方面依然存在差距,习近平总书记在2019年农村工作会议上也强调了,"要加大农村基础设施建设力度,提高农村供水保障水平,扎实搞好农村人居环境整治,提高农村教育质量,加强农村基层医疗卫生服务,加强农村社会保障,改善乡村公共文化服务,治理农村生态环境突出问题"。④

四、结语

习近平总书记是一位理论知识深厚、用语平易近人的马克思主义者,是一位有思想、有魄力、有行动力的中共领导人,更是一位研究中国农业、农村、农民的专家。他在马克思主义"三农"思想的指导下,在吸收借鉴中国共产党历届领导人"三农"思想精华的基础上,在深刻了解中国实际和开展广泛调研的基础上,针对"三农"问题提出了很多重要论述,对我国"三

---

① 中共中央文献研究室.习近平关于协调推进"四个全面"战略布局论述摘编[M].北京:中央文献出版社,2015:24.

② 习近平在山东考察[EB/OL].http://www.gov.cn/xinwen/2018-06/14/content_5298781.htm.

③ 中央农村工作会议在京召开 习近平对做好"三农"工作作出重要指示[EB/OL].http://www.moa.gov.cn/ztzl/2018zyncgzhy/zxdt/201812/t20181229_6165868.htm.

④ 中央农村工作会议在京召开[EB/OL].http://politics.people.com.cn/n1/2019/1222/c1024-31517000.html.

农"工作提出了很多新思路和新方法。在新时代新的历史起点上,以习近平同志为核心的党中央又提出了乡村振兴战略,深刻把握乡村振兴战略提出的理论渊源和思想逻辑,有利于全面认识和科学把握习近平总书记关于"三农"思想的精髓,也有助于我国加快推进农业大国向农业强国建设转化,为夺取新时代中国特色社会主义伟大胜利迈出坚实的步伐,为实现中华民族伟大复兴的中国梦注入强大的动力。

从23个中央一号文件看乡村振兴战略

罗 艺

摘 要：实施乡村振兴战略是党和国家为了从根本上落实"三农"政策、解决"三农"问题而提出的重大战略举措，是关系全面建设社会主义现代化国家的全局性、历史性任务，具有深刻的历史背景和时代内涵。改革开放以来，我国"三农"政策主要体现在中央一号文件之中，主要经历了"实现农民经营自主权""解决城乡发展失衡，实现城乡发展一体化""改革发展，四化同步""实施乡村振兴战略"四个阶段。"三农"政策、中央一号文件与乡村振兴战略三者息息相关，因此对中央一号文件进行分析与总结，有助于了解中国农业、农村、农民的概况，更好地认识党中央在新时代提出的乡村振兴战略的渊源和走向。

关键词：中央一号文件；乡村振兴；脱贫攻坚

一、乡村振兴战略是党中央持续重视"三农"问题的结果

（一）"三农"政策发展的历史背景

党和国家历来十分重视"三农"问题，尤其是进入21世纪以来，更是将其作为全部工作的重中之重。从2004年起，党中央以促进农民增收、农业增产、农村和谐稳定为主题，连年出台指导农村工作的中央一号文件，基本形成了党对"三农"工作的基本思路和政策体系。2005年，党的十六届五中全会明确提出了社会主义新农村建设的目标要求，即按照"生产发展、生活宽裕、乡风文明、村容整洁、管理民主"的要求稳步推进新农村建设。党的十八大以来，以习近平同志为核心的党中央不断推进新农村建设，农业持续健康发展，农村贫困人口逐年减少，农民生活水平显著提高，农业、农村、农民发展取得了历史性成就。然而，随着改革开放步入深水区，我国城乡发展不平衡、不充分的问题仍旧突出，农村发展的整体水平亟待提升。

基于上述成就和问题,党的十九大首次提出"实施乡村振兴战略",并明确指出"农业农村农民问题是关系国计民生的根本性问题,必须始终把解决好'三农'问题作为全党工作的重中之重。要坚持农业农村优先发展,按照产业兴旺、生态宜居、乡风文明、治理有效、生活富裕的总要求,建立健全城乡融合发展体制机制和政策体系,加快推进农业农村现代化"。2017年,中央农村工作会议对实施乡村振兴战略进行了谋篇布局,对贯彻落实乡村振兴战略提出了明确具体的要求,并发布了实施乡村振兴战略的总动员令。会议按照党的十九大提出的决胜全面建成小康社会、分两个阶段实现第二个百年奋斗目标的战略安排,为乡村振兴战略的实施规划了任务进度表,即"到2020年,乡村振兴取得重要进展,制度框架和政策体系基本形成;到2035年,乡村振兴取得决定性进展,农业农村现代化基本实现;到2050年,乡村全面振兴,农业强、农村美、农民富全面实现"。2018年中央一号文件为贯彻党的十九大精神和党一贯重视"三农"的传统,围绕乡村振兴提出产业、文化、生态、组织、人才等全方位的部署。2019—2021年中央一号文件继续围绕乡村振兴这一主题进行完善与发展,并前所未有地扩大号召力度。

(二)持续重视"三农"问题的必然结果

"三农"政策是由"三农"问题倒逼而产生的,它又在解决问题的实践过程中与时俱进、深化发展。我国社会主要矛盾的转变、农业生产力水平的提高、农民文化道德素养的提升,需要作为"三农"政策发布主体的中央一号文件围绕具体矛盾进行调整与创新,突破阻碍"三农"发展的政策限制,实行新政策,解决新矛盾,满足"三农"发展的需求。同时,中央一号文件作为文件,受到历史和执行力等方面的影响,它的效度和力度是有限的,新时代我国"三农"问题依然突出,这就需要更进一步提高"三农"的地位,将其放到国家战略的高度,保证农业农村优先发展,来促进其全面健康发展。所以说,乡村振兴战略的提出,是党和国家制定和实施以中央一号文件为代表的"三农"政策发展到一定阶段的必然结果。

二、23个中央一号文件为乡村振兴创造条件

乡村振兴战略和中央一号文件都聚焦"三农"问题,目的都是促进农业发展、建设美丽乡村和实现农民富裕。这种共性决定了乡村振兴战略和中央一号文件具有本质的、必然的联系。一方面,中央一号文件的制定与实施,促进了农业发展、农民增收和农村进步,使中国农业、农民和农村面貌

发生了历史性变化,为决胜全面建成小康社会阶段实施乡村振兴战略奠定了较为坚实的基础;另一方面,乡村振兴战略可以说是对中央连续发布一号文件的必然结果,是实施最新中央一号文件的重要抓手。

在时代的变迁中,中央一号文件经历了几个主要发展阶段,不断丰富发展,为进一步实施乡村振兴战略创造了条件。本文将中央一号文件划分为4个主要发展阶段,对23个中央一号文件进行说明。

(一)中央一号文件的主要发展阶段

1. 第一阶段(1982—1986年):实现农民经营自主权阶段

改革开放初期,农村的主要矛盾是农业生产力与生产关系不相适应的问题,党中央及时通过一号文件满足农民诉求,将自主经营权赋予农民手中。

这一时期的5个中央一号文件主要围绕包产到户、商品生产与流通、农产品购销制度、农业投入与产业结构、工农城乡关系等问题展开。这些一号文件对家庭联产承包责任制的稳定和完善起到了十分重要的作用,反映了20世纪80年代党和政府对"三农"问题的高度重视。这些文件的制定与实施,使得农民群众的阶段性愿望得以满足,从而激发了农民的积极性与创造性,解放了农村生产力,基本解决了农民温饱问题,为乡村振兴初步奠定了物质基础和政策基础。

2. 第二阶段(2004—2012年):解决城乡发展失衡,实现城乡发展一体化阶段

进入21世纪,中国特色社会主义事业不断推进,政治、经济、文化、社会等各方面不断进步。党中央更加注重使全体人民共享改革发展成果,但这一时期是我国改革开放向纵深发展的阶段,城乡差距不断加剧,农民持续增收停滞不前,农村改革急需深化,"三农"发展面临更加艰巨的任务。

在这一阶段,党中央针对突出矛盾及时调整"三农"政策,确立了城乡一体化、工农平等、"四化同步"的战略思想,以"多予、少取、放活"为抓手,以全面建设小康社会为目标,把农民增收、缩小城乡差距作为主要关注点,开启了以工补农、以城带乡的新时代,思路上体现了以人为本和科学发展观的理念。党的十六届三中全会明确提出了"统筹城乡发展",为推进新时期"三农"工作提供了新思路。

3. 第三阶段(2013—2017年):改革发展、"四化同步"阶段

2013—2017年是中央一号文件政策的协同推进期。为贯彻党的十八大精神,落实"四化同步"战略部署,2013—2017年中央一号文件致力于以

改革激活农业农村发展的内在活力,推进农业农村的现代转型,促进四化同步发展,让广大农民平等参与现代化进程、共同分享现代化成果。

党的十八大以来,我国经济社会发展成就辉煌,中央一号文件以转变经济发展方式为主线,强调走中国特色新型农业现代化道路,特别是确立了用新发展理念破解"三农"工作新难题,为我国农业发展和解决"三农"问题提供了新思路。

4. 第四阶段(2018年至今):实施乡村振兴战略阶段

党的十九大指出我国已进入中国特色社会主义新时代,社会主要矛盾已经转化为人民日益增长的美好生活需要和不平衡不充分的发展之间的矛盾。社会主要矛盾发生了转变,相应地,农业矛盾也发生了转变。为此,党中央及时提出乡村振兴战略,解决农村发展不充分的问题,以更好地满足农民日益增长的美好生活需要。

2018年中央一号文件《中共中央 国务院关于实施乡村振兴战略的意见》,以"乡村振兴战略"为核心语调,谋划新时代乡村振兴的顶层设计。2019年中央一号文件《中共中央 国务院关于坚持农业农村优先发展 做好"三农"工作的若干意见》,主题围绕"做好'三农'工作",强调在全面建成小康社会的决胜期,坚持把解决好"三农"问题作为全党工作重中之重不动摇,发挥"三农"压舱石作用,为确保经济持续健康发展和社会大局稳定、如期实现第一个百年奋斗目标奠定基础。2020年中央一号文件《中共中央 国务院关于抓好"三农"领域重点工作确保如期实现全面小康的意见》,主题围绕"如期实现全面小康",强调在全面打赢脱贫攻坚战的收官之年,必须攻克脱贫攻坚最后堡垒,补上全面小康"三农"领域突出短板。2021年中央一号文件《中共中央 国务院关于全面推进乡村振兴 加快农业农村现代化的意见》,继续重点围绕"全面推进乡村振兴",强调举全党全社会之力加快农业农村现代化,让广大农民过上更加美好的生活;提出要实现巩固拓展脱贫攻坚成果同乡村振兴有效衔接,强调加强农村低收入人口常态化帮扶;强调加快推进农业现代化,并提出健全乡村振兴考核落实机制等。可见自十九大提出乡村振兴战略以来,该战略得到了高度重视,近年发布的中央一号文件主要围绕实现乡村振兴进行全方位部署与努力。

纵观23个中央一号文件,每个时期都有特定的主题,这些文件的主题出于党中央对当时"三农"工作主要矛盾的判断,在农民、农业、农村三者之间不断转换,内容也随着时代的发展更加丰富、全面。第一阶段(1982—1986年)的5个中央一号文件中,前3个以"稳定家庭联产承包责任制,发展商品生产"为主题,后两个以"活跃农村经济和深入改革"为主题。第二阶段(2004—2012年)的中央一号文件则以农民增收、统筹城乡、发展现代农业、新农村建设为主题,这些一号文件为乡村振兴战略的提出埋下了伏笔。第三阶段(2013—2017年)的中央一号文件以深化农村改革创新、新发展理念、农业供给侧结构性改革为主题。第四阶段(2018年至今)的中央一号文件则以乡村振兴、全面小康、农业农村优先发展为主题,其中2018年和2021年的中央文件标题中直接涵盖"乡村振兴",凸显了新时代这一战略的重要地位,表明乡村在新时代以新的姿态和位置开启了新的征程,至此乡村振兴战略与中央一号文件伴随着时代的变迁,从交织到相融。

(二)中央一号文件中一贯政策的实施与成效为乡村振兴创造了条件

历年中央一号文件围绕强化农业基础地位、发展现代农业,增加农民收入、提高农民生活水平,完善农村基础设施、建设美丽乡村所提出的一系列政策措施,对于改变农业脆弱、农民贫困和农村落后局面发挥了重要作用,为实现乡村振兴创造了必不可少的条件。它们理所当然为乡村振兴战略所继承,成为乡村振兴战略丰富内容的重要组成部分。比如乡村振兴涵盖的五个振兴,即产业振兴、人才振兴、文化振兴、生态振兴、组织振兴,在历年中央一号文件中都有体现,这些振兴是在已经发展的基础上进一步提出的。

1. 中央一号文件中关于乡村产业振兴的政策与措施

实现农业强、农民富、农村美,必须振兴乡村产业。产业振兴是实现乡村振兴的重点。其主要措施包括以下内容。

(1)发展现代农业。包括:加大对农业的财政投入,努力夯实现代农业物质基础,建立促进现代农业建设的投入保障机制;加强农业基础设施建设,加强农村现代流通体系建设;提高农业综合生产能力,积极推进农业结构调整;推进农业供给侧结构性改革;改善农业设施装备,提高现代农业装备水平;开发农业多种功能,健全发展现代农业的产业体系;走中国特色新型农业现代化道路。

(2)科技兴农。包括:加快推进农业科技研发和推广应用;完善农业科技创新机制;改善农业科技创新条件;着力抓好种业科技创新;提高农业科技创新和推广能力;加强农业科技创新体系建设;推进农业科技进村入户;大力推广资源节约型农业技术;加快农业信息化建设。

(3)严格保护耕地,确保粮食安全。包括:决不放松粮食生产;集中力量支持粮食主产区发展粮食产业;构建新形势下国家粮食安全战略;进一步完善和落实粮食省长负责制;实行最严格的耕地保护制度,切实提高耕地质量。

(4)调整优化农业农村产业结构。包括:大力帮助农村调整产业结构;优化农业生产结构和区域布局;全面促进农村消费;推动农产品加工业转型升级,加强农产品流通设施和市场建设,发展农村二三产业,大力发展休闲农业和乡村旅游,推进农村产业融合,拓宽农民增收渠道;推进乡镇企业改革和调整。

2. 中央一号文件中关于乡村文化振兴的政策与措施

乡村是中华文明的基本载体,乡风文明是实现乡村振兴的保障。其重点主要有以下内容。

(1)做好新时代农村精神文明建设和思想道德建设。包括:大力培育和弘扬社会主义核心价值观;培育文明乡风、优良家风、新乡贤文化;弘扬优秀传统文化;加强农村思想文化阵地建设;深入实施公民道德建设工程等。

(2)开展移风易俗行动,树立健康文明新风尚。包括:加大高价彩礼、人情攀比、厚葬薄养、铺张浪费、封建迷信等不良风气治理;加大对农村非法宗教活动打击力度。

(3)加强农村公共文化建设和繁荣农村文化事业。包括:提升农村基本公共服务水平;建强用好县级融媒体中心;提高农村教育质量;实施乡村文化人才培养工程;繁荣农村文化市场并做好监管;办好中国农民丰收节等。

(4)加强农村德治、自治、法治建设。包括:深化村民自治实践,加强农村群众性自治组织建设,健全和创新村党组织领导的充满活力的村民自治机制;建设法治乡村,增强法律在解决农村矛盾中的权威地位;提升乡村德治水平,强化道德教化作用等。

3. 中央一号文件中关于乡村生态振兴的政策与措施

良好的生态环境是农村的最大优势和宝贵财富。要让农村成为农民安居乐业的美丽家园,必须振兴乡村生态。生态宜居是实现乡村振兴的关键。其主要政策与措施包括以下内容。

(1)加强农田水利和生态建设,提高农业抗御自然灾害的能力。

(2)加强资源保护和生态修复,集中治理农业环境突出问题。包括农业面源污染防治、建立市场化多元化生态补偿机制等。

(3)推进农业清洁生产和绿色发展,发展绿色农业。主要是运用现代科技和管理手段,将乡村生态优势转化为发展生态经济的优势,增加农业生态产品和服务供给。

(4)加强生态重点工程建设,加强村庄规划和人居环境治理。主要包括实施三北防护林体系建设、生物多样性保护等重大工程,有序推进农村厕所革命、健全农村生活垃圾收运处置体系、健全农村人居环境设施管护机制。

4. 中央一号文件中关于乡村组织振兴和人才振兴的政策与措施

乡村振兴,治理有效是基础。实现乡村的有效治理,离不开乡村组织与人才的供给。关于振兴乡村组织和人才的政策措施主要有以下内容。

(1)党的领导。包括:加强党对"三农"工作的全面领导,动员全党全社会关心、支持和参与社会主义新农村建设;强化五级书记抓乡村振兴的工作机制;加强党委农村工作领导小组和工作机构建设;健全乡村振兴考核落实机制;加强以党组织为核心的农村基层组织建设,强化农村基层党组织建设。

(2)乡村治理。包括:完善乡村治理机制,切实加强农村基层民主管理、维护农民群众合法权益、保障农村社会公共安全;健全乡村治理工作体系;调处化解乡村矛盾纠纷;深入推进平安乡村建设。

(3)培育农村人才。包括:大幅度增加人力资源开发投入,全面提高农村劳动者素质,为推进新农村建设提供强大的人才智力支持;加强教育科技培训,全面造就新型农业农村人才队伍,振兴发展农业教育;加快培养农业科技和实用人才;鼓励社会各界投身乡村建设,创新乡村人才培育引进使用机制。

这些中央一号文件围绕当年突出的"三农"问题提出相应的政策与解决措施,为我国农业农村农民的持续发展做出了重要贡献,为新时代进一步实施乡村振兴战略创造了宝贵条件。

三、脱贫攻坚为乡村振兴扫清障碍

中共中央、国务院发布的 23 个中央一号文件,均涉及农村扶贫方面的内容。中国扶贫工作经历了从救济式扶贫到精准扶贫的转变,特别是自党的十九大以来,为了使全体农民真正实现精准脱贫,解决以往"大水漫灌式"的弊端,党中央提出一系列精准扶贫政策,不折不扣完成脱贫攻坚硬任务成为乡村振兴战略中的重点内容。在党中央精准扶贫目标下,近几年的中央一号文件都紧紧围绕扶贫脱贫的主题,在制定和落实党和国家扶贫政策、确保扶贫工作取得实效等方面发挥了重要作用。2019年中央一号文件首次将脱贫攻坚作为单独部分放在文件第一部分,对脱贫攻坚的重视程度前所未有。2020年是全面建成小康社会目标实现之年,是全面打赢脱贫攻坚战收官之年。该年中央一号文件更是全篇围绕全面建成小康社会,提出要完成好打赢脱贫攻坚战这一重点任务。在此基础上,2021年中央一号文件提出要实现巩固拓展脱贫攻坚成果同乡村振兴的有效衔接,制定了一系列政策来巩固脱贫攻坚成果,做到扶上马送一程。同年习近平主席宣布:"在迎来中国共产党成立一百周年的重要时刻,我国脱贫攻坚战取得了全面胜利,现行标准下9899万农村贫困人口全部脱贫,832个贫困县全部摘帽,12.8万个贫困村全部出列,区域性整体贫困得到解决,完成了消除绝对贫困的艰巨任务。"中国人民在党的带领下创造了世界发展史、农村发展史上的奇迹。

脱贫攻坚战的全面胜利,折射出了中国共产党为改变贫困地区贫穷落后面貌,让贫困地区人民群众过上幸福生活、追求共同富裕的不懈探索和使命担当,标志着我们党在团结带领人民创造美好生活、实现共同富裕的道路上迈出了坚实的一大步。

"脱贫摘帽不是终点,而是新生活、新奋斗的起点。"在以党中央、国务院发布的中央一号文件为代表的各方面指导与全国人民的努力之下,我国乡村经历了由脱贫向振兴的历史性转变,问题由没有蛋糕变成如何将蛋糕越做越大并越分越好。虽然脱贫攻坚为乡村振兴扫清了障碍,但是初心一如来时路,山高路远再启程,我们须在此基础上继续坚持党的领导、落实中央一号文件的部署,朝着实现乡村振兴的目标奋进。

参考文献

[1] 习近平.决胜全面建成小康社会 夺取新时代中国特色社会主义伟大胜利——在中国共产党第十九次全国代表大会上的报告[M].北京:人民出版社,2017.

[2] 1982年中央一号文件《全国农村工作会议纪要》。

[3] 1983年中央一号文件《当前农村经济政策的若干问题》。

[4] 1984年中央一号文件《中共中央关于一九八四年农村工作的通知》。

[5] 1985年中央一号文件《关于进一步活跃农村经济的十项政策》。

[6] 1986年中央一号文件《中共中央 国务院关于一九八六年农村工作

的部署》。

[7] 2004年中央一号文件《关于促进农民增加收入若干政策的意见》。

[8] 2005年中央一号文件《关于进一步加强农村工作提高农业综合生产能力若干政策的意见》。

[9] 2006年中央一号文件《关于推进社会主义新农村建设的若干意见》。

[10] 2007年中央一号文件《关于积极发展现代农业扎实推进社会主义新农村建设的若干意见》。

[11] 2008年中央一号文件《关于切实加强农业基础设施建设进一步促进农业发展农民增收的若干意见》。

[12] 2009年中央一号文件《关于2009年促进农业稳定发展农民持续增收的若干意见》。

[13] 2010年中央一号文件《关于加大统筹城乡发展力度进一步夯实农业农村发展基础的若干意见》。

[14] 2011年中央一号文件《关于加快水利改革发展的决定》。

[15] 2012年中央一号文件《关于加快推进农业科技创新持续增强农产品供给保障能力的若干意见》。

[16] 2013年中央一号文件《关于加快发展现代农业进一步增强农村发展活力的若干意见》。

[17] 2014年中央一号文件《关于全面深化农村改革加快推进农业现代化的若干意见》。

[18] 2015年中央一号文件《关于加大改革创新力度加快农业现代化建设的若干意见》。

[19] 2016年中央一号文件《关于落实发展新理念加快农业现代化实现全面小康目标的若干意见》。

[20] 2017年中央一号文件《关于深入推进农业供给侧结构性改革加快培育农业农村发展新动能的若干意见》。

[21] 2018年中央一号文件《中共中央国务院关于实施乡村振兴战略的意见》。

[22] 2019年中央一号文件《关于坚持农业农村优先发展 做好"三农"工作的若干意见》。

[23] 2020年中央一号文件《关于抓好"三农"领域重点工作确保如期实现全面小康的意见》。

[24] 2021年中央一号文件《关于全面推进乡村振兴 加快农业农村现代化的意见》。

[25] 陈文胜.中央一号文件的"三农"政策变迁与未来趋向[J].农村经济,2017(8):7-13.

[26] 王文强.21世纪以来中国三农政策走向研究——对14个"中央一号文件"的回顾与展望[J].江西社会科学,2017(7):51-58.

[27] 刘晓雪.新时代乡村振兴战略的新要求——2018年中央一号文件解读[J].毛泽东邓小平理论研究,2018(3):13-20,107.

[28] 孔繁金.乡村振兴战略与中央一号文件关系研究[J].农村经济,2018(4):7-14.

[29] 原正军,冯开文."中央一号文件"涉农政策的演变与创新[J].西安交通大学学报(社会科学版),2013(2):58-62.

[30] 于晓华,钟晓萍,张越杰.农村土地政策改革与城乡融合发展——基于中央"一号文件"的政策分析[J].吉林大学社会科学学报,2019(5):150-162,222-223.

[31] 郑有贵."三农"政策突破与理论创新——9个中央1号文件的重大突破[J].教学与研究,2007(9):10-19.

[32] 孔祥智,郑力文,周振.新世纪十个"中央一号文件":回顾与展望[J].教学与研究,2013(7):5-18.

[33] 刘彦武.乡村文化振兴的顶层设计:政策演变及展望——基于"中央一号文件"的研究[J].科学社会主义,2018(3):123-128.

[34] 邹进泰,邹光.从中央"三农"一号文件看改革开放30年来我国农村的发展成就[J].学习与实践,2008(11):35-40.

[35] 李少惠,赵军义.乡村文化振兴的角色演进及其实践转向——基于中央一号文件的内容分析[J].甘肃社会科学,2019(5):209-214.

[36] 马添.乡村振兴战略背景下农村基层治理研究[D].长春:东北师范大学,2018.

第二部分

产业篇

产业振兴助力乡村振兴的路径选择探究
——以蕲春县横车镇为例

侯美鹏

摘　要:"小康不小康,关键看老乡。"2020年是全面建成小康社会的收官之年,也是"十三五"向"十四五"过渡的关键一年。"三农"问题依旧是国内最大的民生问题,农业是否现代化、农村是否文明、农民是否富裕检验着乡村振兴的直接成效。而产业振兴作为乡村振兴五大机理最为直接的表现,是乡村振兴的关键,也是解决"三农"问题最为核心的抓手。中国特色社会主义进入新时代,我国社会主要矛盾已转化为人民日益增长的美好生活需要和不平衡不充分的发展之间的矛盾,而不平衡不充分的发展薄弱点在农村,成为制约农民对美好生活需要的最大"约束线",一边是"需求侧"农民对美好生活需求的激增,另一边是"供给侧"有效供给的不足,如何化解供需失衡、如何实现乡村振兴是当前亟待解决的问题。带着这些问题,笔者对湖北省黄冈市蕲春县横车镇九棵松村、许岗村、富冲村、驸马坳村和凉岗村5个村的经济与产业发展状况进行了实地调研,从经济与产业发展视角,总结各村经济与产业发展的优势与不足,提出横车镇实现乡村振兴的可行路径选择。

关键词:产业振兴;乡村振兴;供给侧

一、横车镇各村经济与产业发展历史和现状

1. 九棵松村

九棵松村是湖北省的一个著名村庄,先后荣获"楚天明星村""湖北十强村""湖北村级经济实力500强""全国文明村""全国精神文明建设先进单位""全国先进基层党组织"等称号。九棵松村从1976年开始走农村工业化的发展道路,在工业化初期,村党支部极力冲破和排除"左"的思想干扰,倡导"无工不商、无商不活、无工不富"的观念,兴办工业辟富路,带领群

众创伟业,有效保护和发挥石英石矿产资源优势,以此兴业,逐步奠定工业基础,依托资源自我积累,滚动发展。九棵松村以"滚雪球"的发展模式,壮大健全采掘业,并带动其他产业发展,形成资源加工业、汽车运输业、建材建筑业、商贸饮食业以及其他各种服务行业协同发展的局面,同时支持个体经济发展,实现多轮驱动。1984年,兴办九棵松红砖厂、麻纺厂和建筑安装工程公司,实现当年建厂、当年投资、当年获利,九棵松村从农业经济迅速走向工业经济。

在大办工业的同时,九棵松村也大力发展种植业,向荒山进军,开垦500亩荒山,建立了方圆十里最大的果木园,走农业与工业协同发展的道路。改革开放四十多年来,九棵松村集体收入呈现大幅上升趋势:1978年村总产值46.4万元,固定资产36万元,纳税2.48万元,人均年收入99元;2018年村年产值28.6亿元,固定资产10亿元,纳税2600万元,人均收入4万元,人均收入提高了400多倍。如今的九棵松村,已经遍地是企业,人民安居乐业,幸福感极高,在老有所养、住有所居、病有所医、幼有所教、妇有所业方面均取得了不错的成绩。通过对企业的调研以及对农村就业人口的采访发现,九棵松村的发展不仅吸纳了农村的闲散人口和妇女就业,也吸引着越来越多的人才回村创业。

九棵松村能够取得如今的发展成就,其关键一环就是实现了以优质工业为龙头的产业振兴。多年来,九棵松村一直在工业发展的道路上迈着坚定的步伐,通过工业兴村,打造了涵盖森林工业、制造业、加工业等多种产业联动发展的新格局。九棵松村致力于深入推进产业融合,开展工业兴村示范行动,培育壮大乡土经济、乡村产业,实现工业兴村、产村融合。这既是推动产业兴旺、推动城乡融合发展的重要措施,也对实施乡村振兴战略、加快实现农业农村现代化产生了重大影响。面对百年未有之大变局,面对突如其来的新冠肺炎疫情,九棵松村谋定而变,深入探索产业转型升级之路,以市场为导向,以创新为基础,以大数据等技术为手段,走服务业为主、三产融合发展的新型道路。产业兴旺在九棵松村越发彰显,并成为其引领乡村振兴的最大引擎,带领着九棵松村向着生态宜居、乡风文明、治理有效、生活富裕前行。

2. 许岗村

许岗村的经济与产业发展起步较晚,2017年以前,许岗村还是国家级贫困村,2017年底实现了全村脱贫。许岗村的产业主要集中在农业种植业和养殖业,农业种植业以种植蕲艾为主,目前共有三个蕲艾种植基地,共

700亩。蕲艾种植一年一季,亩产2000斤生蕲艾,市场价格0.6元/斤,一亩年总产值1200元,三个蕲艾基地年总产值大概840000元。养殖业以生猪养殖为主,年出笼生猪600头,生态养猪场目前每年向村集体上交10万元租金,其中2万元作为使用农民土地的土地流转费,8万元上交村集体充实集体经济。除了三个蕲艾基地和一个生态养猪场外,许岗村还有一个可用于外租的厂房,目前已和湖北长江路桥公司签订出租合同租借给企业使用,目前有一片地正在规划拟发展旅游业。

总体来看,许岗村的产业比较单一,主要是依托土地资源发展起来的种植业和养殖业,以第一产业为主,没有工业企业,更缺乏发展服务业的基础。虽全村已经全部脱贫,但目前村民的主要收入来源还是依靠外出务工,青壮年的流失越来越严重,农村集体经济发展比较缓慢,距离产业兴旺还有很长的路要走,距离乡村振兴更需要不断利用后发优势,吸取九棵松村发展的有效经验,努力实现产业振兴与乡村振兴。

3. 富冲村

富冲村20多年前曾因丰富的石英矿资源跃居横车镇第二大经济村,却也因为矿资源开采枯竭而面临经济转型的阵痛。青壮年外出、劳动力流失、农村"空心化"等使得富冲村的发展一度不如往日。从农业到工业的转型并不顺畅,矿厂的衰落倒逼着富冲村找寻一条新的产业发展道路。在国家政策帮扶、市场投资与农民的推动下,富冲村先后筹集300多万元资金投资新建板栗种植与木耳培育基地,走上集体合作发展产业经济之路。然而,靠天吃饭、管理水平低下、价格波动等因素严重影响富冲村农产品与市场的接轨,缺乏竞争力的富冲村产品难以被市场出清,原本的经济作物区域变成了荒废的农田,富冲村又一次面临产业转型的抉择。富冲村的第三次产业转型主要依托其丰富的林业资源打造集生态旅游与景观苗木栽培于一体的旅游-经济综合体。富冲村的这一产业发展规划,既使经济发展融入生态建设,又让自然生态造福于民,是落实"绿水青山就是金山银山"这一绿色发展理念最好的体现。

经过与富冲村小微创业者的交流发现,富冲村的小微创业者面临新零售背景下因营销模式滞后与农村创业氛围不浓而难以组建创业团队的困境。创业者认为,目前农村的创业氛围不浓,农村的年轻人比较少,愿意合伙创业的更少,创业需要政府政策的进一步扶持。通过走访居民发现,农村居民对乡村变化的反应明显,尤其是收入的增加和周边就业岗位的增多,多数农民对乡村振兴表现出十足的信心。

二十年砥砺，富冲村曾面临三次产业转型，历经三次阵痛，如今的富冲村，找到了新的产业发展方向，依然在乡村振兴的路上拓荒前行。

4. 驸马坳村

各地在脱贫攻坚的过程中都投入了大量资金与项目，这意味着大量的资源处在流动状态，这种资源流动带来的发展可能性对于村庄来说也是一种独特的机遇。驸马坳村因时而动，抓住机遇，为承接国家光伏扶贫基地的建设，积极组织村民进行土地流转，建成了占地360亩、高达14兆瓦的光伏发电基地。土地虽是农民为数不多的主要资源，但其对农民生活的保障性作用和对农民年收入的贡献在逐步缩小。尤其随着大量青壮年劳动力外出务工以及农业自身的弱质型，许多人已无意于继续耕种土地。同时，随着各地农地改革实践的推进，农地的财产性不断被提及，其可在减轻农民劳动负担的同时增加农民的收入。这对于外出务工的家庭来说，不失为一种更好的选择。驸马坳村的情况就类似于上述情形，村里青壮年劳动力以外出务工为主，村里为提高土地的利用率，先以每亩350元左右的价格对村民的土地进行流入，后以每亩400元的价格统一出租给使用主体，其中每亩可以获得几十元的差价来充实集体经济收入。

驸马坳村目前的经济实力位居横车镇前三，产业主要有光伏发电、观光旅游和经济作物种植，其中以光伏发电业为主，同时驸马坳村正以其良好的生态环境，积极打造观光旅游业，发展乡村旅游。对于驸马坳村来说，打造特色乡村旅游成为其下一步的关键目标。

5. 凉岗村

取得传统经济作物新发展，扩大油茶种植面积，油茶作为一种经济作物，在凉岗村已有几十年的种植历史。经济作物的高风险与高收益并存，村里为了发展油茶种植产业，2015年鼓励当地回乡农民成立了蕲春县凉岗青峰油茶种植专业合作社，并建立了油茶基地和茶油加工厂，依托流入集体的土地资源来扩大种植规模，提高茶油品质，积极开拓市场，走规模化、专业化道路，以降低风险。

此外，凉岗村还积极探索清洁、可持续的养殖发展之路，2016年建成了两座环保养殖鸡场，通过将其出租给个人，每年收取租金可达三万元，且鸡场规模不断扩大，已由原来的六千只扩大到如今的两万只。凉岗村虽于2016年完成了整村脱贫，但其并未懈怠，紧抓优先脱贫机遇，依托扶贫时期留下的产业继续进行扩大再经营，依靠自身的集体收入积累，不断完善村里各项基础设施。同时，凉岗村积极盘活闲置土地、山林等资源，争取政府项目和资金支持,准备招商引资,借助外力为村庄提供启动资金,努力走内生性与外生性相结合的发展道路。

凉岗村在横车镇的地理位置比较偏,交通不发达,经济与产业发展也是比较落后的村,曾被评为"软弱涣散村",因此,发展工业企业和服务业对于凉岗村来说不符合最大实际,凉岗村完全可以走一条以油茶种植为主的产业发展之路,扩大油茶种植面积,提升茶油产量与品质,对接市场的缺口会是凉岗村的一个机会。

二、横车镇各村经济与产业发展路径和优势

(1)九棵松村以自然资源为依托,充分发挥自身优势,大力振兴本村经济,形成完整的产业链条,开拓了横车镇农村工业化发展的先河,实现了从农民到工人、农业到工业、农村到城镇的三个转变。九棵松村开发利用其丰富的石英石、蕲艾等资源,先后创办了以湖北省蕲春县灵虬山石英砂有限公司、蕲艾制品有限公司等为代表的50多家优秀企业,使得村年收入从不到万元增长到现在的五千多万元,极大地促进了本村经济的发展并使发展成果惠及每一位村民,成为全市乃至全国脱贫致富的先进典型。

(2)许岗村在自然资源较为匮乏的情况下,抓住国家发展机遇,形成后发优势,充分发挥村组织作用,努力壮大村集体经济,实现全村经济可持续发展。2017年许岗村成立了明俊生态养殖专业合作社和王平蕲艾种植专业合作社,既充实了集体经济,又促进了当地农民的就业增收。生态养猪场的建立为村集体每年贡献十万元的租金收入,解决了部分土地闲置与村干部工资支付的难题。

(3)从传统农业种植到开办石英矿厂,从石英矿厂衰退中找到集体农业经济发展的曙光,富冲村历经多次探索,找准自身发展新定位,贯彻落实"绿水青山就是金山银山"的绿色发展理念,充分发挥林地众多的优势,将经济产业发展与生态建设融合,打造集生态旅游与景观苗木培育于一体的经济综合体,在实现产业转型升级的道路上更进一步。

(4)驸马坳村因时而动,抓住机遇,承接国家光伏扶贫基地的建设,积极组织村民进行土地流转,建成了占地360亩、高达14兆瓦的光伏发电基地。村里为提高土地的利用率,对村民的土地进行流入,后统一出租给使用主体,其差价用来充实集体经济收入,实现了光伏产业与农村经济双向互惠发展。

(5)凉岗村鼓励当地回乡农民成立了蕲春县凉岗青峰油茶种植专业合作社,并建立了油茶基地和茶油加工厂,依托流入集体的土地资源来扩大种植规模,提高茶油品质。此外,凉岗村还积极探索清洁、可持续的养殖发展之路。凉岗村依托扶贫时期留下的产业继续进行扩大再经营,不断积累集体收入,完善村里各项基础设施,努力走内生性与外生性相结合的发展道路。

三、横车镇各村经济与产业发展尚存问题

乡村振兴,产业兴旺是基础。在当前农村政策环境优化、消费结构升级、科技创新加快和创业环境改善的背景下,横车镇各村正在积极摸索经济产业发展新空间,但目前在以下几个方面仍存在一定的问题。

(1)农村"空心化",生产要素流出且缺乏活力。以劳动力资源为例,部分农村经济产业相对比较薄弱引发农村青壮年劳动力向城市流动,农民外出务工的个体理性选择制约了当地产业以及集体经济的上升发展,从而进一步加重了农村的"空心化",形成了经济产业弱势—青壮年劳动力流出—产业发展乏力—农村"空心化"加重—经济产业进一步弱势的闭环瓶颈。如何打破这一瓶颈,为乡村经济与产业发展注入活力需要进一步思考。除了劳动力以外,其他经济要素如资金、信息、技术等也存在不充足问题。调研的5个村庄,依然面临中国农村普遍"空心化"的主要问题,大多数村都是老、幼、妇、弱在家居住,甚至有不少举家搬迁在外居住的情况。

(2)资源依赖型产业较多,缺少特色支柱产业。由于资源的空间配置不均,农村的产业振兴之路必须具备自身的特色,不能盲目地走和城市一样的发展道路,农村产业发展之路在深不在广、在精不在多。调研发现,5个村中除九棵松村之外,其余的村资源依赖型产业较多且缺少特色支柱产业。例如富冲村,20多年前曾因丰富的石英矿资源跃居横车镇第二大经济村,却也因为矿资源开采枯竭而面临经济转型的阵痛,如今村集体经济发展乏力。

(3)土地流转类型单一,土地溢价效应不明显。从调研的5个村的情况来看,横车镇土地流转主要依靠将土地经营权流转给市场大户而不是村集体进行经营,这种土地流转模式天然存在两个缺点。其一,市场大户以利益为导向,在选择土地时,总是"挑肥拣瘦",而土地肥沃程度的空间分布并不均匀,土地流转给市场大户很难带来土地的集中连片规模种植,且市场大户可能为了短期收益而忘记对土地进行保护,造成土地的过度开垦,

从而使得土地的可持续生产能力减弱。其二,将土地流转给市场大户本质上没有给集体经济带来过多的增值,相反,可能由于"扶强"的性质,农村收入进一步两极分化,农民没有享受到更多土地带来的溢价,并没有依靠绵薄的土地出让金而富起来。例如,许岗村一年一季的蕲艾基地,亩产2000斤生蕲艾,按照市场价格0.6元/斤来计算,一亩地的经济年产值1200元,去除一亩地需要耗费的成本,大概年产值1000元,低于种植其他经济作物的年产值。对于湖北地区耕地一年可种两季来说,一年一季的蕲艾种植在无形之中增加了土地使用的机会成本。

（4）集体经济发展不足,缺乏内生增长动力。从调研的5个村来看,集体经济收入最多的村为九棵松村,其收入来源主要是土地流转收入、厂房出租收入与企业税收三个方面。九棵松村依托比较成熟的产业体系,使得横车镇的资源大都向其倾斜,先发优势明显,因此集体经济收入比较高。而对于许岗村等其余4个村来说,集体经济收入较为微薄,许岗村的集体经济收入主要来自三个蕲艾基地的土地流转费、一个生猪养殖场的土地流转费和一个厂房外租费,集体经济收入每年不足30万元。富冲村、驸马坳村和凉岗村的村集体经济收入普遍不高且基本上也是依赖于土地流转的收入来充实自身的集体经济,缺乏产业的支撑。总的来说,除九棵松村之外,其余村的集体经济发展缺乏内生的增长动力,基本上依靠外部的政策或市场的刺激。

（5）区域经济与产业发展失衡,偏远村发展不充分。横车镇经济与产业发展呈现出空间区域不平衡且偏远村发展不充分的特点,目前,九棵松村"一枝独秀",其余村后发优势难以有效积累,追赶比较乏力。凉岗村地广人稀,与九棵松村比起来差距很大,乡村振兴本质上要求全面振兴和人民共同富裕,适当的差距可以促进竞争,而差距过大则可能引发一定的社会问题。因此,打破横车镇经济与产业区域发展的空间失衡,是当前和今后不得不面对和解决的迫切问题。

四、横车镇经济产业助力乡村振兴的路径选择

1. 依托政策引流,促进人才回流

不断优化各村经济、教育、文体、医疗等基础资源,满足村民不断增长的物质与精神需求,吸引各村人才回流。对回乡发展的村民进行创业扶持,在政策、投资经营、技术指导等方面提供便利与优质的服务,在土地流转、准入许可、贷款贴息、奖励补贴等方面给予一定的倾斜,让回乡人才创

业有绿色通道,投资无后顾之忧。目前,横车镇的个人创业市场尚未完全激活,小微创业者面临新零售背景下因营销模式滞后与农村创业氛围不浓厚而难以组建创业团队的困境。营造良好的创业环境,提供优质的创业服务与政策支持,是实现人才回流从而为乡村振兴注入活力的一大选择。

2. 优化升级产业结构,转变经济发展方式

依托现有产业带来的经济基础与便利条件,结合各村优劣势,尽早完成未来产业转型升级规划,做到未雨绸缪、敢为人先。调整一二三产业创收比例,以农民增收为主要目标,优化产业结构,将重资源型产业转化为绿色发展产业,用发展工业的思路发展农业,着力发展以旅游业、仓储业、运输业等为主的第三产业。逐步形成以农村工业为主导、高效农业为基础、服务业为纽带的产业发展新格局,打造健康绿色循环的新兴经济产业发展体。例如,富冲村正在走的集生态旅游与景观苗木栽培于一体的旅游-经济综合之路,就依托自身丰富的林业资源和自然环境,积极践行"绿水青山就是金山银山"的绿色发展理念,既使经济发展融入生态建设,又让自然生态造福于民,走出了本村的特色经济与产业发展之路。

3. 推进土地"三权分置",做好土地流转大文章

利用土地出租、入股、合作等多种方式,拓宽土地流转类型模式。其一,集中整合本村土地资源,充分发挥主观能动性,进行自主开发管理。其二,大力倡导将土地流转给村集体经营,保护农民的利益和顺利实现土地的持续流转,规划集约用地和实现农村长远发展。其三,不断提升村集体及村民个人的参与度,将个人利益与集体利益挂钩,调动村民参与本村发展的积极性,逐渐减少对外生动力的依赖,运用内生动力发展产业经济,做到自强兴村、自主振兴。

4. 党建引领农村集体经济发展,助力乡村振兴

党政军民学,东西南北中。党是领导一切的,充分发挥村集体尤其是村党支部统筹发展的作用,不仅有利于带动农村的产业振兴,发展农村集体经济,也有利于从根本上解决"三农"问题,促进横车镇的乡村振兴。党建引领农村集体经济发展,前有九棵松村的经验,现有许岗村的实践。九棵松村在村党总支的带领下,勇于抓住历史发展的机遇,锐意改革,在一穷二白的土地上建起社会主义现代化新型农村,如今产业兴旺、环境优美、人民收入大幅度提高、人民生活幸福,在乡村振兴的道路上逐步向前。许岗村勇立时代发展的潮头,村党总支创新发展理念,借助精准扶贫政策的东风,积极发展蕲艾种植业和生猪养殖业,大力发展农村集体经济合作社,带

领全村在2017年实现全面脱贫,插上了产业腾飞的翅膀。这些经验和实践均表明,发挥党建在乡村振兴中的引领作用是有效可行的。因此,横车镇可以大力推广这一发展模式,最大限度地集中农村资源,带动农村经济发展的氛围,让更多经济和产业落后村也能扬帆起航。

5.坚持推进供给侧结构性改革

平衡各村的经济与产业发展,打破横车镇各村发展不平衡、不协调的现状,需要以供给侧结构性改革为主线。其一,加大对落后村产业发展的人力资源投入、资金支持和政策扶持;其二,将九棵松村的过剩产能适当转移到其他村,这不仅有利于九棵松村的产业转型升级,也有利于打破不均衡的发展格局;其三,补短板,促进各村资源的相互借鉴与整合,形成内外联动的横车经济与产业发展新格局,盘活内部生产要素,提高全要素生产率。

五、研究结论

通过对横车镇九棵松村、许岗村、富冲村、驸马垴村和凉岗村5个村的经济与产业发展状况深入调研,发现每个村都有自身发展的特色、优势和不足,而每个村选择的发展道路无不以产业振兴为经济发展的出发点。由于地理环境、历史原因、政策扶持上的差异,横车镇的经济与产业发展呈现出空间区域不平衡且偏远村发展不充分的特点,农村"空心化"、人才吸引力不足、产业结构单一、土地流转方式单一、村集体经济发展缓慢等成为制约横车镇乡村振兴的重要因素,其中,产业振兴是影响乡村振兴的最主要因素。因此,要实现横车镇全面乡村振兴,需要依托全面的产业振兴打破区域发展的空间不平衡格局,形成各村内外联动的新发展格局,助力横车镇向着产业兴旺、生态宜居、乡风文明、治理有效、生活富裕五个方向稳步前进。

参考文献

[1] 习近平.习近平谈治国理政(第二卷)[M]北京:外文出版社,2017.

[2] 简新华,王懂礼.农地流转、农业规模经营和农村集体经济发展的创新[J].马克思主义研究,2020(5):84-92,156.

[3] 邓忠奇,高廷帆,朱峰.地区差距与供给侧结构性改革——"三期叠加"下的内生增长[J].经济研究,2020(10):22-37.

[4] 冯乐.乡村振兴视域下农村经济产业发展探析——以凉山州普格

县甲甲沟村为例[J].经济管理文摘,2021(11):13-14.

[5]胡兵.脱贫村产业振兴的路径选择与发展策略思考[J].农民科技培训,2021(6):7-10.

[6]周子玉,汪雷.产业大发展启动乡村振兴之路——基于安徽省濉溪县的调研[J].中国合作经济,2020(11):31-33.

[7]黄旭兴.产业兴旺助力乡村振兴[J].农村经济与科技,2020(17):311-313.

[8]于志华.乡村振兴视域下产业振兴研究:范畴、基础与路径[J].商业经济,2020(9):121-123.

[9]郭岚.以产业振兴促乡村振兴[J].江南论坛,2020(9):4-6.

论长石村成为特色小镇的可能性

上海禹燊信息技术有限公司　肖　潮

摘　要：发轫于浙江的特色小镇开启了我国小城镇发展的新模式探索，2016年住房和城乡建设部、国家发展和改革委员会、财政部联合发文，决定在全国范围开展特色小镇培育工作。此次调研的横车镇长石村正在重点打造"田园横车"特色项目，努力塑造"孝善长石村"特色美丽乡村。在国家乡村振兴战略背景下，本文结合长石村典型案例，针对性地提出了长石村打造蕲艾特色小镇的建议。

关键词：特色小镇；乡村振兴；蕲艾特色小镇

一、研究背景：乡村振兴战略的提出和实践

21世纪以来，针对"三农"问题，我国先后提出了"社会主义新农村建设""美丽乡村建设""农业供给侧结构性改革"等一系列战略举措，化解城乡差距、促进农业现代化发展，基于深刻的时代背景和长期发展的积累基础，党的十九大提出乡村振兴战略，旨在通过乡村振兴战略统领"三农"问题，实现农业强、农村美、农民富的目标。

（一）乡村振兴的内涵

在中国特色社会主义进入新时代的背景下，乡村振兴战略将运用现代产业发展理念、信息技术、商业经营模式，促进农业农村现代化，改变农业低效、农村凋敝的发展困境，让农民成为有吸引力的职业，让农业成为有奔头的产业，让农村成为生态宜居的美丽家园。党的十九大提出乡村振兴的总要求是"产业兴旺、生态宜居、乡风文明、治理有效、生活富裕"，相比于党的十六届五中全会提出的"生产发展、生活宽裕、乡风文明、村容整洁、管理民主"的社会主义新农村建设总要求，乡村振兴战略基于新时代中国特色社会主义"五位一体"总体布局，提出了更高要求，具有更丰富的内涵。

"产业兴旺"要求农业符合现代产业发展规律,实现生产要素的高效组织和活力迸发,在一二三产业融合发展中彰显现代产业的多重效益。"生态宜居"要求保护好乡村的生态环境,这是乡村最大的资源禀赋和潜力所在,通过健全基础设施和改善人居环境营造田园风情,提高乡村对居民和游客的吸引力。"乡风文明"要求发展卫生、文化、教育等公共事业,弘扬农耕文明和优秀传统,用现代文明理念推进移风易俗,提升农民素质和农村文明程度。"治理有效"要求创新农村社会治理,通过自治激发农民主体活力、法治保障公平正义、德治营造和谐氛围。"生活富裕"就是要稳定农民收入来源、拓宽农民收入渠道,让农民生活无忧、共同富裕。

(二)乡村振兴的路径及其与特色小镇的关系

2017年12月召开的中央农村工作会议聚焦研究乡村振兴战略,2018年中央一号文件对乡村振兴战略作出系统部署,从农业发展、绿色和谐、文化兴盛、乡村治理、民生保障等方面作出具体安排,明晰了乡村振兴的实现路径。

(1)提升农业发展质量。农业是乡村的主体产业,实现乡村振兴的产业兴旺目标必须强化现代农业的产业支撑。夯实农业生产能力,保障国家粮食安全,顺应农业供给侧结构性改革的趋势,实施质量兴农战略;拓展农业多种功能,促进农村一二三产业融合发展,彰显现代农业的多重效益;鼓励农业走出去,在参与国际竞争中提升农业现代化水平;兼顾新型农业主体与小农户的共生发展,通过社会化服务引导小农户向现代农业的升级转型。

(2)促进乡村绿色和谐发展。尊重生态系统的生命共同体特征,统筹山水林田湖草系统治理;针对存在的农业面源污染、废弃农膜、畜禽粪污等突出环境问题进行综合治理;运用市场手段赋予生态产品价值内涵,构建生态补偿机制,在农业功能区基础上形成生态保护的激励机制;开发观光农业、健康养生、游憩休闲等生态产品,将乡村潜在生态优势转化为现实的生态经济优势。

(3)繁荣兴盛乡村文化。加强农村思想道德建设,强化农民的社会责任意识、规则意识、集体意识;传承优秀传统文化,保护好传统村落、民族村寨、农业遗迹、优秀戏曲曲艺等文化遗产,创造性转化、创新性发展乡村文明,推动文化遗产合理适度利用;健全乡村公共文化服务体系,提高农民文化素养;通过移风易俗破除有悖于现代文明的陈规陋习,营造文明乡风、良好家风、淳朴民风来提高乡村社会文明程度。

（4）创新乡村治理体系。加强农村基层党组织建设，提高组织力，引导农村党员发挥先锋模范作用。健全自治、法治、德治相结合的乡村治理体系，以自治发挥农民的主体性作用与活力；以法治强化法律在维护农民权益、农业支持保护、规范市场运行、生态环境治理、化解农村社会矛盾等方面的权威地位；以德治强化道德教化和正面典型的引导，纠正乡村社会中不讲公德的言行。

（5）提高农村民生保障水平。优先发展农村教育事业，包括学前教育、义务教育、职业教育等，提高农村人力资本储备，培育乡村内生发展动力；提高职业技能培训的效率，促进农民工多渠道转移就业，提高就业质量和促进农民增收；统筹推进城乡基础设施布局建设与互联互通，加快农村公路、供水、供气、环保、电网、物流、信息、广播电视等基础设施建设和提档升级；建立健全农村社会保障体系，在医疗、养老、社会救助、住房保障等方面形成社会整体的安全网。

特色小镇是在促进小城镇与大中小城市协调发展的背景下提出的，发挥小城镇"小、精、专、特"的优势，形成差异化定位、错位竞争、互补发展的格局。乡村振兴战略是新时期提出的实现乡村整体提升的综合战略。特色小镇的核心内涵契合乡村振兴战略的目标要求，立足特色小镇的"产业＋文化＋旅游＋社区"发展模式，着眼于乡村振兴的目标导向，其作用机理表现在以特色产业为载体促进农村产业兴旺，以特色小镇为窗口和平台引领乡村文化兴盛、带动乡村生活富裕、拉动乡村生态宜居等方面。

二、典型案例：横车镇长石村

横车镇隶属湖北省蕲春县，地处蕲春县中西部，是蕲春西大门。全镇东西长16.5千米，南北宽12.2千米，版图面积193.77平方千米（2017年），辖48个村，共69960人（2017年）。水田面积6.8万亩，耕地面积1.2万亩。截至2008年，已探明全镇境内石英砂资源储量一亿吨，纯度达99.98％，被称为中国"石英石之乡"。全镇已初步形成了以森工、石英砂为龙头，涵盖药果、畜禽、优质稻、建筑建材在内的六大支柱产业。2010年，横车镇地区生产总值达到20.1亿元。

横车镇长石村正在重点打造"田园横车"特色项目，努力塑造"孝善长石村"特色美丽乡村。

（一）长石村基本概况

长石村位于横车镇西部边陲，东与界岭村相邻，南接富山村和大柳村，西与蒋山村相邻,北与浠水县石头咀村毗邻,版图面积 4.5 平方千米,所辖 15 个村民小组,共 528 户,总人口 2200 人。长石村耕地面积 1778 亩,林地 1860 亩(其中湿地松生态林 1000 亩,油茶 400 亩,栀子 460 亩),水面 400 亩。长石村是全县产粮大村,主要以种植优质水稻为经济支柱产业,全村农民年均收入约 10921 元,发展集体经济收入约 10 万元。

长石村历史悠久,文化底蕴深厚,村内万年台戏楼古色古香,建构精致,是省重点文物保护单位。改革开放以来,长石村在新农村建设的大潮中脱胎换骨,发展不停歇,旧貌换新颜。

村庄整体布局,风格统一。本着以人为本、不破坏现有村民生活习惯的原则,长石村拆除泥草房,建设砖平房,规划在村部旁形成一个较为集中的居住组团,统一"红瓦白墙"的建筑风格;结合自然环境,尊重地方特色,组团布局结合地形灵活布置,新建住宅 80 户,以独门联排为主,形成团块状、组团式紧凑布局的形态(见图 1)。共两个居住组团,每个组团均有小型休闲集会广场、健身场。

图 1 长石村居住组团

长石村对村部旁现有居住建筑进行重点改造,对原有质量较好的砖房进行翻修,对现有泥草房进行拆除并还建,对现有闲置地进行填平补齐。2011 年长石村响应省"三万"活动,进行彻底的清淤、整修、扩建观光塘,合计投入资金80万元。

(二)阻碍长石村进一步发展的影响因素

1. 人才瓶颈制约

在当前乡村振兴背景下,长石村的人才瓶颈制约主要表现为以下几个方面。

第一,工业化和城镇化引起乡村人才外流。改革开放以来,伴随着工业化和城镇化的快速推进,乡村适龄劳动人口对土地的依赖性明显下降,越来越多的乡村劳动力选择进城谋求发展,长石村也不例外。由于城市和乡村在居民收入、就业、环境卫生和教育医疗等方面的差距依然很大,长石村青壮年纷纷流入大城市。伴随着农民大量进城务工,青壮年人群的流失,长石村"空心化"趋势越来越明显。

第二,农村发展环境不利于吸引人才回流。流入城市的乡村人才素质相对较高,一旦"走出去",往往就"回不来"。拥有良好的发展平台、生活环境才能留住人才,但是很明显,现在的长石村并不具备这些条件。一方面,长石村产业发展环境不佳,营商环境不优,就业平台较小,交通网、能源网、社会服务网建设滞后。相较于城市而言,农村发展机会较少,乡村人才缺乏用武之地。另一方面,长石村生活环境和文化环境对人才的吸引力不够。农村文化娱乐设施滞后,缺乏吸引年轻人的文化氛围,而城市更为先进的文化观念、更优质的生活服务则吸引着年轻人。

第三,乡村治理水平不能与村干部和农民整体素质提升相互促进。随着长石村青壮年人口大量外流,村民自治越来越缺乏必要的村民基础和精英存量。乡村青年干部比例偏低,主要由40~60岁的中老年人群构成。虽然他们在乡村治理上积累了一定的经验,但由于学习和接受新知识的能力不足,在学习新政策、掌握新治理方式上跟不上时代的步伐,难以适应乡村发展新潮流。就普通农民而言,"等、靠、要"思想严重,主动参与乡村治理和农村建设的意愿不强,造成乡村治理过于倚重行政力量。

第四,现代化进程中难觅优秀乡规民约和"农村好人"。乡村社会是"人情社会",人情关系是乡村治理中难以回避的问题。但是,工业化、城镇化、市场化的推进在促进乡村现代化发展的同时,也以强势力量对传统乡村文化形成了强烈的冲击与消解。长石村因大量人口流出导致的"空心化"、老龄化等问题造成乡土文化和精神断裂的困境,乡土文化的凋敝减弱了乡村凝聚力和民风约束力。农村年轻人外出打工,长期生活在城市,远离农耕生活,对乡村文化的认同感逐渐减弱,导致乡村文化失去传承主体,影响到乡村文化的传承,而且长石村受市场经济的冲击,传统的人情关系不断异化,已成为制约长石村乡村治理的障碍。

2.乡村内部造血不足且存在资金困难

目前长石村乡村建设面临资金缺口大,投入单一,金融扶持和担保政策缺失等问题,致使乡村"沉睡的资产"尚未盘活。

第一,国家财政涉农资金过于分散,无法形成合力。国家对农村发展支持从"国家—基层政权—农户"的三级模式演变为"国家—农户"的直接对接模式后,资金利用的分散化加剧。涉农资金分块管理,导致管理职能交叉,存在重复投资甚至腐败等问题,影响资金的使用效率。财政专项资金与省级农业部门下达的任务存在"两张皮"现象,虽然国家财政补助金额庞大,但因为支持项目分类过细、过小,长石村乡村建设真正到手资金远不足其发展需求。

第二,农村金融服务体系不健全。蕲春县现有的金融服务和金融产品大多针对工业企业的经营而设计,但长石村并不是工业村,其明显是一个典型的"农业村"。长石村金融需求呈现差异化、个性化、成本低廉化、季节性强的特点。目前蕲春县金融机构网点设置、人员、信贷资源配置等仍主要集中于城市区域,农村的信用体系尚未形成,且网络信息技术在农村金融中发挥作用有限,金融机构对新型经营主体和小农户渗透力不足。

第三,乡村振兴资金的多元化渠道尚未建立。在乡村振兴过程中,长石村为吸引人才回乡建设,将政府行政拨款、农户闲散资金、企业家资金以及招商引资资金有效整合,但是根据现状,长石村融资缺口大,而村内部资金投资占全村总投资的比重却在逐年下降。而且由于农业规模小、成本高、风险大、抵押物缺乏,金融机构普遍不愿涉农,农村的资金资本反而通过各种财政和金融渠道进入"非农"领域,进一步造成农村金融资本的短缺。政府财政资金和金融资金各自为政,尚未形成配套体系。

3.农业产业化基础薄弱

特色小镇不会凭空而来,而是地方经济长期酝酿积累的结果,长石村要想成为农业特色小镇也应如此,其建设需要依托相对发达的农业产业化基础。相较于横车镇其他村庄,长石村的农业产业化企业数量、产业发展层次、产业发展环境等方面还处于落后水平。长石村农业产业化基础薄弱主要呈现出种植业效益较低、种地者趋向老龄化的特点。目前农村耕地平均每年每亩纯利仅有1000多元,而外出务工一年至少有3万元收入。由于种地难以致富,而且劳作辛苦,农民不再将种地作为主要的收入来源,越来越多的青壮年离开农村进城打工,故留在农村的农民大多年龄偏大,且随着年龄增长,劳动能力下降,种地精细化程度也不如以前。其种种原因,导致长石村农业经营效益低。

(三)长石村建设特色小镇的可能性和条件

1. 基础条件

(1)能人回乡带动资源回流。党的十九大报告明确指出"产业兴旺、生态宜居、乡风文明、治理有效、生活富裕"是实施乡村振兴战略的总要求,系统概括了新时代乡村振兴的丰富内涵,为打造层次分明的乡村人才队伍体系指明了方向,也为乡村人才成长提供了广阔背景和发展机遇。笔者在调研中得知,村书记自带资金回村发展,吸引了长石村很多人才回流,并且拉动了多个项目,拓宽了乡村建设的资源和资金渠道,带动了长石村"美丽乡村"的建设。

(2)文化底蕴深厚。特色小镇须十分注重文化建设,以增强企业与居民的文化认同感或心灵归属感,也有助于积累和形成新的文化特质或亮色,并且特色小镇在注重文化建设的同时也兼重经济效益的追求,在立足本地丰厚文化底蕴的同时,建设美丽繁荣乡村。长石村历史悠久,文化底蕴深厚,村内万年台戏楼是省重点文物保护单位。长石村立足本地特色,建设美丽乡村,发展乡村旅游,使村容村貌、群众生活发生了日新月异的变化。长石村新建村文化广场、长石景观塘、福利院和农家小游园,并进一步做好了村文化遗产的保护与传承工作,也能借此深厚的文化底蕴促进乡村的发展。

(3)农业基础较好。长石村是全县产粮大村,主要以种植优质水稻为经济支柱产业,农业基础较好。长石村将当地生态旅游资源与农业相结合,推出了农家乐生态旅游度假区项目。作为一个文化旅游融合发展项目,长石村农家乐是依托当地独特的旅游资源,利用万年台戏楼和其他本土文化资源,因地制宜经营的一种特色旅游服务。这也逐步成为人民勤劳致富的有效途径。农家乐可以把农民自有的一般生活资料、生产资料转化为经营性资产,带动当地农民的收入增长。

2. 现策划项目——长石村农家乐生态旅游度假区

长石村结合当地风俗风情及地理环境,推出具有农家特色的旅游项目:种、养、行、游、食、住、购、娱自然结合,规划农家别墅、农具展厅、民俗风情园、自助菜园、钓鱼池、河谷野营烧烤、百果园等。具体详见附件。

三、长石村乡村振兴的发展路径

(一)创新长石村生态旅游发展模式

1."旅游+"产业融合模式

"旅游+"发展模式是以旅游为主导产业,大健康、旅游地产、文创等相关产业关联发展。旅游小镇的旅游地产成为新的发展趋势,旅游地产是指所有依托周边丰富的旅游资源而建的、不同于传统住宅项目的融旅游、休闲、度假、居住、养老于一体的项目。长石村根据其生态自然特色,打开度假休闲模式:以休闲观光农业为主线,以万年台戏楼为依托,建设集休闲垂钓、果蔬采摘、家庭农场于一体的休闲观光农业。

该模式具有明确的目标市场,主要针对自驾游和跟团游的游客。此外,长石村可在项目推广上与政府平台合作,打包整体景点项目,着力推广万年台戏楼,使其形成亮丽的特色名片,并与其他景点融合,多参与景区活动。

2."IP"模式

IP 是 Intellectual Property 的缩写,译为知识产权,目前有影视 IP、戏剧 IP、赛事 IP、古镇 IP、文化 IP 等。蕲春县自古以来就是"蕲艾大县"。2020年,蕲春县蕲艾种植面积 18 万亩,蕲艾市场主体超过 1850 家,全产业链就业人数 10 万多人,蕲艾品牌价值达 83.75 亿元。蕲春县把特色产业与产业扶贫、创新创业有机结合起来,计划横车镇建成连片 6000 亩以上的特色中药材基地,每个村建成一个 300 亩以上的特色产业基地,重点发展蕲艾、银杏、再生稻、油茶、山药、向阳桃、莲子、绿色畜禽养殖、小龙虾等种养产业,以及光伏、乡村旅游、农村电商、小型加工业等产业。

长石村可借蕲艾文化打造"蕲艾文化 IP 小镇",创建一批更高层次的蕲艾示范片和产业基地,鼓励支持各类新型农业经营主体以市场为导向进行差异化发展,重点支持蕲艾产业、蕲艾精神文明创建活动、蕲艾公园主题观光等,打造村级蕲艾文化活动品牌,建设特色文化村。

(二)特色产业——农业驱动农村一二三产业融合

农村一二三产业融合发展是拓展农业多种功能、实现产业多重效益的必然途径,也是夯实乡村振兴产业支撑的必然要求。农村一二三产业融合发展需要培育融合发展主体、丰富产业融合方式、构建产业融合的利益联结机制、健全产业融合的社会化服务。特色产业正是村镇具备资源禀赋、发展基础、文化基因和增长空间的优势产业,在农村一二三产业融合发展过程中起到引领和驱动作用。特色产业也是特色小镇的个性标签和产业支撑,特色小镇特色产业的产业链延伸和价值链跃升,为农村一二三产业融合发展起到示范作用,在催生产业融合发展主体中体现产业融合的规模效应,在探索产业融合多样化方式中体现产业集聚效应,在稳固产业融合利益联结机制中形成共享效应,在拉动服务业专业化分工中形成溢出效应。特色产业驱动农村一二三产业融合发展的作用机制和多重效应会进一步提升农村产业素质和竞争力,强化乡村振兴的产业支撑。

虽然发展特色农业产业和产品的培育周期长、资金投入大、面临风险多,但从长期看,特色农业产业的效益更高、产值更大、收益更稳定,带动三产融合发展的能力更强。因此,长石村在推进三产融合发展时,尤其在推进农旅一体经营时,应注意守好农业本底,按照"经营规模化、生产标准化、发展产业化"的原则,将本村核心农业产品做精做尖,打造具有核心竞争力和可持续发展能力的农业产业链,在此基础上延伸发展旅游、社区等功能,最终形成以农为优势和特色、三产融合发展的良好格局。

(三) 加强乡村振兴战略下对乡村人才的建设与培养

1. 就地取才,培养造就乡村本土人才

农民是农业农村发展的主体,也是实施乡村振兴战略的主体。大力开发乡土人才是加强农村人才建设,缓解农村人才总量不足的根本途径。因此,长石村在农村人才建设上应做到以下几点。

(1) 坚持农民主体地位。充分调动广大农民的积极性、主动性和创造性,必须保障农民平等参与、平等发展、平等受益的权利,让农民成为实施乡村振兴战略的主要依靠者和受益者。要将提升农民素质和精神风貌、增加农民发展机会和促进农民致富有机结合起来,致力于促进农民全面发展。

(2) 实施农民素质优先提升工程。把优先提升农民素质作为坚持农民主体地位的本质要求,既要注重发现人才,挖掘身上有本事、手中有绝活的"土专家""田秀才",也要注重培育一批高端农业科技人才,形成职业经理人、科技带头人、现代青年农场主、农村青年创业致富"领头雁"。加快建立职业农民制度,畅通乡土人才成长通道,建立乡土人才与专业技术人才职业发展贯通办法。遵循乡土人才成长规律,分层分类制定体现不同乡土人才职业特点的人才评价标准,加大乡土人才表彰激励力度。

(3) 健全乡土人才培养机制。建立"政府主导+高校+社会力量"培育模式,由政府主导新型职业农民培育,采取政府补贴的方式,整合社会力量开展培训。鼓励涉农高校搭建学历型农村专业型人才培育平台,鼓励职业院校、技工学院开设传统技艺技能相关专业和课程,切实培养出实际操作能力更强的乡村专业型人才。通过政府购买培训服务的方式,引导社会专业培训机构参与乡村人才培养。发挥乡土人才行业协会等社会组织的作用,组织开展乡土人才对外交流、研修培训、创作研讨等活动,拓宽乡土人才视野。建立乡土人才梯次培养机制,针对村干部、农民企业家、普通农民等不同培养对象确定各自的培养目标。

2.多方聚才,鼓励引导各界人才投身乡村建设

《中共中央 国务院关于实施乡村振兴战略的意见》明确提出,鼓励社会各界投身乡村建设,通过各种方式吸引支持企业家、党政干部、专家学者、医生教师、规划师、建筑师、律师、技能人才等下乡。因此,长石村汇聚人才应做到以下几点。

(1)大力营造吸引人才回归乡村创业创新的良好环境。不仅要以乡情乡愁为纽带,用感情留人、用乡情动人,更要以事业聚人、以发展成人。长石村要因地制宜,从本地资源和区位特点出发,编制适合回乡人员投资和建设的项目,为他们提供干事创业的舞台。鼓励他们领办创办家庭农场、农民专业合作社和农业龙头企业,发展优势特色农业和农村新产业新业态。此外,长石村有条件可推动乡镇农业示范园和工业园区建设,吸引返乡人员进入园区投资兴业,激发他们的创业热情和创新活力。

(2)通过完善农村公共服务吸引人才。回乡人才不仅需要事业,也需要生活。让生活在农村的孩子公平享受高质量教育,让更多的农村孩子接受高中教育、高等教育。完善长石村居民基本养老保险、医疗保险和大病统筹制度,统筹社会救助体系、完善最低生活保障制度,让回乡创业就业人才无后顾之忧。

3.实践育才,培养造就实干型乡村人才

人才的成长离不开一定的发展环境、实践环境。乡村振兴所需要的各类人才,都必须在乡村经济发展、文明建设和社会治理的历史进程中逐步成长、成才。

要在市场竞争中磨炼人才。培育新型农业经营主体是实施乡村振兴战略、实现乡村产业兴旺的重要举措。长石村在培育新型农业经营主体上,关键还是要构建公平竞争和优胜劣汰的新型农业经营主体成长体制机制,让其在市场中磨炼成才。

(1)培养高素质农民队伍。深入实施现代农民培育计划,重点面向从

事适度规模经营的农民,分层分类开展全产业链培训,加强培训后技术指导和跟踪服务,加强支持创办领办新型农业经营主体。充分利用现有网络教育资源,加强农民在线教育培训。实施农村实用人才培养计划,加强培训基地建设,培养造就一批能够引领一方、带动一片的农村实用人才带头人。

(2)培育农村创业创新带头人。深入实施农村创业创新带头人培育行动,不断改善农村创业创新生态,稳妥引导金融机构开发农村创业创新金融产品和服务方式,加快建设农村创业创新孵化实训基地,组建农村创业创新导师队伍。壮大新一代乡村企业家队伍,通过专题培训、实践锻炼、学习交流等方式,完善乡村企业家培训体系,完善涉农企业人才激励机制,加大对乡村企业家合法权益的保护力度。

(3)突出抓好家庭农场经营者、农民合作社带头人培育。深入推进家庭农场经营者培养,完善项目支持、生产指导、质量管理、对接市场等服务。建立农民合作社带头人人才库,加强对农民合作社骨干的培训。鼓励农民工、高校毕业生、退役军人、科技人员、农村实用人才等创办领办家庭农场、农民合作社。鼓励支持农民合作社聘请农业经理人。鼓励家庭农场经营者、农民合作社带头人参加职称评审、技能等级认定。

四、打造"蕲艾特色小镇"——长石村

(一)坚持文化品牌战略,推广蕲艾文化品牌

蕲春艾草产品要想获得长足发展就必须进行有效的品牌建设。在品牌建设中,蕲春县拥有丰富的文化资源。蕲春县传统医学底蕴浓厚、源远流长,养生文化历史悠久,是"医圣"李时珍故里,其编撰的《本草纲目》被誉为"东方医药巨典"和"中国古代百科全书",为如今研究和开发医药文化资源提供了宝贵的实践经验。蕲春的艾灸理疗历史悠久,享誉盛名。长石村可以依托蕲春县有关李时珍的文化产业资源,坚持文化品牌战略,打造并推广蕲艾医药文化品牌。具体来说,可做到以下方面。

1. 依托李时珍名人文化效应,大力发展医药产业

长石村可以结合蕲春县是"医圣"李时珍故里、传统中医药文化之乡等文化名片,大力布局医药产业相关行业,推动长石村医药种植业、医药加工业和医药服务业蓬勃发展。

长石村耕地面积1778亩,土地资源丰富,可以适当地将一些农业用地用于种植蕲艾、枸杞、当归、黄芪等中草药药材,扩大药材的种植面积,使其

在产业链上游占据一定的份额。

同时,在第二产业方面,长石村可以大力发展中草药加工销售制造业和传统的中医药手工业,比如工业制造生产艾灸、艾酒等养生产品系列;鼓励创办一些医药工商企业,如中药药品制剂、药酒生产、药用化妆品等类型企业。增加中草药原产品的附加值,提升加工品的科技含量,推出蕲春艾草的精深加工品,满足现今消费者日益增长的多样化需求。

此外,长石村还可以利用已有的优质自然环境和乡村生态,修建乡野民宿、田园农庄、农耕体验园,增加一些种植中药等农耕体验活动,农家乐以当地可食用药材及新鲜蔬菜为主,提供乡村风味健康美食,发展乡村健康旅游。

2. 开展蕲艾文化节日展销活动,推广医药文化品牌

基于李时珍名人文化资源的优势基础,蕲春县打造了具有区域辨识度、文化影响力的节事活动品牌,如创办于20世纪90年代初并已形成一定规模与影响力的李时珍中药材交易会。此外,近年来蕲春县连续举办李时珍蕲艾文化节,参展企业连年增加。

长石村可以借助这些节事活动或者李时珍诞辰开设专柜展销,向消费者展示企业最新研发的中药产品,根据节日设计与常规产品不同的包装,并且向参加展销的消费者提供体验装;同时配备专业的艾灸师给现场的消费者进行答疑解惑,向他们传递产品的功效信息、蕲艾的文化内涵,还可以向消费者普及一些中医药知识、按摩手法等。在展销过程中消费者会对企业最新的技术和产品有初步了解,高品质的体验装也可能使消费者产生后续的购买行为,进而提高品牌忠诚度。

3. 兴建蕲艾文化鉴赏园

建设蕲艾文化鉴赏园可以与长石村的旅游风景区相结合,建立以蕲艾文化为基础的文化艺术旅游景区。园内可以向游客展示蕲艾产品生产的所有环节,从艾叶的采摘到产品的制作和生产都可以向游客直观地展示。除此之外,还可以开发一些具有娱乐性的活动项目,使游客可以直接体验蕲艾文化。比如创新一些具有观赏性的表演,可根据当地关于蕲艾的民俗歌谣制作歌舞表演,以供游客参观欣赏。将制作蕲艾产品的工序展示出来并提供用具,游客可以根据自己的爱好和需求进行制作,由体验者变为参与者,游客可以将自己制作的成品当作纪念品带回家。比如可以让游客在艾灸师的指导下制作艾灸工具,还可制作艾叶枕头、艾青团、艾叶坐垫等。除此之外,还要提升蕲艾文化鉴赏园的体验服务水平,培养专业的从业人

员。如兴建蕲艾文化主题餐厅,除常规的饮食外,可以推出与蕲春当地美食相结合的新菜品,时尚新颖的艾叶点心、糖果等系列产品。

(二)"互联网+"蕲艾:要素互动融合推动产业发展

蕲艾是蕲春县"四宝"之一,是国家地理标志产品,《本草纲目》誉其为"用充方物,天下重之"。2015年中国品牌价值评价信息发布会公开发布,蕲艾品牌价值为35.62亿元,品牌强度923,居工艺品、中药材及地理标志产品类第四位。

在互联网的引领下,蕲春县蕲艾种植面积近5万亩,年产值超过10亿元,全县涉艾网点多达520余家,诞生了李时珍医药集团、蕲艾堂、明大妈、地道中药材、时珍本草、千叶艾等30多家电商企业;蕲艾产品遍布淘宝、天猫、京东、壹号店等十多家全国主流电商平台,蕲艾销售面积辐射湖北、湖南、广西、广东、安徽、浙江、江苏等全国30多个省(市、区),并通过跨境电商,远销至韩国、日本、新加坡、马来西亚等国家和地区。蕲春县以艾草产品为龙头,已形成涵盖医药、服装、陶瓷、鞋类、农产品等发力电商的格局。

在蕲春县全域"互联网+"蕲艾格局的大力发展之下,长石村可以把握机遇,在生产中借助微信公众号、微信商城、淘宝、京东等线上平台,引用订单模式生产,降低蕲艾生产过剩的风险损失。在销售渠道上,要大力开拓淘宝、天猫、京东等多方位的销售渠道,逐步构建艾草产品销售网络,提高蕲春艾草产品品牌的曝光率和知名度。

(三)健康旅游:养生与文旅融合

自然人口的老龄化会加速旅游与养老产业的融合,长石村可以依托区域良好的中医药文化及环境资源,将中医理疗、生态环境、康复疗养、休闲娱乐等多种元素融入养老度假旅游产品之中,开展老年教育、老年体育、老年文化和老年娱乐活动,丰富游客晚年生活,打造具有养老疗养和养老旅居功能的养老度假产品。对于大众消费的老年游客来说,可以提供蕲春传统的中医理疗产品,提供租住的度假公寓或度假小屋、小木屋以及泡温泉、羽毛球、乒乓球等较大众化的体育运动以及室内阅读、棋牌和打太极等免费活动,来满足不同消费层次的老年游客。

附件

文化旅游融合发展项目
长石村农家乐生态旅游度假区项目计划书

项目名称：长石村农家乐生态旅游度假区
项目地址：横车镇长石村
项目规模及总投资：项目规划用地 300 亩，工程建设计划总投资贰仟万元人民币。

前言

长石村农家乐是依托当地独特的旅游风景资源，利用万年台戏楼和其他本土文化资源，因地制宜经营的一种特色旅游服务。这也逐步成为人民勤劳致富的有效途径。农家乐可以把农民自有的一般生活资料、生产资料转化为经营性资产，带动当地农民的收入增长。

一、项目简介

长石村位于蕲春县横车镇西部边陲，东与界岭村接壤，南接富山村和大柳村，西与蒋山村相邻，北与浠水县石头咀村毗邻，版图面积 4.5 平方公里。长石村结合当地风俗风情及地理环境，推出具有农家特色的旅游项目：种、养、行、游、食、住、购、娱自然结合，规划农家别墅、农具展厅、民俗风情园、自助菜园、钓鱼池、河谷野营烧烤、百果园等。

二、依托背景

长石村立足本地特色，建设美丽乡村，发展乡村旅游，村容村貌、群众生活发生了日新月异的变化。新建村文化广场、长石景观塘、福利院和农家小游园。充分挖掘戏曲文化，开发历史文化景点，成为横车镇生态旅游的重要突破口。在突出生态自然特色的同时，长石村还特别注重文化品位，积极挖掘长石村文化历史，修复了万年台戏楼（见图 2）。万年台戏楼建于清代，戏台座东面西，为砖木结构。前台由四根石柱擎起，台基墙面嵌有描绘人物故事的高浮石雕,石础为鼓形;后台为砖木结构的建筑。长石村可以休闲观光农业为主线,以万年台戏楼为依托,建设集休闲垂钓、果蔬采摘、家庭农场于一体的休闲观光农业。

图2　万年台戏楼

三、项目推广

1. 与政府平台合作进行宣传,打包整体景点项目,着力推广万年台戏楼。

2. 与其他景点融合,多参与景区活动。

3. 建立微信公众号,吸引关注。

4. 开辟自媒体,引粉引量。

四、客源分析

1. 客源初期主要为1.5小时车程的黄石、浠水等地,2小时车程的武汉、鄂州、麻城等地。

2. 游客出行方式主要为自驾和跟团游。

3. 出游目的主要为周末游、节假日放松游和商务拓展游等。

五、合作与加盟

吸引当地在外创业有志人士回乡共同开发打造,为共建美丽乡村做贡献。组建营销团队,打造生态农业旅游新形象,为家乡建设添砖加瓦。

参考文献

[1] MIAO J T, PHELPS N A, LU T, et al. Thetrials of China'stechnoburbia:the case of the Future Sci-tech City Corridor in Hangzhou[J]. Urban Geography,2019,40(10):1443-1466.

[2] 陈大胜.基于特色小镇建设的苏北多肉植物产业发展研究[J].南京林业大学学报(自然科学版),2020(6):201-206.

[3] 卫龙宝,史新杰.浙江特色小镇建设的若干思考与建议[J].浙江社会科学,2016(3):28-32.

[4] 闵学勤.精准治理视角下的特色小镇及其创建路径[J].同济大学学报(社会科学版),2016(5):55-60.

[5] 周晓虹.产业转型与文化再造:特色小镇的创建路径[J].南京社会科学,2017(4):12-19.

[6] 王景新,支晓娟.中国乡村振兴及其地域空间重构——特色小镇与美丽乡村同建振兴乡村的案例、经验及未来[J].南京农业大学学报(社会科学版),2018(2):17-26,157-158.

[7] 王小章.特色小镇的"特色"与"一般"[J].浙江社会科学,2016(3):46-47.

[8] 马斌.特色小镇:浙江经济转型升级的大战略[J].浙江社会科学,2016(3):39-42.

[9] 张蔚文.政府与创建特色小镇:定位、到位与补位[J].浙江社会科学,2016(3):43-45.

[10] 张吉福.特色小镇建设路径与模式——以山西省大同市为例[J].中国农业资源与区划,2017(1):145-151.

[11] 苏斯彬,张旭亮.浙江特色小镇在新型城镇化中的实践模式探析[J].宏观经济管理,2016(10):73-75,80.

[12] 郁建兴,张蔚文,高翔,等.浙江省特色小镇建设的基本经验与未来[J].浙江社会科学,2017(6):143-150,154,160.

[13] 卓勇良.创新政府公共政策供给的重大举措——基于特色小镇规划建设的理论分析[J].浙江社会科学,2016(3):32-36.

[14] 刘晓辉.乡村振兴战略背景下武威市特色小镇发展的维度分析[J].农业科技与信息,2020(18):10-11,13.

[15] 盛世豪,张伟明.特色小镇:一种产业空间组织形式[J].浙江社会科学,2016(3):36-38.

[16] 周鲁耀,周功满.从开发区到特色小镇:区域开发模式的新变化[J].城市发展研究,2017(1):51-55.

[17] 王国华.略论文化创意小镇的建设理念与方法[J].北京联合大学学报(人文社会科学版),2016(4):8-16.

[18] 张鸿雁.特色小镇建设与城市化模式创新论——重构中国文化的根柢[J].南京社会科学,2017(12):59-67.

[19] 吴忠军,代猛,吴思睿.少数民族村寨文化变迁与空间重构——基于平等侗寨旅游特色小镇规划设计研究[J].广西民族研究,2017(3):133-140.

[20] 杨梅,郝华勇.特色小镇引领乡村振兴机理研究[J].开放导报,2018(2):72-77.

[21] 蒲实,孙文营.实施乡村振兴战略背景下乡村人才建设政策研究[J].中国行政管理,2018(11):90-93.

[22] 牛坤玉,钟钰,普蓂喆.乡村振兴战略研究进展及未来发展前瞻[J].新疆师范大学学报(哲学社会科学版),2020(1):48-62.

[23] 宋宏,顾海蔚.乡村振兴背景下农业特色小镇可持续发展影响因素研究[J].东北农业科学,2019(2):75-80.

[24] 张颖举,程传兴.中西部农业特色小镇建设的成效、问题与对策[J].中州学刊,2019(1):50-55.

[25] 洪宗国,江颖,彭韶军,等.蕲春县蕲艾产业发展现状及对策分析[J].中南民族大学学报(自然科学版),2017(4):64-66.

全域旅游布局下的乡村旅游开发困境与对策
——基于蕲春县横车镇乡村调研

王江雪

摘　要：在我国乡村振兴的全面战略布局中，产业振兴是乡村振兴的基础。乡村旅游产业已经成为乡村经济发展的重要组成部分。新时期随着旅游观光成为人们的生活常态，乡村旅游产业进入了高速发展时期，其经济效益、生态效益以及文化效益不断被挖和拓展。但是随着大量目光的投入，乡村旅游产业发展面临一些困境，这值得我们进一步关注。中国有成千上万的乡村，系统挖掘和创新转化乡村的资源将会产出无穷尽的潜力。但是每个乡村都有自己的特色，如何突出自己的个性，做好自己的乡村旅游振兴文章是横亘在当前乡村、乡村干部以及研究者面前的难题之一。笔者走访了横车镇7个村落，着重从经济与产业发展方面进行调查研究，发现各村都有发展乡村旅游产业的规划，围绕这一点，笔者进行了进一步的调研和思考。

关键词：乡村振兴；乡村旅游；全域布局；个性发展

一、深刻认识乡村旅游业的重要意义

（一）乡村旅游业的概念

乡村旅游业是一个复杂的概念，目前学术界也没有统一的认知。笔者根据诸多学者的见解粗浅谈谈一点自己的想法。从乡村旅游谈起，对于乡村旅游的概念界定主要围绕地点、内容与活动、价值进行阐释。

首先地点毫无疑问当然是乡村，那么"什么是乡村"就是需要界定的概念。"乡村"一词最早出现在南宋文人谢灵运的《石室山诗》中，"乡村绝闻见，樵苏限风霄"，此后"乡村"开始具有地域含义。乡村有多个角度的定义阐释，本文采用的是地理意义上的乡村概念，即指乡村是以农业经济为主，人口密度较低,社会结构单一稳定,以集镇或者村庄为形式的聚落形态。[1]

其次是内容与活动,是指在乡村欣赏某种内容和进行某种活动。高道明、黄德海认为它是指农场、生态、自然、冒险、文化和遗产、饮食、健康等方面。[2] Pedford(1996)认为乡村生活历史也可以成为旅游资源和产品,例如乡村习俗和民俗,当地和家庭传统、价值观、信仰和共同遗产。[3] 总而言之,乡村旅游的内容与活动都是在乡村当地衍生出来的具体物质产品如观光景点、森林、湖泊等,以及厚植于本土的精神产品如传统文化、艺术文化、红色文化等。

最后是价值。学者对于乡村旅游产业的价值主要从两个方面进行研究。一是作为旅游主体的游客,他们从乡村旅游中收获了什么;二是作为旅游产品提供的客体(经营者、当地政府),他们又从乡村旅游中收获了什么。前者研究比较透彻,但后者从政治、经济、文化、生态、社会进步等多个角度仍处在全面地深度挖掘中。

(二)乡村旅游业的特点

乡村旅游业作为我国乡村发展中的朝阳产业,其发展受到关注和重视也证明其具有独特的优势。乡村旅游业的特点主要有以下几点。第一,类型多样,吸引力强。乡村旅游业的类型按照经营项目划分,可以分为观光型旅游产品、体验型旅游产品、休闲度假型旅游产品、时尚运动型旅游产品、健康疗养型旅游产品、科普教育型旅游产品、民俗文化型旅游产品。[4]对于长期处在城市快节奏生活的人们来说,乡村旅游具有天然的吸引力;对于长期居住在本地的乡民,乡村旅游也是日常生活的休闲好去处。第二,辐射面广,效应良好。乡村旅游产业的发展不仅仅局限于创造乡村经济市场,实现经济上的收入增长和收入来源多样化,同时可以保护地方生态环境和文化底蕴,树立一村一品的好形象,对于政治稳定和社会发展都有重要意义。[5] 第三,产业链条横纵延长。乡村旅游产业的发展不单单是

---

[1] 宁志中.中国乡村地理[M].北京:中国建筑工业出版社,2019.

[2] 高道明,黄德海.乡村振兴视角下乡村旅游发展面临的挑战及对策[J].中国经贸导刊(中),2020(11):111-113.

[3] Pedford J. Seeing is believing:The role of living history in marketing local heritage[C]//Brewer T. The marketing of tradition. Hisarlink Press,Enfield Lock,1996:13-20.

[4] 王兵.从中外乡村旅游的现状对比看我国乡村旅游的未来[J].旅游学刊,1999(2):38-42,79.

[5] 张文,安艳艳,李娜.我国乡村旅游发展的社会与经济效益、问题及对策[J].北京第二外国语学院学报,2006(3):17-24.

第三产业的产业链条的发展,它也可以促进第一产业和第二产业的发展,例如特殊农产品的制作和销售、文创产品的创作与加工等,乡村旅游也是实现当地一二三产业融合的重要连接点。

二、横车镇乡村旅游产业介绍

(一)好山好水好风景

1. 自然资源丰富

横车镇地势西北高、东南低,属丘陵地带,风光峻美,资源丰富,大大小小的村落散落分布。资料显示,全镇东西长16.5千米,南北宽12.2千米,版图面积193.77平方千米(2017年),辖48个村,水田面积6.8万亩,耕地面积1.2万亩。

山林资源丰富。横车镇有着较丰富的林木资源,植被覆盖率较高。以策山村为例,其植被覆盖率高达96%。乌石桥村山林面积260亩。九棵松村作为横车镇的一张名片,拥有5条山脉及42座小山丘。富冲村的后山作为旅游开发基地,面积较大,绕山一周大约需一小时,山林树木丛生,郁郁葱葱。

水面资源丰富。横车镇有着大大小小的湖泊,许岗村有约45亩水面待开发,可用于旅游产业,长石村的湖泊面积更大。富冲村山林的湖泊面积较小,但数量不少。同样在笔者前往的其他乡村,水面资源都相当丰富。

特产资源丰富。蕲艾在横车镇四处可见。蕲艾是一种特产中药材,是中国国家地理标志产品,其茎、叶均可入药。蕲艾含17种已知化合物,并且挥发油含量、总黄酮含量、燃烧发热量等明显优于其他地区所产艾叶。蕲艾油有明显的平喘、镇咳、祛痰及清火作用。[①] 翁垦米粉、马华荸荠、大柳山药、刘冲西瓜等特色农产品也是横车镇的亮点。横车镇美食众多,口味独特,艾草青团、酸米粉、霉豆腐、锅巴粥等都是横车镇的特色美食。

2. 文化底蕴深厚

横车镇的文化资源相对丰富,建立在社会主义先进文化、革命文化、中华优秀传统文化这三种文化的基础上,为旅游业的发展奠定了充沛的精神内涵。

社会主义先进文化——作为全国文明村的九棵松村,其基础文化设施

---

① 引用自百度百科:https://baike.baidu.com/item/%E8%95%B2%E8%89%BE/6072011?fr=aladdin。

比较健全。先进大方的村史馆、规整大气的文化广场、流动的农家书屋等多项文化基础设施已经落地生根。在活动开展方面，九棵松村开展了"不忘初心，牢记使命"主题教育活动、文艺汇演、红色故事宣讲会等活动，九棵松村为加强乡镇精神文明建设，开展了十星级农户创评和"五好代表"评选活动。许岗村借助当地的爱心超市，对全体农户、贫困户和党员进行评选奖励，村委会前的广场设置了美丽乡村大舞台，举办相关文化活动。策山村积极推进新农村文化建设，拥有一个700平方米的文化广场、一座标准的百姓舞台和文化长廊、图书室、多功能文化室、妇女活动室及群众休闲广场。各村都有开展精准脱贫演出、黄梅戏、重阳节慰问等活动，注重农村文化人才的培养。村委会设置有党员学习会议室、图书室、四点半学校等，营造良好的学习氛围。同时每个村的村委会布置都体现了党的教育意义，无论是党旗、党徽还是入党誓词等设计都在无形中对党员以及村民进行党性教育。

革命文化——看似平静如水的横车乡村，历史上也曾轰轰烈烈。红色热土孕育了革命的精神与文化。长石村"保卫雨标山"的革命传奇也在继续传承，1938年10月10—18日日军前锋万余人进犯蒋家山上部之雨标山（横车镇与浠水县交界处），一批军官和士兵激于民族义愤，奋勇抗战，全营勇士400余人全部壮烈殉国。① 蒋山村曾是抗日革命根据地，许多革命战士曾在这里与日军展开热血厮杀。1942年11月20日，新四军五师十四旅政委张体学率部在蒋家山附近打了一次伏击战，在这场战斗中，我军牺牲了27名同志，这27名同志后被省人民政府确认为革命烈士。革命烈士的鲜血换来了今日的幸福安康。

中华优秀传统文化——具体包括孝善文化和戏曲文化。①孝善文化：长石村历来尊老爱老，崇尚孝善。蕲春的"寒婆文化"现象是中国孝文化的一个重要组成部分，长石村也以孝善立村，通过举办孝善评选活动继续发扬光大。长石村着力推进"五个一"建设，现有一个图书阅览室、一个文化娱乐室、一个文体广场、一套健身器材、一套简易灯光音响。一方面给村民提供基本的公共文化服务，包括文艺演出、读书看报、电影放映、教育培训和文化遗产保护活动等；另一方面举办重阳节敬老爱老相关活动。②戏曲文化：横车镇处于吴楚交接之地，吴楚之风相互影响，形成了多姿多彩的戏曲文化，村庄还举办戏曲下乡活动，让乡亲们在家门口就能听一出大戏。

---

① 摘自公众号"古今蕲谈"，见 https://mp.weixin.qq.com/s/X8aVrwxv7EVCdSc1J876CQ。

3. 历史古迹悠久

(1)长石村万年台戏楼。万年台戏楼始建清乾隆初期,系砖木结构,是蕲春县唯一保存完好古建筑,2002年列为湖北省重点文物保护单位。

(2)蒋山村革命烈士纪念碑把当年的抗战故事以碑文的形式镌刻在四周的石板上,用以纪念。"功昭日月,名垂千古",纪念碑下的27级大理石台阶,寓意着27位烈士用他们的生命铺成的革命路。

(3)策山村有古迹宋进士白马将军胡魁墓、策山烈士墓、策山寨、古城墙等。

(二)旅游规划各有方向

九棵松村:九棵松村未来在乡村旅游产业方面力争大力发展休闲农业、乡村旅游及其他服务业,做到一二三产业融合发展,打造观光游览生态名村,以绿色生态为前提,大力推进村庄环境整治力度和品位,将美丽乡村建设和景点打造相结合,建设九棵松综合文化小镇。

许岗村:以45亩水面为依托,建设投资水面垂钓事业发展,并在周围建设农家乐,同时借助近年来扶贫事业发展奠定的故事与精神建设许岗扶贫文化小镇。

长石村:农业深加工+旅游产业。长石村围绕孝善文化,打造长石孝义文化小镇。吸引在外能人回乡建设,鼓励村民自发参与,共建美丽长石,打造民宿旅游业。

富冲村:综合利用山林资源,建立景观苗木基地,打造旅游观光产业。

驸马坳村:依托其修建的运动广场和周围的荷花池,打造驸马坳荷香诗画儿童乐园村。

策山村:策山村计划打造集民俗风情、休闲度假、绿色生态、特色农业为一体的乡村综合发展模式。①

(三)横车镇发展乡村旅游的优势与不足

1. 优势

(1)重视并积极支持乡村旅游产业的开发与建设。在调研过程中,九棵松村、许岗村、长石村等村落都非常重视乡村旅游产业在乡村振兴中的实际作用,通过政府支持、企业投资等多种方式开展了乡村旅游产业的开发与建设工作。以乡村旅游带动乡村振兴符合习近平总书记的五大发展理念,也适用于农村本土资源的开发再利用,是一条实现农村发展的新型

① 以上均来自横车镇基层干部提供的相关资料。

道路。

(2) 贯彻落实生态保护理念。在调研过程中,笔者能感受到的是各乡村在开展旅游产业的过程中都特别重视生态理念,没有为了兴建某种设施而破坏当地的生态环境,都是建立在当地已经具备的自然资源基础之上进行加工创造,实现人与自然、产业与环境的怡然自得,保持了乡村本土的面貌。

2. 不足

(1) 基础设施不完善。横车镇各村的乡村旅游产业处于起步建设阶段,各项基础设施还不够完善。例如,许岗村的农家乐旅游基地,道路还未动工修建,农家乐所在位置仍旧是一片空地,需要后期加大投资进行建设。富冲村的旅游基地建设,道路已经动工修建大半,目前还处于修建的末期,山林景点的开发还未进行。长石村村口路段相对需要进一步完善。总体而言,横车镇各村的旅游基础设施需要进一步完善。

(2) 缺乏整体规划。通过走访发现,各村对于旅游产业的发展主要都是期盼其作为第三产业给村内带来人流量,带动就业和经济发展,旅游业的发展缺乏长期规划,对于旅游产业的定位也比较模糊,如何发展、怎样建设、吸引什么群体等问题并未进行有效规划。旅游产业存在发展的需求和规划供应的矛盾。

(3) 人才资金较匮乏。一个正规运作的乡村旅游产业通常需要大量的投资和专业的管理人才。目前各村的旅游产业发展和组织规模都比较小,也需要政府进行补贴和给予融资支持来实现发展旅游业的目的。尽管现阶段大多数参与横车镇乡村旅游的机构和个体规模都较小,但是同样也需要一定规模的资金进行前期建设。此外,在旅游产业前期建设完毕后,如何吸引游客、如何做好日常管理工作、如何进行品牌营销和品牌建设等都需要专业的人才进行发展,广大人民群众和村干部毕竟在这一方面缺乏经验,无法做好相关宣传推广工作。

(4) 特色不足,同质化。当前,横车镇各村乡村旅游发展无论是在发展质量上还是在发展效益上,离规模化、专业化的旅游市场仍存在较大差距,各个乡村旅游产业实际上的客户群体存在高度重合性,出现了"内卷化"倾向,乡村旅游市场主体小、散、弱,乡村旅游政府主导的弊端显现和乡村旅游发展效益不高。此外,在走访中笔者还发现各村的旅游产业并未把自己的产业特色做出来,一方面是产业吸引力不足,另一方面是产品类型雷同。① 例如许岗村和长石村都做了垂钓项目,这就在无形中产生了内卷化竞争,导致客流量分散,进而挤压自己本产业的生存空间。

三、乡村旅游业发展的思考

(一)画圈——如何形成乡村生态旅游产业圈

在全面乡村振兴的背景下,乡村生态旅游产业将长期成为乡村发展的助力点之一。全民旅游的背景下,各种各样的乡村旅游产业已成为农村发展的一个组成部分,它们为乡村带来人流量,从而增加当地人口的就业和收入,促进了当地的社会发展和经济振兴。因此乡村生态旅游产业圈无疑是一块香饽饽,每个乡村都希望能借助乡村旅游这条快车道分一杯羹。但如何画圈,即如何打造自己的生态旅游产业圈,成为乡村旅游产业发展的起始问题。这是发展乡村生态旅游产业的第一步。对于横车镇来说,在规划各村的旅游产业蓝图时要思考以下内容。

1. 发展乡村旅游产业要符合实际条件

自然规律是不可违背的。乡村生态旅游产业发展必定依靠一定的资源,无论是可见的物质资源,还是隐形的文化资源,只有以资源为基础的乡村才有可能做成旅游产业。同时旅游产业的兴办不是停留在脑海里的宏伟蓝图,不顾自身实际而发展旅游产业很可能"竹篮打水一场空"。在确定发展乡村旅游产业时,应该对自身村镇发展的实际情况和实际旅游需求以及预计旅游效益做深刻的调查分析。

根据乡村发展的实际,乡村要通过旅游产业实现振兴还是存在一定难度的。尤其是对于本身经济水平相当困难、地理位置尚不优越、没有合适的旅游景点进行开发的乡村,强行由外界扶其走上乡村旅游产业的道路,一方面是对投资者的不负责,收益无法得到有效保障,另一方面是对地方基层乡村的不负责,影响当地的实际发展战略。脱离实际情况的空想发展是形式之风,是从众之风。横车镇各村要想真正实现振兴,不能只按照"产业兴旺"的理论标准进行发展,更应该分析自己有什么、能发展什么。虽然乡村旅游产业对于矿产资源的需要不多,但是其对自然条件、基础设施、产品特色、宣传推广等都有着独特要求。因此,各村需要仔细斟酌通过发展

---

① 邓小海,云建辉. 我国乡村旅游产业"去内卷化"动力机制研究[J]. 商业经济研究,2020(19):178-181.

旅游业实现乡村振兴的道路。吸引力不足的乡村可谨慎考虑改变产业发展方向，或改变旅游产业的模式与类型，以增加吸引力。其他产业强的乡村可结合自身产业发展旅游业，可通过其他产业带动乡村旅游产业发展，同时实现乡村旅游反哺其他产业。

2. 适合发展乡村生态旅游产业的地区要做好以下准备工作

形成一个乡村生态产业链条首先要解决的是旅游产业开发与建设的问题。

(1) 路——要旅游先看路。

发展和建设乡村旅游产业，乡村公路的建设与完善是其重要的组成部分。乡村公路的快捷度、舒适度和创意度都是影响游客是否选择其作为目的地的因素。因此，各村镇必须充分重视乡村公路建设，在建设和完善乡村公路的过程中一方面要使其具备服务旅游业发展的性质，另一方面也要适合本地的实际情况，具备安全性和美观性。乡村公路是乡村风貌的重要名片之一，横车镇设计乡村公路，一方面要积极利用其周围的省际公路和其他道路，提高本地旅游交通网络的利用率，另一方面要利用乡村本土的自然资源和文化资源提高道路的美观性和趣味性。例如增加树木种植，打造绿色生态路，结合红色文化打造历史追忆路。让路首先成为吸引游客的特色之一。优化乡村道路环境对于基层政府来说是一件具有正外部性的事情，其潜在优势可以带动整个乡村实现更快更好的发展。

(2) 人——要建设求专业。

乡村旅游产业的发展离不开人才的培养和引进。一般来讲，乡村旅游产业发展涉及三类群体：农户、基层干部和专业人才。对于农户来讲，他们的科学文化知识有限，对于现代化的产业运行缺少经验。因此，要加强对本地农户的观念教育，帮助投身旅游产业的农民提升旅游知识和服务技能。对于人才相对薄弱的村落，返乡创业群体成为重要动能，是解决"人才哪里来"的重要举措，应当鼓励其对家乡投资，发展壮大乡村旅游产业，也可以鼓励他们回乡就业、发挥所长。乡村基层干部作为当地旅游产业发展的重要推手，应该自上而下地完善自身基本素质，提高村干部在旅游产业和农户利益平衡中的协调作用。为进一步提升旅游产业的竞争力，当地可以聘用文化水平高、技术能力强的专家，为乡村旅游产业的建设和管理注入新鲜血液。

(3) 财——产业大要投资。

旅游产业的建设也需要大量的资金投入，一般来说，农村发展产业的资金来源主要有三个方面:农户自筹、政府支持、金融机构支持。农户自筹的情况一般处于旅游产业开发的末端,例如农家餐馆或者特色农产品种植,农户需要依靠这些旅游项目创造附加值,产生收入。而对于中型或者大型旅游项目,大多数农民无法进行投资。因此,政府财政支持是必不可少的。加大对农业生态景区的税费优惠力度,对支持并参与政府农业生态景区改造的农户实行税费倾斜支持,通过税费补贴等手段提高农户参与的积极性。此外,可以设立生态旅游发展专项资金,综合配套财政、信贷资金支持政策,撬动银行资本和社会资本,拓展融资渠道,加大旅游招商引资力度,解决经营主体资金困难。中国工商银行、中国农业银行、中国建设银行、中国银行、招商银行、邮政储蓄银行、中银富登村镇银行、武汉农村商业银行在蕲春县都有设立支行,贷款业务已覆盖蕲春,小额贷款公司有蕲春县中小企业担保公司、湖北宏旺融资担保公司等。[①]但如何整合投资,保证投资落到实处还有待进一步思考。

(二)破圈——如何打造特色生态旅游产业圈

目前横车镇各村正在开展一村一品的旅游产业建设活动,整体旅游产业建设正在如火如荼地推进当中。但旅游产业最初一般只有当地村民知道,村外的游客无法快速进行了解,市场圈就被无形缩小。要破圈就不要千村一面,要解决自身的特色问题。

1. 做定位——明白自身优势

发展乡村旅游产业,必须结合本村已有的资源进行定位,决定发展何种类型的乡村旅游产业。自然资源丰富的村庄要学会利用资源,在保护生态环境的基础之上包装打造旅游基地,把乡村自然优美的田园风光更好地展现出来。文化底蕴深厚的村庄则尊重民俗民风,根据自己的独有文化,举办多样的活动吸引游客。确定好自身的旅游建设方向后,必须围绕目标进行深度挖掘,找出与其他地方的不同之处,明白自身具备的优势和劣势以进行补充和发展。各村不仅要和自己周围的村庄进行比较,同时也要学习全国的旅游产业经验教训,真正做好自己的旅游产业定位发展。

2. 细致化——打造专业基地

旅游产业的建设和发展不是一朝一夕的事情,同样也不应该是粗制滥造的产品。旅游消费完全是由游客个人意愿决定的消费过程,因此必须在

---

① 摘自蕲春县人民政府网站:http://www.qichun.gov.cn/art/2020/5/13/art_19803_1067841.html。

首因效应方面做好准备工作,让游客觉得自己没白来、这地方值得来,这样才有机会发展固定游客。随着经济的发展和生活水平的提高,人们更加重视健康,因此对乡村旅游的要求也逐渐增高。各村发展乡村旅游,只有进一步提高自身的产品实力,打造精致、卫生、健康、有趣的旅游项目,同时进一步提高服务水平,才能满足游客的更高要求,才能促进乡村旅游消费。

(三)出圈——如何传播生态旅游产业圈影响

通过调研,笔者认为横车镇当地旅游产业的发展仍然处于萌芽阶段。现阶段要营造出圈效果,吸引全省游客相对来说还具有一定的挑战性,因此横车镇在旅游产业建设与发展过程中,要十分重视品牌建设与口碑效应。

1. 突出卖点——垂直吸引目标游客

农村发展旅游产业,不能靠天吃饭,有一个游客是一个游客的零散型经营,无法形成规模效应,真正实现乡村旅游产业的价值。要想实现长期稳定的客源,必须在自己的产品卖点和目标游客之间建立亲密的联系,即要注意产业主体能够提供的旅游产品与游客想要获得的旅游产品之间的异同。关注游客在搜索旅游景点和游览旅游景点过程中的心理状态和心理变化,研究旅游景点的设计和宣传如何作用于游客的心理,使旅游产品的卖点能够实现目标游客的招揽是发展旅游产业的重要层面。[1] 横车镇各村目前针对的人群多是散客,辐射范围也相对较窄,因此横车镇各村发展乡村旅游要细分旅游产品的人群定位,老中青三个不同阶段的游客需求各不相同,同时不同行业人群的旅游目的也不尽相同,因此面向旅游泛用户人群、兴趣用户与核心用户,横车镇各村旅游产业的发展要逐层深入沟通,实现人群沉淀、递进转化。

2. 拓宽渠道——线上线下一齐助力

发展旅游产业,宣传是必不可少的一部分。宣传分为两个方面:宣传什么、如何宣传。"4P"理论是对产品进行全方位宣传的综合市场营销策略之一。[2] 4P代表着产品(product)、价格(price)、渠道(place)以及宣传(promotion),宣传产品要突出产品特性,宣传价格时要注意合理定价。宣传的渠道以往都是传统媒体营销模式,依托电视、报纸等传统媒介进行旅游产品的包装与营销,最终通过传统媒体的影响力实现宣传和推介,让受众了

---

[1] 郑文俊. 基于旅游视角的乡村景观吸引力研究[D]. 武汉:华中农业大学,2009.
[2] 余晓钟,冯杉. 4P、4C、4R营销理论比较分析[J]. 生产力研究,2002(3):248-249,263.

解和信任该旅游产品,实现旅游消费行为。但是在当下网络技术高度发展的新时代,营销思维和营销环境都已经产生了巨大的改变。传统媒体逐渐势微,信息的不对称性让受众更渴望通过多种多样的渠道来获取更为全面的信息,新媒体的井喷爆发让微博、微信尤其是短视频成为当下营销的最佳平台。发展乡村旅游,应以互联网为平台,结合线下实际景观和旅游项目,利用网络营销技术进行旅游宣传营销,最大范围地宣传当地乡村旅游的形象,提高知名度。

3.品牌效应——有口皆碑行稳致远

乡村旅游产业的蓬勃发展还依赖于旅游产品的品牌化,乡村旅游的品牌化过程相对来说比较漫长。首先应该充分考虑当地文化、历史、人文等因素,真正找准品牌定位,然后通过多种渠道打造品牌形象,使其在游客、农户、政府、产业经营者等多个主体之间都获得认同感。旅游产品的提供主体应该树立较强的品牌意识,不能忽视宣传效应,同时要保证旅游产品提质增效,建立自己的旅游产品形象,让消费者买单且放心,甚至可以让消费者成为品牌形象建设者。

四、横车镇乡村旅游产业的未来展望

(一)长路漫漫未来可期

蕲春县以打造成为中国健康产业示范县为目标,将医药、养生、文化、旅游等相关产业融入大健康产业聚力发展,做强"中国艾都",打造名人故里名医名院、中国著名休闲养生旅游目的地,提升健康蕲春知名度和美誉度。横车镇作为蕲春县健康产业中的一环,其旅游产业发展也以此为战略目标,深度挖掘横车镇历史文化和自然资源,策划打造"十景""六文""四品""八村","田园横车"建设正在稳步推进中。虽然旅游产业的建设与发展可能耗时较长,但在国家大力推进乡村振兴战略过程中,横车镇的旅游产业仍未来可期,大有作为。

(二)危机下竞争或合作

通过调研走访发现,乡村旅游产业都是各村产业发展中的规划之一,都取得了一定的成果,但在应对其他地区旅游产业的竞争危机时,横车镇各村可考虑围绕一个主题进行合作开发,形成一个主题旅游产业,结合当地的蕲艾养生理念,实现健康旅游的新旅游产业链条,增加产业链条的主体,聚集整体实力,共同营造一个可以与其他地区竞争的大产业。

(三)带动乡村全面振兴

乡村旅游产业最终的目的还是为乡村的全面振兴服务,无论是带来客流量,增加乡村的生机,还是创造经济价值,增加多样收入,都是在满足人们对于美好生活的向往。横车镇的旅游产业发展可以成为助推横车发展的动力。

参考文献

[1] 宁志中.中国乡村地理[M].北京:中国建筑工业出版社,2019.

[2] 何景明,李立华.关于"乡村旅游"概念的探讨[J].西南师范大学学报(人文社会科学版),2002(5):125-128.

[3] 潘顺安.中国乡村旅游驱动机制与开发模式研究[D].长春:东北师范大学,2007.

[4] 王兵.从中外乡村旅游的现状对比看我国乡村旅游的未来[J].旅游学刊,1999(2):38-42,79.

[5] 周玲强,黄祖辉.我国乡村旅游可持续发展问题与对策研究[J].经济地理,2004(4):572-576.

[6] 吴泓,顾朝林.基于共生理论的区域旅游竞合研究——以淮海经济区为例[J].经济地理,2004(1):104-109.

"药圣"故里明星乡镇的发展困境及对策

徐 芮

摘 要：乡村振兴战略的提出为当前和今后的"三农"工作指明了方向。作为民族复兴的一项重大任务，乡村振兴战略旨为广大农民过上更加幸福美好的生活而发力。蕲春县横车镇是黄冈市极具发展特色的乡镇，对其发展现状及发展思路进行研究可为坚实乡村振兴实践提供理论支持。本文运用社会学田野调查方法，就横车镇3个典型乡村的发展现状、发展困境进行了调研与分析，并就调研结果提出了相应的解决对策，针对3个乡村的振兴发展做出具有实效性的建议。

关键词：横车镇；乡村振兴；发展困境；解决对策

一、调研缘起

由于疫情缘故，本该在研一暑假进行的假期实践未能成行，返校后幸得"华中科技大学乡村振兴研究中心"挂牌机遇与吕洪良老师带队指导，团队前往黄冈市蕲春县横车镇进行了为期5日的调研活动。调研过程短暂但所得充实，笔者在进行硕士学习之前曾在家乡乡镇工作过，对比家乡发展，在此次调研中心得颇多。另外，调研前后笔者有跟随社会学院初步学习社会学写作方法，考虑到本次调研时间有限、深度有限、调研人员众多，所述调研内容多有重复，故照猫画虎社会学田野调查的"小叙事"法进行撰写，文风较常用调查报告多有区别，如有不妥之处，敬请批评指正。

二、初识横车

初至横车，笔者印象最深刻的是九颗松村委会高大的院落，下了高速在坑坑洼洼的国道上颠簸了20多分钟后上了一个小坡就进了村委会大院，5层楼的村委会大楼伫立在山坡上俯瞰着国道，左右还各有一个能容纳500人左右的礼堂"护卫"。当时不敢相信这是一个村委会应该有的规格，但通过后面的调研明白了九颗松村的发展确实能够修建这样的村委会大院。九颗松村地理位置见图1。

图1　百度地图:九颗松村地理位置

三、发展迥异的横车镇乡村

1. 飞速发展的九颗松村

20世纪80年代之前的九颗松村还是一个以传统农业为主要生活来源的默默无闻的小村,稻谷为主要作物,麦、豆、薯为辅助作物。当时生产力水平落后,农产品价值低下,经济条件难以扭转,农民生活得不到改善。20世纪80年代初,改变九颗松村面貌的大功臣游安才书记带领村里的干部和能人开辟了一条别人没有想过的"农村工业化"道路。在信息不发达的年代,九颗松村与相隔不到500千米的安徽省凤阳县小岗村都相继开始了谋发展的自救道路,我们已无从判断九颗松村是否受到了小岗村的启发,但从中我们可以看出,在那个时期,一部分农村和农民甘愿冒着被"割资本主义尾巴"的风险,去谋求转变寻找出路的时代共性。

横车镇自古矿产资源丰富,从光绪年间修著的《蕲州志》中就可窥一二,中华人民共和国成立后发现横车灵虬山石英石矿达393万吨,含硅量高达99.9%。十一届三中全会召开后,九颗松村有效利用现成资源优势,通过34次上访和4次诉讼,夺回了石英石矿开采权,并顶着众多村民小农观念还未开化的巨大压力开办了采掘工厂。1992年南方谈话后,开放的风气也辐射到已自主奋斗十余年的山坳坳,黄冈市委派驻了工作队,将扶持经济发展的政策和精神文明建设带到了九颗松村。九颗松村的飞速发展既离不开自身艰苦卓绝的奋斗,也搭上了时代红利的"顺风车",在自强不息和政府扶持的双把手下,九颗松村成了横车镇的发展龙头。

在"农村工业化"的道路上九颗松村也经历了数次转折。初开厂时出售石英石的确积累了一些财富,但随着业务的深入推进,九颗松村党支部认识到了卖原石与精加工之间的利润差距,几经思虑决定投产石英砂厂,第一家厂第一年的利润就达到了卖原石的5倍。湖北九颗松精制石英砂厂、湖北灵虬山石英砂厂、湖北九颗松第三石英砂厂、湖北九颗松石英板材厂等厂房相继建成并投入使用,成为带动九颗松村工业经济发展的第一支先锋队。在获得第一桶金后九颗松村面对的不单是工厂转型问题,还有人心不齐的问题。村两委为增强发展的凝聚力,开始为集体经济积累原始资本,因此头几年总要划拨一部分挖矿所得归属村集体。攒够10万元后,村党支部决定以村集体名义办砖瓦厂,但一些农户担忧钱进不了自己口袋而极力反对,村党支部和党员们抵住压力签字画押,力保责任自担,砖瓦厂得以顺利建成。石英石矿这一颗"蛋"终于孵出了会下蛋的"鸡",九颗松村的产业发展自此开枝散叶。在采掘业的带动下,资源加工业、汽车运输业、苎麻纤维业、建材建筑业、商贸饮食业以及其他各种服务行业同时发展,实现了村集体年产值从万元到数亿元的质的飞跃。

在谋求自身发展的同时,九颗松村也将眼光放长远。2001年前采用的是集体所有统一经营的模式,村集体靠集体经济创建实业公司,以村委会、村党委①、总公司三牌一套的方式,以企业化管理的手段开展全村集体经济发展,1999年工业总产值达到1.3亿元,村人均纯收入3130元,比1994年高了3倍有余。2001年后村党委为拓宽发展道路,以多样化发展方式将原来的村集体统一经营模式改制为村集体入股制,利用九颗松村已有的土地、房屋、设备和诱人的政策招商引资,采用股份合作联合经营的模式,建立了九颗松工业园区。

从九颗松村历史展览馆走出后,笔者内心深受震撼,九颗松村的发展变化是惊人的。相较于笔者的家乡大西北,九颗松村的经济发展状况甚至远超了一些地级市,它撑得起"全国文明村"这样的称号。九颗松村委会坡下那条坑坑洼洼的省道升级为国道,也理所当然地与九颗松村的发展壮大有着紧密的联系。据横车镇干部介绍,九颗松村现今已不归镇政府管理了,因为村经济体量太大,已经摇身变为县直管村,这也从侧面解答了笔者

---

① 九颗松村党员超过一百人后由村党支部升级为村党委。

对村委会大院为何如此高规格的疑惑。

除自然资源丰富、交通便利、地理位置优越这些客观优势外,九颗松人创业干事的探索精神也同样值得深入思考。第一,九颗松村敢为人先。在农民发展工业还具有争议的时代背景下,九颗松村能顶住压力破除成见,走出自然经济的舒适圈,率先探索农村发展工业的新道路。第二,九颗松人能抓机遇。十一届三中全会的召开给了九颗松人一粒甩开膀子加油干的定心丸;邓小平南行给了九颗松人全力谋发展的坚定信念;1998年企业改制启发了九颗松村集体经济第一次转型发展。第三,九颗松人"有眼光"。在选项立项方面,九颗松村始终立足于自身现状,没有盲目追求一时利好,将自身优势与市场需求紧密结合,一步一个脚印,扎实地带领本村农民发财致富。第四,九颗松人"心术正"。在挖掘财富的过程中,带头人们从不将个人利益放置在集体利益之上,不存私心,不谋私利,牢记自身使命,奉行村集体发展才是个人长远发展的高尚信念。第五,九颗松村企业管理科学。村集体设立集团公司,集团公司下的总公司承包各自分公司(九颗松村部分企业名称见图2),分公司独立经营、自主核算。每一级别都制定严格的管理规章制度,全村经济发展实行现代化公司制形式。

参观结束时,村主任收起了讲解的语气看向远方,用家乡话说到:"我们就是想让农民进工厂,户户住楼房,让农民转变为工人,将农村改进为城市。"九颗松村的心愿似乎又印证了当下国家城镇化建设的宏愿,这似乎既揭示又预示了九颗松村的飞跃发展既具有时代偶然性也是历史发展的必然。

2.大起大落的富冲村

富冲村在这次调研中显得很特别,它位于蕲春县北部山区,属国家重点贫困村,于2016年在精准扶贫中整村出列,它的发展道路犹如一部富家子弟的没落史,但在改革开放后的乡村及小城镇发展中又不乏这类后期发展疲软的典型。

"外包的石英石加工厂原来是我们自己干,我们以前也有矿。"要不是村书记做完报告后的这几句闲聊,笔者可能就断定这只是一个靠政府扶贫政策扶持才欲开始寻找发展出路的普通的传统农业小村,其实富冲村也曾和九颗松村齐头并进过。富冲村的石英石矿2007年开始衰竭,那时候还不是现在的两委班子主持工作。倚靠石英石矿还小有富裕时,富冲村盲目随行就市,种了竹子、桃子、板栗等,作物的生长需要周期,而市场又是瞬息万变的,等挖了笋、摘了果,一上市就遇上了行情不好这道大难题,每一次

图 2　九颗松村部分企业名称

尝试都以失败告终。矿没了，所积累的收入也逐渐见了底，富冲村的发展一下子就陷入了僵局。"头几年没想过矿会挖完吗？没想过矿挖完了咋办吗？""没想过。"三个字回答得干干脆脆，却透露出"靠天吃饭"的典型小农思维。

现今村集体的收入来源多得利于政策扶持与厂地流转外租。设立村级光伏发电站，有12户农户投资，山林流转租赁，石英石加工厂外包，招商引资建立木耳种植基地，村集体还投资新建了200亩油茶基地，目前正在筹备以景观苗木培育为主的生态旅游综合观光农家乐。介绍完村子的既定发展计划，村书记带着我们去正在挖路的山林中走了一圈（见图3）。雨后的黄胶泥拌着沙子，我们在上山的路上走得磕磕绊绊，一行人早被村书记甩在了身后，书记的背影看起来有点像恋家的雀儿，想飞得很高很远，却又被身后的遗留问题困圈着，不时回头看看。

"药圣"故里明星乡镇的发展困境及对策

图3　调研组在富冲村书记的带领下参观在建的生态旅游观光综合体

3. 热血奋斗的许岗村

"许岗村生命力很旺盛!"下了车看到村委会大门的那一刻,许岗村就给笔者留下了这样的印象。村委会面朝公路开着大门,路上粉尘飞扬,旁边是高速公路料场,载料的车把进村的路压得看不出原貌,这些面貌与崭新的村委会大楼和门前郁郁葱葱的小广场形成了鲜明的对比。村书记在介绍本村情况时屡次提到,村委会旁边厂房到期搬走前会将路修好——在中国传统思想中门面很重要,对一个急于寻求发展的乡村来说就更为重要。

与九颗松村和富冲村不同,许岗村从来就没有矿产资源作为依靠,能算得上自然资源的山林也只有富冲村山林面积的1/5。2017年在国家拨付200万元和村民自筹300万元的条件下许岗村完成了整村脱贫任务。目前村上有两大经济体,王平蕲艾种植专业合作社与明俊生态养殖专业合作社。蕲艾基地占地700亩,共投入420万元,其中来自国家拨付资金120万元,采用土地流转方式自筹200万元——村委会根据略高于市场定价的价格盘活农民手上荒芜的山地、林地、田地等,转入村集体。村民每年可从蕲艾基地收获土地流转租金与基地务工薪金两类收入。剩余的80万元国家拨付资金入注明俊生态养殖专业合作社(养殖生猪),养猪场年出栏6000头生猪,猪粪为蕲艾基地提供肥料,蓄粪沼气池为当地提供燃料,形成生态环保的立体养殖模式,实现了村集体与当地能人共同致富新局面。通过该两大经济体,村集体经济年增收可达18万元。

村书记是从深圳回乡的"打工人",他说外面给他最大的体悟就是城里人的钱真好赚,既然好赚,为什么不能是许岗村来赚这个钱。公路另一边有一片被虾稻连作田围绕的水面,和村委会隔路相望,调研时稻谷已经割完,水面护坡①也铺设完毕,远处的亭台已初见雏形。许岗村计划将这地利人和的一圈修建为农家乐来赚城里人的钱。自驾游成为热门旅游方式后,农家乐已成为现今大多数沿路村庄首选的发展热点。村书记介绍这项规划时滔滔不绝、眼睛发光的样子似乎预示着这个小村庄光明的发展前景。

四、横车镇乡村的发展特点及发展困境

十个手指各有长短,横车镇各村的发展也不尽相同,但纷呈繁杂的发展状态下还是隐藏着一些具有共性的发展特点。第一,将农业转工业为大的发展趋势。九颗松村成功后,一些村子也想模仿九颗松村的发展模式以工代农,跨入工业化进程。截至2008年横车镇境内探得石英石矿储藏量1亿吨,有矿的村以石英石挖掘业与加工业为主要发展路子,但大多数村都没有矿产资源作为第一桶金,资金积累只能寄托于从农户手中流转土地后,再招商引资外包土地赚取租金。第二,外出务工人员占比巨大。蕲春县地处"中三角",境内有京九铁路与沪蓉高速公路,长江水道横贯,水陆交通四通八达,北上南下打工都十分便利。除九颗松村有大量企业可以解决本村务工人员需求外,调研走访的其他村例如富冲村、许岗村、凉岗村、乌石桥村等外出人员比例都占了约80%。农民外出打工,没有自己人作为内生动力,引入再多的"外姓"能人都只是在解发展一时之困。

综上,横车镇的总体发展呈现出欣欣向荣的姿态,但发展并不是一帆风顺、毫无问题的,文中主述的3个典型村均各有各的发展困境。

1. 九颗松村——产业转型升级是难题

九颗松村作为地域发展龙头面对着如何转型发展的严峻问题。村主任在展示完现有发展成就后叹了口气提出:"石英石矿总有挖完的时候,我们一直都想不透怎样转型升级,这是现在急需解决的最大问题。"作为依靠石英石矿发家,现引进入股企业都为加工业企业的小村镇,我们可以暂且将它定义为资源依赖发展类型。大力发展第二产业的九颗松村目前面临

---

① 在水面斜坡上铺设一种网状砖作为固定措施,防止水土流失。

着农业基础薄弱和第三产业发展未兴起的尴尬局面——已经步入工业化阶段无法回头重新发展现代农林牧渔业,过度盯着工业发展无暇顾及服务业、旅游业等第三产业。工业一旦发展不利,必然会陷入发展僵局。采矿业在带来巨大经济效益的同时也带来了废气废渣排放、粉尘噪声污染等严重的生态环境污染问题,2018年九棵松村灵虬山石英石矿就因粉尘和噪声污染停产整顿过。如何走高质、高效、环保的发展路线也是九颗松村需要破解的难题之一。作为全镇带头致富的典型,除却提供了一种发展致富模板外,九颗松村并没有很好地在全镇范围内起到先富带动后富的作用,当区域内贫富差距过大、自身发展过盛,而内部需求过低时,九颗松村的发展无形中也会受到阻碍。

2.富冲村——帮扶质量有待提升

富冲村作为资源枯竭再发展的典型,所呈现出的问题相对单一——如何利用好现有优势发展自身经济?富冲村现有山林4985亩,目前依靠山林的经济增长点仅有在建的农家乐1项,并且还未兑现,对自身资源优势利用还缺乏规划性与创新性。中国南方航空集团有限公司(以下简称南航)是富冲村的精准扶贫定点帮扶单位(见图4),自开展帮扶工作以来,湖北省南航公司处长个人出资10万元帮扶返乡创业致富青年发展蕲艾电商业务,湖北分公司定期向贫困户捐赠爱心物资,给留守儿童捐赠校园广播设备、图书文具,扶贫干部走访农户讲解政策等,可以看出帮扶的形式还以人对人、点对点的传统低质量帮扶为主。富冲村并没有利用好帮扶单位的有利优势,只"输入"不"输出",没有发挥好帮扶单位的帮扶作用。受南航扶持的董姓电商主要以加工蕲艾产品在网络平台销售为主要经营模式,在交谈中他数次提出让我们在引流方面给他提点子,他意识到蕲艾在蕲春县的种植很普遍,加工厂也是大小林立,怎样不被大厂挤压、壮大自身抢占市场属于他的痛点。蕲春县中药种植品种众多,面积广阔,在中医理疗市场活跃的近年,蕲艾作为蕲春县地理标志产品享誉全国。政府的补贴政策催生了一大批蕲艾种植户和艾产品加工厂,但对产业区域化发展并没有合理规划和行业引导,造成大企业盲目跟风,小企业、个体户生存空间紧缩的内部冲突局面。

3.许岗村——政府补贴不是出路

许岗村作为自主致富的无资源先进典型村,存在的问题主要在于村集体与农户利益均衡方面。许岗村土地流转后,农户和土地的关系仅剩每年打入账户的数千元流转租金。没了土地的羁绊,村民自然要外出寻找出

图 4　南航来横车镇富冲村开展扶贫活动
来源：蕲州在线。

路,这就使得许岗村发展的内生动力不足,本村人才无法在村建设中发挥作用。蕲艾基地作为许岗村的明星产业解决了一部分留守劳动力在本村打零工的需求,但基地管理并不科学严密,无须耕种的蕲艾一年只进行一次割收,杂草与作物并生,产量无法提高,实际经济效益低下。在走访入户时,已退休的老村干部对村里现行的发展路线表达了些许不满,他谈到:"许岗村的发展困境就是自身没有特色产业来支撑经济发展,搞蕲艾基地完全是出于政府对蕲艾种植发放补贴的缘故,蕲艾基地自身并不赚钱,赚的是政府补贴。"这一席话解答了我们对于许岗村蕲艾种植产量低、管理不科学,却依然坚持种植、扩大基地的疑惑。走访中,我们发现这一现象并非只在许岗村存在,这个问题在一定程度上代表了基层政策对农村发展的牵制性问题,政策的倾斜决定了农村的产业发展重心,至于这种偏重是否适合自身,又是否有利于乡村发展,就另当别论了。

五、未来发展路径

横车镇作为"药圣"李时珍故里的明星乡镇,其局部发展状况在全国乡村范围内都具有超前性,发展经验也具有很强的可借鉴性。但向上的道路从来都没有止境,横车镇在城镇化建设和乡村振兴战略中还需要进一步提升与加强自身发展动力。针对文中所涉及的几个村落，本文提出以下几点建议以作启发之用。

第一，利用土地流转机遇，加快第一、二产业向第三产业转化进程。发挥既有产业资金与科学技术优势，以第一、二产业为发力点，优化产业结构和农村用地结构，促进采掘业、加工业、纺织业向旅游业、生态服务业、科技服务业转型发展。改善村镇企业用地布局，将传统工业向村落外围迁移，旅游、娱乐、服务产业向村中心区域聚集，达成区域综合协调新发展局面。以九颗松村为例，以现有五十多家企业为资金依托，逐步淘汰污染性工业企业，大力发展生态宜居村庄环境。搬迁国道两旁企业，以国道为主线，发展贯通村镇的新兴旅游经济带。以九颗松村奋斗史为文化创意宣传点，打造"三农变化"①学习型旅游新概念。

第二，优化新型农民合作经济组织，提高现代化农业种植效率。土地作为农村的经济发展基础，应该大力借鉴新型城镇化建设的经验，发挥土地效用要提倡质量过硬、效益最大的利用目的，进一步加强分散土地的规模化管理，同类型农业种植品种向专业种植大户、农村合作社集中，做到以商促农，充分调动本村留守劳动力作用，走集约发展道路。以富冲村为例，将村内种植蕲艾的小型农户联合本村电商致富人组建蕲艾种植、加工、销售三位一体合作社，以村两委为主抓手，由电商致富人牵头管理，提升本村能人管理能力，优化蕲艾种植环境，传授科学种植技术，提高蕲艾种植产量与品质。以村为单位的加工厂规模可以着重解决本村土地流转人口的富余劳动力问题，在让农民获取土地增值收益的前提下，做到让留守农民既有活干又有钱赚。集约发展的好处还在于能够加强集体经济实力，增加中小企业与个体户活性，降低弱小经济体被市场弱化、"压死"的风险。

第三，大力发挥基层村组织职能与扶贫单位帮扶作用，开拓农村扶贫与企业发展双向互促新航线。近年来，国家大力开展扶贫攻坚工作过程中，不时有"越扶越贫"的负面消息爆出。这类现象通常发生在以物质扶贫为主的个别农民或一小部分农民身上，这暴露了个别农民"等、靠、要"的惰性思想。帮扶单位扶贫不能与基层村组织脱节，基层村组织要积极沟通联动，与帮扶单位制订帮扶计划，以集体致富为主，个人帮扶为辅，"授人以鱼，不如授之以渔"，让贫困农户依靠扶持政策和帮扶单位自力更生，从根本上富起来、强起来。依然以富冲村为例，南方航空公司作为中国服务业

---

① 农民到工人、农业到工业、农村到城镇的三个转变。

企业500强,在2015年就已成为全球第三大航空公司,其湖北分公司的能量对一个贫困村来说是不可估量的。富冲村可以与南航制定共同发展战略,开辟"扶贫旅游"专项航线,将一部分帮扶资金入注航线宣传与优化上,对外宣传富冲村生态旅游项目与农作物产品,将资金和人流引进富冲村,以期达成互利共赢、根本扶贫的目的。

第四,优化基层政府服务职能,最大限度发挥扶贫资金效益。根据社会主义市场经济需求,大力发挥基层政府经济手段,优化扶贫资金分配结构,做到扶贫资金"有去处、有用处、落实处"。"有去处"要求扶贫资金针对贫困村、贫困户进行发放,"有用处"要求贫困村、贫困户能将扶贫资金运用到发家致富摆脱贫困上,"落实处"要求贫困资金起到根本扶贫的作用而非解一时之贫。以许岗村为例,县、镇政府应着重发挥自身服务职能,根据许岗村的地理位置、自然条件、发展优势、人口分布、产业发展、市场定位以及外出能人情况等自身条件,邀请第三方专业经济发展评估机构对许岗村的发展做具体规划,确定适宜许岗村发展的种植、养殖品种,将扶贫资金按比例和发展潜力拨付给许岗村,而非根据种植品种拨付,例如现行的鼓励种植蕲艾就只根据蕲艾种植面积拨付资金。县、镇政府应努力提升扶贫资金使用效率,加大区域内多样性产业发展力度,让扶贫资金扶得有针对性,真正做到因地制宜,精准扶贫。

参考文献

[1] 湖北省蕲春县地方志编纂委员会.蕲春县志[M].武汉:湖北科学技术出版社,1997.

[2] 邓俊生,张冠.李时珍故里崛起的明星乡镇——横车镇[J].今日湖北,2004(11):32-33.

[3] 刘友凡.探索集体经济发展的新路子——横车镇的调查[J].政策,2000(2):48-49.

[4] 蕲春县国家形式审核光伏扶贫项目自查情况表[EB/OL].[2020-11-03].http://www.qichun.gov.cn/art/2018/7/11/art_19661_1096214.html.

[5] 赵少莲从严从快从实整改生态环保突出问题 以实际成效推动县域经济高质量发展[EB/OL].[2020-11-03].http://www.qichun.gov.cn/art/2018/7/28/art_15629_1110783.html.

[6] 全县产业扶贫工作督查情况的通报[EB/OL].[2020-11-03].ht-

tp：//www.qichun.gov.cn/art/2016/6/14/art_19660_1094598.html.

［7］南方航空公司来蕲春县横车镇富冲村开展扶贫活动［EB/OL］.［2020-11-03］.https：//www.qizhou.com.cn/article-5627-1.html.

［8］【我的扶贫日记：吴锦雄】阳光南航 情系富冲［EB/OL］.［2020-11-03］.https：//www.thepaper.cn/newsDetail_forward_9179985.

［9］钱春弦.中国南航年客运量过亿成为全球第三大航空公司［EB/OL］.［2020-11-03］.http：//finance.china.com.cn/roll/20150609/3168275.shtml.

乡村振兴背景下土地流转与村集体经济发展的互动
——基于横车镇三个村的土地流转及利用情况对比分析

河南省新乡市铁路高级中学　王广靖

摘　要：乡村振兴是国家继脱贫攻坚之后的又一农村农业发展重大战略。国家乡村振兴局的成立、2021年中央一号文件的发布都意味着乡村振兴在"十四五"时期将全面铺开。土地作为农业的基础、农村最宝贵的生产要素，其有效流转可为集体经济发展创造资金、盘活资源。本文基于对湖北省横车镇下辖村的实地调研，呈现三个代表村发展条件的差异与土地流转、利用情况的特点，并尝试探寻土地效益最大化、收益可持续的方式，以充分发挥土地对于农民增收、充实集体经济、振兴乡村的助推能力。

关键词：土地流转；三权分置；集体经济；土地股份合作社

农村的土地按用途主要可以分为三块，即农用地或承包地、宅基地、集体经营性建设用地。承包地关乎农民的生产收入，宅基地承载着农民的日常生活，集体经营性建设用地是壮大集体经济的重要资源。农村土地的集体所有制性质决定了集体经济组织在土地流转与利用中的重要地位。对土地资源的流转与积极利用不仅有助于提高土地利用效率，也能很大程度上实现农民与集体收益的双赢，成为撬动乡村振兴的有力杠杆。由于各地农村情况复杂多样，经济发展程度不一，土地流转进度与集体经济实现形式也都具有很大差异性，且乡村振兴是基于乡村现有基础的振兴，而不是"推倒性"或"格式化"的重建，因此，对于当前各地土地流转或利用现状与农村集体经济发展条件的了解就变得必要。

本文所涉及的调研地区系湖北省黄冈市蕲春县横车镇的下辖村。横车镇位于蕲春县西南，辖48个村民委员会，是一个大体量的镇，系全国重点镇、全省中心镇、全市二十强乡镇、中国石英之乡。此次调研主要走访了七个具有代表性的村庄。就这几个村来说，集体经济发展也是有好有弱，存在明显的发展不均衡问题。发展最好的村庄可做到全国典型即九棵松村,较弱的村庄连村干部的养老保险也不能及时保障。各村土地资源的利用程度与利用效率也呈现出不小差异。虽都有可整理、可盘活的土地资源,但其开发利用方式和程度与村内经济发展高度相关。虽同样为土地流转,但是流转主体、流转程度、流转收益不一。故本文选取了三个以土地流转为基础带动村庄产业与活力、发展思路均各具特色的村庄,即九棵松村、许岗村、长石村,在展示不同类型村庄土地利用特点的基础上,对比分析不同流转、经营方式的优点与不足,探寻使集体与农户收益接近帕累托最优的土地流转与经营方式。

一、村庄基本情况介绍

1. 九棵松村

九棵松村地处蕲春县西大门,京九铁路、黄标公路贯穿其中,是鄂东地区典型的丘陵村庄。版图面积6.72平方千米;现辖12个村民小组,全村949户,总人口3206人;共有耕地1765亩,山林2400亩。九棵松村是全镇乃至全县的经济强者,并荣获"全国文明村"称号,目前年集体经济收入高达3000多万。村内现有企业40多家,形成了以人造板、板式家具、石英砂、汽车配件、建筑建材等为支柱的企业集群,工业产值约占总产值98%,属于工业强村。

九棵松村于20世纪80年代初期利用当地丰富的石英石资源,创立了该村第一个工业项目——石英石采石厂。随后依托丰富资源,九棵松村自我积累、滚动发展,完成了资本原始积累,并于20世纪90年代意识到石英资源的有限性与不可持续性,适时调整战略,采取"多业并举,规模经营"的发展思路,且在发展的同时统一规划、升级住房等配套设施,逐渐形成了整齐划一的住宅区、工业区、功能区。村民的承包地几乎全部流转给村集体,由村集体用来统一规划与利用,如为新企业的落户提供工业用地、建设生态公园。村民也集中居住在村庄规划建设的居民社区内,从事工业生产的人数约占全村劳动力人数的87%。除了流转金外,村集体还会给予村民土地流转补贴、种田补贴。

2. 许岗村

许岗村位于横车镇东部,镇级公路贯穿而过,是一个地理位置较为优越的丘陵村。版图面积2.6平方千米。全村438户,总人口1483人,共9个村民小组;村干部4人,党员62人;现有耕地面积1460亩,水稻种植面积967亩,水面220亩,山林555亩。

不同于九棵松村,许岗村属于一般的农业村,但其经营类型较为丰富,既有生态养殖也有特色种植,土地利用形式较为多样。对于承包地,其做法主要是将村民的土地统一流转到村集体,不仅包括耕地,也包括荒山、水面。流转的价格均以市场价为标准,以质量划分等级,其中好田580元/亩、次田350元/亩、荒田80元/亩、荒地60元/亩、荒山40元/亩。田地经过村集体简单整理与建设再流转或租赁给种田大户、农业企业等市场主体,每亩田地可提取30~40元的收入。经集体统一流转的耕地目前主要用于蕲艾种植、虾稻连作、生猪养殖等。其中蕲艾基地占地520亩,由村集体借助扶贫资金进行种植,再将其以13.5万元/亩的价格流转给市场主体,村集体每年能够从中获得的租金收入为7万~8万元。村集体除了出租场地给生态养猪场,还注资80万元,租金加分红可得年收入约8万元。此外,村集体目前还有45亩的水面处于开发状态,因其地理位置优越,规划为建设农家乐。另新增一处集体资产即蕲太高速临时建设的工程厂房。目前,村集体经济收入约18万元/年。

3. 长石村

长石村位于蕲春县横车镇西部边陲,东与界岭村接壤,南接富山村和大柳村,西与蒋山村相邻,北与浠水县石村咀村毗邻,版图面积4.5平方千米,所辖15个村民小组530户,总人口2300人。2017年,长石村被列入"湖北十大美丽乡村"前30强。

长石村以土地资源的规模流转与利用为基础,将经济产业发展与美丽乡村建设结合,吸引本籍在外创业成功人士回乡创业、乡贤回乡治村,综合开发绿色休闲农业、规模农业等项目,获得总投资约1500万元。将乡村振兴与能人回乡创业有机结合起来,以生态好、产业兴、乡村美为主题,利用外来资本来开发、改造村内土地资源。目前一期投入500万元,流转土地1000余亩,综合开发绿色田园,种植苗圃200多亩,连作综合种养虾、鱼、稻、荷花莲籽近400余亩,种植中药材瓜蒌、夏枯草和山茶油350多亩;还兴建了600平方米柳云潭木屋山庄、日月塘生态垂钓中心,发展休闲观光农业,以消费促增长。这些项目的实施有效地推动了美丽乡村建设,带动了农民工就业100余人,带动贫困户就业30余人。

二期预计投资1000万元,用于继续扩大虾稻生态种养规模,兴建水果采摘园、龙臂山疗养休闲中心及其他美丽乡村基础设施建设。长石村利用土地整理契机,在发展产业的同时借机推进美丽乡村建设以及人居环境改善,对村庄新建住房做出统一要求,通过绿化、美化,大大改善了村民居住环境与生活质量,村容村貌干净整洁,环境优美。

二、村庄发展特点

1. 工业强村:九棵松村

九棵松村的发展起步较早,20世纪80年代就充分利用当地丰富的石英石资源创立了第一个工业项目,后虽几经产业方向调整,但依然成功完成了农业向工业的转变。当前,九棵松的经济发展模式已经趋于成熟,总体上形成了以工带农、工业为主、农业为辅的发展道路。九棵松村的实际经济实力已经远超过了正常的村级单位的水平,属于比较少见的典型。但目前村庄也面临着工业转型问题,即如何由一般的原料加工业、简单制造业向精细化、高技术含量领域进军。村庄的土地资源在将来很可能面临紧缺状态,成为发展的制约因素。对此,可以考虑合并周围村庄以扩展土地资源,实现互补发展。

2. 综合型农业村:许岗村

许岗村土地利用情况比较符合中部地区大多数村庄的发展规划,即以土地流转为依托,以发展现代农业为目标,形成适度规模、多元经营的特色农业。许岗村农地流转进行得较为顺利,其原因之一是善于利用国家资金与政策机遇,利用产业扶贫契机流转并整理了村内大部分承包地,使村里现有两大产业——蕲艾基地与生态养猪场,成为产业扶贫资金的主要承接主体,而对这两大产业的土地租赁与入股分红成为该村集体经济收入主要来源。许岗村还以国家拨款加村自筹的方式完善村文化广场、通组公路等基础设施,给村民的生产生活带来了极大的便利。

许岗村的主要做法为先将土地流转到村集体,村集体进行修整后再以更高价转给种养大户、农民专业合作社、企业等。对于参与流转的农户而言,多数只获得流转金,少数能够在租赁企业中获得务工机会,而且村内企业数量偏少,不足以支持大部分村民本地就业。对于村集体而言,土地经流转与整理后耕作条件更为便利,有利于提升土地在租赁市场的竞争力与租金上升空间,不仅提高了土地的利用效率,也增加了集体收入。

3. 美丽乡村:长石村

长石村是美丽乡村建设的典型。美丽乡村建设包括生产、生活两大方面。生产方面主要对应于农业发展;生活方面对应于农村建设。不论是生产条件的改善还是生活条件的改善都要求大量的资金投入。长石村在集体经济能力不足的情况下,吸引能人回乡创业,借助外来资金进行投资,村集体组织统一流转土地以满足商业资本规模化集中经营要求。

由于主要依靠能人回乡等外来投资,故其流转后的土地的经营偏向经济型,主要为苗圃、水果采摘、观光农业等类型,市场依赖性更强。流转的土地除耕地外,还包括荒山、林地等,对土地资源的开发利用更为充分。但乡村旅游业对于村庄的地理位置、自然景色要求较高,且产业竞争力较大,其认可度有待市场检验,加上投入资金较多,需要较长的时间才能盈利。

三、基于土地流转的集体与村民收益优化路径探讨

1. 九棵松村的工业转型与土地饱和

九棵松村的集体收入主要来源于工业。2000年,湖北九棵松工贸集团有限公司成立,其中,九棵松村村民委员会持有99%的股份,并对外投资4家公司。村民的收入水平随村集体经济收入"水涨船高",村民土地的流转金也相对有保障。土地流转后村内企业又能够为村民提供较多的本地就业岗位。此外,村内的集体建设用地、村集体企业的股份收益也实际地增加了村民收入。此外,集体收入的一部分还被用于保障和提高村民生活水平,村民能够享受村内独有的"十补贴一补偿一承担"政策,涉及教育、医疗、养老等多方面,生活保障基本健全。

但随着村庄发展规模的扩大,村内的发展空间变得有限,土地资源的稀缺逐渐显现,企业的转型与升级也需要相应提高村民的劳动素质。对于土地问题,可以通过尝试合村并居或者在其他村庄选址建厂,将核心产业保留,将外围企业外迁,为新兴产业的发展保留空间。新兴产业自然需要现代人才的支撑,除继续吸引人才留乡,还需对不同年龄、不同职业的村民分类进行培训,提高思想认识与专业技能,使村民与村庄共同成长、进步。

2. 以土地股份合作社的形式丰富许岗村与长石村的土地流转形式

许岗村与长石村村民的土地收入主要是土地的流转费用。在劳动力大量外出务工的背景下,土地流转不仅能减轻留守劳动力负担,提高土地利用效率,且能为集体经济增收创造机会。但这种发展模式目前仍存在改进之处,主要表现在村集体自有自营的产业少、提供的村内就业机会少、主要依靠租赁这一方式来为集体增收、增收额仅够用于村委开支或扶贫事业、与普通村民的利益联系较少等方面。虽存在合作社,但其与集体经济的联系不强,主要是为了扶贫工作的开展而建立,且多为私人主导型合作社,与普通村民基本没有经济联系与利益联结。

对此,可以以村为单位推动建立集体经济股份合作社,对集体资产清产核资、量化到人,增强村民对发展集体经济的参与感。村集体根据村庄资源禀赋结构选择并甄别具有比较优势的产业,尝试带动村民进行规模化集中经营,壮大集体产业,推动土地流转向土地股份合作社转变,在租金保底的情况下,增加股份分红收益。如许岗村集体所有的45亩水面及周围土地处于规划开发的状态,可在开发前进行集体资产量化,同时吸收有意向的村民,以资金、劳务等入股,既能增强与村民的联系,也助于解决建设资金问题。

3.打造特色农业与支柱产业,提升流转土地的经营效率

在具体的流转土地经营上,许岗村的流转土地有一部分用来种植当地的特色经济作物——蕲艾,但调查中发现其种植收益并未达到预期,其中既有生产环节也有销售环节的问题,可以说特色并没有彰显出来。许岗村需要重振特色产业,从选择良种、规划种植周期、打造自主品牌等方面发力,让特色产业得到村民与市场的认可。另外,许岗村的土地多是因为承接扶贫产业而进行流转的,产业多是依托扶贫资金与政策建立起来的,在乡村振兴阶段须壮大发展前景较好的产业,使其成为能够惠及全村村民的支柱或特色产业,而不只与贫困户有关。

4.优化战略定位,强化自身建设,增强生态农业的竞争力

长石村的主要发展方向是美丽乡村,但其地理位置并不具有明显优越性,相比之下,生态旅游与观光农业的竞争力不强,且盈利是否具有可持续性仍有待检验。为提高当地休闲观光产业的生存能力,可转变或扩大服务群体,充实、丰富服务内容,将服务对象的定位下沉为周边乡镇,打造适合周围居民消费的项目,承担起丰富本地乡村生活的责任;同时提升服务质量与内容,争取与当地学校、企业等单位合作,承接学生郊游、企业团建等活动。

四、结语

当前,循着"三权分置"的土地改革方向,村集体被虚化的土地所有权得到了重新强调,其在新一轮土地改革中的优势与主导作用逐渐显现;村民的土地承包权与经营权的实现形式逐渐灵活化,全国各地关于土地改革的试点与实践如火如荼。但这并不意味着土地流转就要同步推进,"一刀切",各地还应根据自身经济发展水平来决定土地流转的进度,探索土地流转与利用的合适形式,而不是机械模仿成功者的做法。因为某些地区土地

流转的成功经验还得益于相关发展条件的完备,并不具备普遍适用性。不过毋庸置疑的是土地资源对于乡村振兴的积极作用是普遍的。

目前中西部农村土地的价值在逐渐显现,但区域内部仍存在很大的发展条件差异。因此,各地要因地制宜,量力而行,循序渐进。对于普通村庄来说,在选择项目时,对于一些公益性、公共性质的发展项目宜采取土地入股的形式,以分享长远利益;而对于风险较大的市场项目则尽量采取场地租赁这一形式,以规避风险;对于传统或现代种养殖业,宜成立土地股份合作社,走规模化、品质化、绿色化道路。总之,土地在乡村振兴中可大有作为,关键是要村集体积极盘活、科学规划、合理利用。

参考文献

[1] 丰凤.土地流转与农村经济集体经济发展关系研究[M].北京:中国社会科学出版社,2018.

[2] 简新华,王懂礼.农地流转、农业规模经营和农村集体经济发展的创新[J].马克思主义研究,2020(5):84-92,156.

[3] 李逸波,赵邦宏.农民职业分化对土地流转的影响研究[J].河北学刊,2020(1):168-174.

[4] 王倩,许彩华,余劲.农地流转市场中的土地流向及效果分析[J].中国农业资源与区划,2019(10):68-73.

[6] 许经勇.农业现代化视野的土地流转、规模经营与职业农民[J].学习论坛 2015(3):27-30.

[6] 王营.三权分置背景下农地经营权流转问题研究[D].桂林:广西师范大学,2018.

发挥产业在乡村振兴中的带动作用
——以横车镇富冲村、许岗村为例

易先愫

摘　要：根据横车镇实施乡村振兴的发展规划，现阶段是横车镇经济产业发展的重大战略机遇期。本文根据在横车镇进行的实地调研情况，以横车镇富冲村与许岗村为代表，就富冲村、许岗村经济产业发展的现状及发展过程中出现的一些问题进行了分析并提出了相关对策，希望能为横车镇乡村振兴发展尽一份自己的力量。

关键词：乡村振兴；集体经济；富冲村；许岗村

一、两村发展优势及现状

蕲春县横车镇地处湖北省东陲、长江中游下段北岸、大别山脉南麓。横车镇地处蕲春县西南部，东同漕河镇以蕲河为界，西南同彭思镇毗邻。

横车镇平均气温27.9 ℃，最高气温为39.7 ℃，地面极端最高温度69.5 ℃；月均降水733.1毫米，占全年总降水量的56%，雨水分布不均，集中在6—7月的"梅雨"期内，因此时因暴雨造成洪灾，有时又高温少雨导致伏旱。

横车镇丘陵、平原相间，地势西北高、东南低，土壤以蕲河冲积物为主。其管辖的部分乡村以及蕲河支流，经济作物以蕲艾为主，其次为油茶、梨等。横车镇的水热条件决定了农作物大部分是稻、棉、油、麦，为双三熟制。

近年来随着交通以及城市化的发展，横车镇农业之外的就业人口不断增加。在农业人口中，随着农村乡镇企业及其他社会事业的发展，从事传统的种植业、林业、牧业、渔业的人口比例逐渐下降，而从事工业、交通运输业、商业及其他行业的人口不断上升。

1. 富冲村

富冲村位于横车镇西北部，与浠水县交界，该村版图面积5.6平方千米,耕田1006亩,山林面积4985亩,全村由9个村民小组组成,共326户、1354人,有劳动力人口738人,其中外出务工占68%左右,村常住人口有五六百人。

2007年以前富冲村村集体经济主要以采掘出售当地石英石矿产资源为主,但由于开采没有计划,矿产资源迅速减少。富冲村领导班子在石英石资源枯竭之后,曾多次尝试培育适合本村的经济作物,先后进行了桃树、李树、板栗等作物的尝试培育,但最终都因为天气不稳定、市场不景气、管理成本过高等原因,投入的资本无法回收甚至亏损,因此该村倡导的特色农业并未取得显著发展并得到推广。

在尝试发展经济作物种植失败之后,该村村集体一直努力进行产业转型,利用策山寨附近丰富的山林土地资源,培育规划打造集生态旅游与景观苗木于一体的旅游经济综合体,秉承绿水青山就是金山银山的理念,该村将经济发展与生态建设结合起来,在当地培育打造景观苗木生产加旅游的生态旅游产业,致力于打造第三产业来拉动当地经济的发展。同时为了发展本村经济,富冲村以优惠的政策吸引了光伏产业、石英石加工厂以及油茶基地等企业入驻。自2016年该村开展整村扶贫工作以来,村集体经济收入逐渐增加。据富冲村村书记介绍,该村村集体还以统一组织的方式实行全村土地流转,不仅让外出务工的家庭不用担心土地荒废问题,而且也给当地村民和村集体带来了一定的收入,符合广大村民的利益需求,现今该村村集体收入年平均20万元左右。

2. 许岗村

许岗村位于横车镇东部,镇级公路横穿而过,2017年该村抓住"美丽乡村"建设这一机遇,由以前的一个小山沟逐渐发展成如今较为有名的脱贫村。以该村支部张书记为代表的回村能人带领村干部成员们大力发展村集体经济,主要通过对土地资源、闲置荒山的利用,大力发展产业,村集体在2017年成立了明俊生态养殖专业合作社和王平蕲艾种植专业合作社,并铺建了2.7千米的产业路,种植了近700亩蕲艾,每年给村集体带来了近20万元的收入。同时村集体响应打通农村道路"最后一公里"的号召,大力进行本村基础设施特别是公路的建设,不仅有利于村民外出务工,也为村里招商引资提供了更为便利的条件。

通过实地入户走访,我们了解到近年来许岗村的基础设施建设特别是道路建设确实惠及各农户,使得许多农户的出行与工作变得便利,不再像以前一样雨雪天时出行困难。在对张书记进行深度访谈的过程中,我们也了解到许岗村村领导班子对未来本村集体用地进行了合理的规划。他们集思广益，看到了单一利用集体土地流转的弊端，将整个村集体用地分为两个规划区，一个是利用许岗村党群服务中心旁的闲置厂房进行招商引资，吸引冷库、服装产业等厂商入驻，另一个是利用农村集体所有45亩水田打造集民宿、果蔬采摘、垂钓于一体的生态旅旅游业。在招商引资时，张书记一心为民，深知发展经济不能以降低当地村民的生活质量为代价，始终遵循石英砂厂等有环境污染的企业一律不准入的原则，"乡村振兴必须走可持续发展的道路，不能以破坏环境为代价来发展……""不仅要给他们带来经济收入，还要保障村民们的美好生活"等张书记的一席话深深地感染了我们，让我们更为清晰地感受到合理的乡村振兴路径规划对一个村产生的巨大影响，许岗村的发展之路也让我们感受到了能人的先进理念以及大力实践对于村集体经济的推动作用。

二、实践调查中发现的问题

在实施乡村振兴战略过程中要积极探索发现农村出现的新情况、新问题，具体问题具体分析，因地制宜进行补短板、强弱项、固优势，提高实施乡村振兴战略的针对性与效率。

1. 农村集体经济缺乏内生生长动力

两村面临的主要发展问题仍然是经济问题。一方面当前村集体经济缺乏成熟的产业链带动，导致村集体经济发展较为困难；另一方面现今村集体缺乏对本村整体的未来规划，经济来源较为单一，主要靠国家转移支付资金、项目资金等来进行建设，自身生长动力缺乏。

总体来说，两村共同存在的问题是，产业发展仍处于初步阶段，产业发展仍不发达。对于现存的产业像富冲村的石英石加工厂、许岗村的养猪场，村集体往往出于创办实业的安全、市场需求变化等投资风险考虑，并不会选择入股分红，而是引进资金之后便实行村集体每年收固定的租金，村企业完全实行自主经营、自负盈亏的模式，企业的经营效益与村集体无关，村集体每年也只能从中获得微薄的收入。

此外，两村土地资源以山林为主，丘陵山地地势落差较大，平整的田地较少，机械化作业非常不便，粗放型农业种植效率较低，再加上种植农作物效益并不高，所以没有土地种植大户来集体承包并发展种植，农作物种植并没有形成规模。因此总的来说，两村的集体经济增长都较为依赖外部因素，较为缺乏内生生长动力。

2. 产业的辐射效应不佳

以许岗村、富冲村为代表的乡村虽然都有一定的产业,如王平蕲艾种植专业合作社等,但都只能提供临时性或者价格较为低廉的工作,总体来说给村民与村集体带来的收益并不高,能提供的农村就业岗位较为稀缺,无法满足现阶段村民的工作需求。因此大量农村劳动力流向城市、转向非农业,现阶段留在农村的劳动力多为女性与老人,农业从业者性别比例失调,知识水平也偏低,乡村发展缺乏知识型、技能型、创新型农业经营者队伍。再加上近年来基础设施建设愈加完善,村民外出务工更为便利,很多村民出于理性选择,往往以外出务工为主,留下来的中坚力量较为缺乏。

此外,小微企业回乡创业能提供的劳动力岗位也较少,不仅不能很好地拉动当地就业,而且还面临和本县其他同质化生产厂商竞争的难题。一些青壮年怀揣着对家乡的情怀,同时也看到了回乡发展这一机遇,回乡就业创业,但面临极大的生存压力。以我们所访谈的富冲村一位回乡创业大学生董涛为例,董涛在武汉有着五年服装销售工作经验,由于蕲春县政策支持再加上近年来健康保健产业的发展,董涛看准时机,于2019年回到家乡富冲村,并决定创业,从事蕲艾条、艾灸贴、蕲艾足浴包等蕲艾产品的加工与销售。在中国南方航空股份有限公司湖北分公司的帮助下,董涛创立了自己的品牌"艾大佬",并在抖音、微信视频号等平台上宣传自己的商品,取得了一定的成绩,但同时他直言如今小微企业电商销售压力逐渐增大,自己不仅单打独斗缺少团队,还要和本县其他的厂商进行竞争,下一步的生存与发展仍然需要寻找优势与新出路。

总体来说,农村产业辐射带动作用仍然没有达到理想的效果,能带来的就业岗位还远远不足,不能满足当地劳动力的就业需求。

3. 乡村之间经济发展不均衡

通过对横车镇几个典型调研村庄的比对分析,笔者发现村与村之间发展不平衡的问题较为突出。以九颗松村为代表的有资源、有产业的村因为资源禀赋率先走在了乡村振兴的前列,可称之为相对富裕村;以许岗村、富冲村等行政村为代表的是国定、省定贫困村,通过精准帮扶,已经脱贫;以驸马垴村为代表的村只有耕地和山地,且人均占有水平低,种植业特别是粮食作物是主要的产业,因仅有耕地、山地,集体经济接近"空壳",农民收入增长完全依靠外出务工。

4. 农村生活环境仍然需要改善

在富冲村入户采访当地村民的过程中,我们通过观察以及与村民的谈话中发现,当地石英石加工厂的粉尘、泥浆、废水等污染物排放,油茶基地的建设对当地的水土破坏,个体养殖户的家禽粪便处理不足等问题,对村民的日常生活确实产生了一定影响。各村缺乏对于个体户养殖家禽粪便的统一有效处理,农村生态环境保护仍然不能满足现代农业农村的要求,距离美丽乡村仍然存在一定的距离。同时,许岗村的张书记也提出,优质农产品的需求和发展前景已成为"潮流前线",但现阶段农村种植仍然以粗放型为主,在生产过程中大量使用肥料与农药,单纯追求产量而忽视质量的现象较为普遍,农业产出远没有达到高质量农产品的标准,绿色农产品的供给较为不足。要想实现农产品标准化,尽早做到农商对接、农超对接、农餐对接,乡村农业的下一步还需要在土壤环境、大气环境、控肥减药等方面大做文章。

此外,现阶段村民的收入以外出务工为主,通过采访当地回乡休假的新产业工人,我们了解到大量村民在外务工,新产业工人往往分布在武汉、广州、杭州等大城市,回乡时间与金钱成本较高使得他们一年回家次数非常少,受疫情等因素的影响还随时面临失业的危险。在大城市奔波的他们也始终处于一种漂泊的状态,精神情感需求并不能得到很好的满足。一位不久前刚回家的大姐感叹道:"在外面打工肯定累的啦,但不出去打工就没有饭吃、小孩没得学上,没办法啊。"因此可以看到,外出务工家庭的整体生活幸福指数有待进一步提高,如何进一步扩大村民的收入,仍然有待进一步研讨。

三、推进横车镇乡村振兴的相应对策

乡村振兴,产业兴旺是重点。各村必须因地制宜发展属于自己村的经济模式,走适合自己的道路。以富冲村与许岗村为代表的乡村下一步仍然要大力发展农村经济,使农村产业发展成为文化、人才、生态振兴的基础与保障。

1. 因地制宜发展集体经济

许岗村应该把握自己的交通便利优势,利用本村闲置的厂房进行招商引资,以第一年减一定租金等优惠来吸引冷冻库、服装厂等相对环保的产业入驻,再利用农村地租低、劳动力相对便宜等优势留住厂商,然后形成规模效应进一步吸引投资。许岗村还要进行进一步的招商引资,不能将视野局限于村集体土地,应该想办法扩大规模,可以租用农户流转土地,发展规模性商业场地外租,以进一步扩大规模,在此基础上发展属于自己的产业,

为当地的生态农业建设留住后备资源，同时还能以此来创造就业机会，满足当地居民的就近就业需求，吸引农村人口回流。

富冲村应该充分利用当地的丰富山林资源，大力发展第三产业，以策山寨附近的山林为中心，不仅仅提供景观苗木观赏与爬山等娱乐项目，还可以根据当地情况打造上山索道、漂流、滑雪场等娱乐设施，建设能提供当地特色的小吃以及蕲艾等养生保健产品的游客服务中心，以此来吸引游客，打造旅游经济体。

在乡村振兴的过程中，首先各村都要发掘并找准自身的优势所在，并根据本村的特点与优势大力发展本村产业，同时要采用多种方式利用村集体土地，着力改变近年来以收地租为主要集体经济来源的模式，壮大集体经济。其次进一步拓宽农民增收渠道，缩小城乡居民生活水平差距，就要改变以往农村完全靠天吃饭的困境，特别是像富冲村与许岗村等因地势限制而面临农业发展困境的农村，就要先大力发展二三产业，然后将二三产业的发展与农业相结合。最后改变农村土地的单一利用方式，大力开发农田农业的多种功能，推进农村股份合作制改革，大力发展农村股份合作经济，并以股权关系为纽带，促进农户与各类市场经营主体的合作，形成农户、集体土地与各类市场经济主体为一体的利益共和体，激励农户参与到农业生产过程之中，突出农民主体地位，通过保底分红、股份合作、利润返还等多种形式，让农民切实享受全产业链增值收益，全面激活农村土地市场，实现乡村土地价值最大化。

2.统筹规划、有序打造横车镇自身品牌

第一，整体和部分相互依存，要达到整体大于部分之和的效果，就要从资源配置和经营范围内的决策中寻求最优解。将蕲春县横车镇作为一个大乡村来进行规划，根据本镇不同村的自然历史特色打造标志性产品，结合市场需求培育不同农产品将是横车镇未来发展的可行性道路之一。发展乡村旅游业要有总体规划，用明确的发展规划取代随意建设，用产品差异化取代同质化。

第二，帮助小农户对接市场，打造乡村公共品牌，乡村销售的品牌不应仅仅局限于农产品，还可以是当地的旅游业相关产品。在如今互联网与数字化蓬勃发展的大背景下，政府要大力扶持农村电子商务的发展，鼓励各类市场主体零售网点下移、渠道下沉，促进电子商务走进农村。一方面发挥农村电商在扶持创业、吸纳就业、脱贫增收等方面的重大作用；另一方面发挥互联网强大的宣传作用，帮助当地乡村树立形象，实现乡村品牌走出去,让乡村农产品品牌更加深入人心,让大数据成为乡村农业品牌的强大支撑。

第三,以市场需求为导向,瞄准近年来人们注重保健养生的大势,利用李时珍故里的名号大力进行宣传,大力打造当地的蕲艾以及相关的保健品品牌。在打造当地可持续性较强、拉动力大的休闲农业和乡村旅游精品工程的同时,想办法将其与李时珍及蕲艾相关的文化理念结合起来。这不仅要让当地特色农产品走出去,更要吸引更多的人走进当地农村,感受独属于乡村的文化氛围。

第四,抓好农村农业污染治理与环境监管,既要助力新型农业经营主体的发展,又要加强对新型农业经营主体的引导与管理。提高乡村招商引资的准入标准,建立农业产业准入负面清单,对已经入驻的企业严格管控污染排放,推动乡村废弃物资源化、产业模式生态化,守护当地绿水青山,保护乡村生态环境,不仅要满足当地村民的健康生活需求,更要使美好环境成为吸引人才的魅力所在,为当地打造生态环境美好、乡土文化繁荣、具有蕲艾及相关绿色农产品采摘观光特色的乡村生态旅游产业链提供生态环境保障。

横车镇实施乡村振兴,最终是要使农村人居环境明显改善,美丽宜居乡村建设扎实推进,城乡基本公共服务均等化水平进一步提高,农村对人才吸引力逐步增强,农村生态环境明显好转。

参考文献

[1] 魏润峰.壮大村集体经济助推乡村振兴战略的探究[J].农村经济与科技,2021,32(19):290-292.

[2] 马潇.乡村振兴背景下农村集体经济发展有效路径探究——以河北涿州市松林店镇为例[D].北京:北京邮电大学,2021.

[3] 柴萌.集体林权制度改革促进乡村经济振兴——评《武平:全国林改第一县乡村振兴之路》[J].林业经济,2021,43(2):97.

[4] 李武,钱贵霞.农村集体经济发展助推乡村振兴的理论逻辑与实践模式[J].农业经济与管理,2021,65(1):11-20.

[5] 盛伊蕊,包书红,檀越,等.浅谈乡村振兴背景下乡村经济发展模式——以江苏省江阴市华西村为例[J].中国集体经济,2020(28):7-9.

[6] 张丽.乡村振兴战略背景下农村金融改革问题及优化对策研究[J].吉林农业科技学院学报,2020,29(4):24-29.

[7] 胡平波,罗良清.农民多维分化背景下的合作社建设与乡村振兴[J].农业经济问题,2020(6):53-65.

[8] 宋志明.基于乡村振兴背景的山东省农村集体经济审计模式创新研究[D].泰安:山东农业大学,2020.

第三部分

人才篇

基于乡村振兴战略的人才培养路径探究
——关于横车镇人才振兴的调研报告

河南开放大学 牛欢欢

摘 要：实施乡村振兴战略是实现社会主义现代化和共同富裕的重大举措，人力资源作为第一资源和第一动能，在乡村振兴过程中起着关键性作用。横车镇人才振兴调查结果表明，乡村振兴背景下，横车镇人才队伍建设存在农村人才资源流失严重、人才资源开发培训力度不够、人才资源结构不优等一系列问题。以人才振兴推动乡村振兴，需要牢固树立以人才振兴推动乡村振兴的人才观念，强化政策激励、优化职业教育培训，改革创新人才选拔及使用机制，真正为乡村振兴战略的实施培养一支懂农业、爱农村、爱农民的工作队伍。

关键词：乡村振兴战略；人才振兴；农村

2017年10月，习近平总书记在党的十九大报告中明确提出实施乡村振兴战略。2018年全国"两会"期间，习近平总书记再次强调，乡村振兴必须做好乡村的产业振兴、人才振兴、文化振兴、生态振兴和组织振兴，为乡村振兴战略明确了目标与路径。乡村振兴关键在于人才振兴，人才振兴既是乡村振兴的重要内容，也是乡村振兴的核心动力所在。笔者对横车镇的人才队伍建设及当地人才振兴政策进行了实地调查，以期为我国乡村振兴战略之人才振兴问题的解决提供素材和个案参考。

一、横车镇基本情况及人才现状

横车镇隶属湖北省蕲春县，地处蕲春县中西部，是蕲春县的西大门。全镇东西长16.5千米，南北宽12.2千米，版图面积193.77平方千米，辖48个村，常住人口69960人（2017年）。横车镇整体经济发展水平适中，辖内九棵松村被誉为"全国文明村"。截至2008年，横车镇已探明境内石英砂资源储量一亿吨，纯度达99.98%，被称为中国的"石英石之乡"。全镇已初步形成了以森工、石英砂为龙头,包含药果、畜禽、优质稻、建筑建材在内的六大支柱产业。农业以种植业为主,因为湖泊众多,农作物以稻谷为主,其次为艾草。当地产业主要为第一、第二产业,第三产业占比较小。

横车镇共有48个行政村,207名村干部。从学历结构上看,村干部具有本科学历的大约占比4.5%,具有大专学历的大约占比14.2%,具有高中学历的大约占比35.4%,具有初中及以下学历的大约占比45.9%。该镇乡村人才队伍中低学历者较多,高学历人才偏少,乡村人才队伍整体文化程度偏低。虽然湖北省是一个教育大省,但是在城市化与工业化不断推进的过程中,大量人才涌入城市,直接制约了农村区域的进步。从横车镇村干部年龄结构上看,35岁及以下大约占比21.5%,36~45岁大约占比21.3%,46~55岁大约占比38.6%,56岁及以上大约占比18.6%。由此可见,横车镇人才队伍年龄结构明显呈现为两头低、中间高的特点,46~55岁人数占比最高,这一年龄段村干部退休后将会面临后续人才不足的困境。另外,村干部中男性占比67.5%,女性占比32.5%,反映出男性是乡村工作的主力军。从乡村人才个体区域分布情况看,经济发展水平较高的乡村人才较多,比如九棵松村,而经济发展水平较低的村往往乡村人才较少,比如乌石桥村;离城镇近的乡村人才较多,而偏远的乡村人才较少。调查研究发现,越是偏远的乡村经济发展水平越低,经济发展水平越低就越难吸引人才回流,缺少发展机遇的偏远乡村由此陷入发展困境之中。

二、乡村振兴战略下人才资源存在的问题

1.农村人才资源流失严重

第一,随着改革开放与新型城镇化的推进,大量农村中青年选择外出务工,农村人口不断涌向城市。相较于城市而言,乡村环境落后,很难吸引人才回流,主要体现在:乡村没有良好的农村产业经济环境、没有很多的工作选择、没有很好的教育环境,交通设施、互联网、对外信息沟通网等公共基础设施滞后等,整体发展机会较少。横车镇农村优质劳动力外流导致人才缺乏,留下来的劳动力老龄化加重,从而阻碍了该地乡村振兴战略的实施。

第二,农村文化环境和生活环境仍然比较落后。单调的生活娱乐项目和落后的精神文化氛围使年轻人对农村缺乏兴趣,城市先进的思想文化氛围和高质量的生活服务丰富了他们的精神生活。而且,受一些观念的影响,人们对农村和农民有一种排异的思想观念,拥有一种"瞧不起"农村的

眼光,认为农民并不是一份职业,回乡创业是"大材小用",浪费自己的青春和才能,这种行为也直接影响了人才的返乡回流。

第三,乡村在最基层,缺乏上级政府的直接管理,一些村党支部、村集体涣散无力,基层干部不作为,村里政务不公开,公共事务无人管理,特别是在涉及村民大计的惠农政策实施、土地征收、村集体资金的使用配置等方面存在"苍蝇腐败"现象。在这种情况下,即使是村里有威望、有能力、道德品行端正的人也未必能加入村干部队伍,不能起到模范带头作用,从而直接影响到外出能人贤士回到乡村的意愿,影响到他们为乡村事业发展做出贡献的热情。

2. 农村人才资源开发培训力度不够

近年来,虽然横车镇不断提高对农村人才的重视,比如积极开展"能人回乡"计划,但是对农村实用人才的教育培养依旧缺失很大。从调研情况来看,当地人才培训体系不合理,现有培训总体数量不足,尤其在致富信息、致富技术等方面的培训较少,职业培训的实战性和实用性缺失,导致"学而无用",受训人员的学习热情下降,没有真正达到预期效果。人们普遍反映农业技术人才、产业带头人以及乡村经营管理人才是目前当地最急需的人才,但相关的培训明显不能满足需要,而且部分受训人员并未真正理解和运用培训内容。据笔者对相关工作人员的访谈,一些乡村人才虽然有农村生产的一技之长,但学习和接受新知识、新事物的能力不足,部分受训人员认为新技能、高科技对自身用处不大,只增产不增收,说明乡村人才还存在思想传统守旧的问题,结果往往是"培训前精心策划、培训时丰富多彩、培训后一切照旧"。另外,由于上下级政府和村集体相互之间缺乏有效的对接,没有建立起完善的、保驾护航的培训机制,培训教育资源依旧得不到优化配置。

3. 农村人才资源结构不优

横车镇乡村人才队伍年龄结构和性别结构不尽合理。从对镇干部的访谈中得知,整个乡镇35岁以下的人才较少,说明乡村振兴缺乏后备力量;55岁以上的人才占比较多,说明该镇乡村人才队伍年龄结构老龄化现象较为突出,特别是在占比最大的农村实用人才和农村社会工作人才中最严重;大部分村干部年龄偏大,体力与精力欠充沛,对新事物接受能力不足,使其在工作开展过程中显得不那么得心应手,这在一定程度上妨碍了其做好村民管理工作。从性别结构上看,女性人才较少,男女人才比例严重失衡,女性发挥建设乡村巾帼力量的机会少。

此外，横车镇乡村人才队伍产业分布不均衡。从有关调研结果来看，乡村人才比例最大的当属农村实用人才和农村社会工作人才（事业单位人员、村五职干部比例最大），经营管理人才、高技能人才偏少。而且农村实用人才队伍的构成也与乡村振兴战略要求有差距，大部分农村实用人才都是从事传统种养殖，且初级种养殖生产占据大多数，从事农业产业化经营的人才偏少，新兴的、高新技术产业方面的人才更是严重紧缺。如种养殖主体还是以个体小户为主，缺乏龙头企业和产业化联合体；农产品加工还是以粗放型方式为主，缺乏精深加工人才；农产品生销还是以传统方式为主，缺乏注重效益和环境生态的专业技术人才；各类乡村专业技术人员也是大都集中在卫生、教育（卫生院、乡镇学校）领域，其他领域相对不足。

三、乡村振兴战略下人才资源开发策略

加强乡村人才队伍建设，是促进农业全面升级的现实需要，需要综合施策、全面推进，为乡村振兴奠定坚实的组织及人才保障。

1. 与时俱进，牢固树立"人才强农"意识

实现乡村全面振兴，必须做到与时俱进，充分认识人才的重要性，从战略高度和全局角度，把树立"人才强农"意识作为推进横车镇治理体系和治理能力现代化的重要内容，努力培养和造就更多的人才。在当前城乡差距尚明显存在的大背景下，进一步减缓农村人才向城市的外流，需要全社会树立统筹城乡协调发展的科学发展观，高度重视农村人才队伍建设及农村人才的集聚，要把经济社会发展思路从传统的以农补工、以乡补城的旧观念转到以工业及服务业反哺农业，以城市反哺农村，全面统筹城乡协调发展的思路上来，充分认识到当前和今后一个时期知识、人才对于农村的意义，认识到乡村振兴的重要意义以及农村人才队伍建设的意义。通过专题会议、文件发布、业绩考核等方式向各部门、各级领导干部传递人才强农的强烈信号，同心同德、真抓实干，努力在全镇范围内营造"爱才、惜才、用才、重才"的浓厚氛围。

2. 强化政策激励，保障人才队伍建设资金投入

首先，各级政府、基层组织应充分利用横车镇乡村资源和独特的文化优势制定符合自身情况的发展规划，开发经济项目，为外地人才下乡、外流入才返乡就业创业提供更多平台，共同推进乡村产业融合发展，推动多元化发展，例如发展休闲农业、乡村旅游等产业新业态。其次，政府公共财政资源要更大力度向"三农"倾斜，优先保障农业财政经费投入，加大农村金

融体系建设,贷款向农民倾斜,解决乡村人才队伍建设缺少资金的问题。最后,重视公共卫生的整治,统一乡村企业的环保标准,加快城乡一体化建设,建立健全镇医疗、养老等社会保障机制,健全乡村基础设施,完善公共服务环境;成立专门的乡村振兴服务机构,为村民提供信息咨询、工作协助等服务;着力推进基础设施、公共服务设施的建设,推动城镇公共服务及基础设施向农村延伸,优化留才软环境。

乡贤是我国乡村传统文化的重要组成部分,也是乡村治理的参与主体,他们自身所具有的文化与道德感召力量,可以教化乡民、泽被乡里,对于凝聚人心、促进农村社会和谐稳定具有显著的作用。但随着改革开放的不断深入,我国农村经济社会已经发生了较为深刻的变革,传统的乡村文化在现代社会文明的不断冲击下逐渐萎缩,大量的农村精英流入城市,不再返回,乡贤文化所依靠的"土壤"越来越贫瘠。在这一背景下,需要构建完善的保障体系来促使乡贤回归,带动乡村社会发展。为此,一方面要探索制定相关政策,构建乡贤返乡并参与乡村治理的长效机制。诸如可以研究制定针对那些有意愿退休后继续发挥余热的公职人员、高校教师、企业技术人员的退职还乡制度,在其居住、生活以及医疗养老等方面给予一定的待遇,实现人才回流乡村,参与乡村建设。另一方面,要继续完善相关人才培养政策,加强新型职业农民培育与农村实用人才培养,为乡贤发挥才能、带领村民致富提供人力基础与人才环境。

3.优化职业教育培训体系

要构建政府主导、社会参与的职业教育培训体系。针对农村劳动力的职业教育对于农村人力资源的有效开发有着重大意义和显著作用。一方面,职业教育能为进城务工的农村劳动力提供必要的职业技能支持;另一方面,职业教育能为留在农村开展生产经营的农民提供农业生产经营技术保障。此处提到的职业教育培训内容不仅包括农业职业技能,也涉及非农职业技能,其培训对象涵盖了职业农民与在城市务工的农民群体。培训对象人群种类众多,而政府在对社会资源进行调配方面具有明显优势,因此,政府主导下的职业培训最起码要保证培训的效率。但是根据调查研究,目前乡村的培训效率不高。

为此,相关部门需要考虑从以下几个层面构建针对农村劳动力的职业教育培训体系。首先,政策设计前要做好充分调研,对本地区的农村人力资源状况要有充分的了解;政策实施过程中要及时跟踪反馈,定期对实施成效进行评价,针对发现的问题做好阶段性整改。其次,要根据各地区经济发展的实际情况做好对职业教育的转移支付,从而弥补在资金投入上的不足。再次,要充分调动与引导社会资本进入职业教育领域,发挥市场有效配置资源的作用,同时要做好监督工作,并协调好各职能部门与社会组织间的关系,做好引路人与监督者的角色。同时,要建立并完善就业信息系统,及时向农村劳动力及培训机构做好信息的双向推送,帮助其做出正确的教育培训决策。最后,处理好涉农职业教育与非农职业教育之间的关系,要认识到两种职业教育都对农村人力资源开发起着重要的作用,是人力资源开发中不可或缺的重要环节。

4.改革创新人才选拔及使用机制,用好、留住人才

一是改革选人用人机制。逐步建立起乡村人才库,采集各类人才信息数据,逐一登记管理,明确乡村发展规划中人才的补充方向;畅通人才流通机制,开展职业农民职称评定试点,及时向村党支部推荐致富能手、优秀年轻外出民工、农村技术人才等,鼓励自荐、互荐等;另外,调查显示,大学生对乡村建设有相当大的热情,求职动机端正且具有较好的社会关系网,可以大力选聘有一定实践经验并立志服务农村的大学毕业生,培养他们成为学农爱农的新型村干部,切实推动农村的建设;借鉴特岗教师的培养模式,开展特岗干部培养,政府与高校合作,联合培养致力于乡村振兴的人才后备力量。二是创新激励机制、保障机制。当地政府要研究制定并完善相关政策措施和管理办法,鼓励社会人才投身乡村建设。根据各类人才的不同需求,坚持物质激励与精神激励相结合,保证薪金待遇,探索股权激励机制,完善职位晋升、个人表彰奖励体系等,以为农村人才提供更满意的工作条件。

乡村振兴人才培养关系到农业、农村、农民的发展,也关系到国家长治久安和中华民族伟大复兴梦的实现。在乡村振兴人才培养过程中,要提高农村人才开发培养理念、优化职业教育培训体系、创造良好的人才成长环境、为乡贤建立一套完备的政策保障体系,解决好人才培养各环节遇到的问题,切实培养一支优秀的乡村振兴人才队伍。

参考文献

[1] 欧立光,李晓翠.人力资源管理[M].重庆:重庆大学出版社,2017.

[2] 蒲实,孙文营.实施乡村振兴战略背景下乡村人才建设政策研究[J].中国行政管理,2018(11):90-93.

[3] 熊飞.农业高职教育有效对接乡村振兴战略的路径探析[J].北京

农业职业学院学报,2018(4):85-89.

[4] 赵红,孔祥银,彭花燕.高等职业院校服务乡村振兴的人才培养模式创新研究——以湖北工业职业技术学院为例[J].湖北工业职业技术学院学报,2018(6):8-11.

[5] 刘爱玲,薛二勇.乡村振兴视域下涉农人才培养的体制机制分析[J].教育理论与实践,2018(33):3-5.

[6] 北京市农工委.不断创新农村人力资源开发模式[J].农村工作通讯,2010(16):21.

[7] 国家统计局农村社会经济调查司.中国农村统计年鉴[M].北京:中国统计出版社,2007—2018.

[8] 侯风云,张凤兵.农村人力资本投资及外溢与城乡差距实证研究[J].财经研究,2007(8):118-131.

[9] 杨淑珺.乡村振兴筑牢人才基石[OL].浙江在线,2018-04-26.

[10] 赵光辉.乡村振兴战略离不开人才的引领和支持[N].贵州日报,2018-05-15.

[11] 刘玉娟,丁威.乡村振兴战略中乡村人才作用发挥探析[J].大连干部学刊,2018(8):11-17.

[12] 颜毓洁,谢娇娇.基于"一带一路"背景下的陕西人才资源开发研究[J].经济研究参考,2015(57):60-64.

[13] 赵莹,吴长春.论老年人才资源开发在落实科学发展观中的作用[J].东北师大学报(哲学社会科学版),2014(6):258-260.

[14] 耿苏强.乡村振兴须在人才培育上做大文章[N].农业科技报,2018-04-23.

人力资本助力乡村振兴的困境及对策研究
——基于湖北省黄冈市蕲春县横车镇的调查

重庆文理学院马克思主义学院　陈　鸿

摘　要：党的十九大报告提出，乡村人才振兴是实施乡村振兴战略的必由之路和重要资源。调研发现，我国涉农人才培养面临的问题主要有：乡村治理人才不足；乡村实用人才匮乏；乡村科技人才短缺；返乡就业创业人才贫乏；乡村公共服务人才缺乏。为加强乡村人才建设，需要加快培养乡村治理人才，加大对乡村实用人才的培育力度，加强乡村科技人才队伍建设，积极吸纳返乡就业创业人才参与乡村振兴，加快培养乡村公共服务人才，进而促进乡村振兴中的人才振兴。

关键词：人力资本；乡村振兴；困境对策

党的十九大报告首次提出乡村振兴战略，这一战略是中国新时代"三农"发展的总抓手，人才振兴是乡村振兴中需要从人力资源配置方面解决的难题。2021年中央一号文件《关于全面推进乡村振兴加快农业农村现代化的意见》指出："健全适合乡村特点的人才培养机制，强化人才服务乡村激励约束。"缺乏人才，再好的产业也难以发展，再好的资源也难以利用，因此，深入分析乡村人才建设的困境、确立切实可行的乡村人才建设路径十分必要。

本文根据乡村人才资源与分工的不同，将乡村人才分为乡村治理人才、乡村实用人才、乡村科技人才、返乡就业创业人才、乡村公共服务人才（本文主指乡村教师）五大类。这几种人才基本构成了乡村振兴中的人才主体，是当前乡村振兴过程中需要大力支持和培育的人才。本文主要结合调研中的相关数据和案例对乡村人才所处的境遇进行阐述分析，以期提出推进乡村人才振兴的具体政策建议。

人力资本助力乡村振兴的困境及对策研究——基于湖北省黄冈市蕲春县横车镇的调查

一、调研基本情况

横车镇隶属湖北省黄冈市蕲春县,地处蕲春县中西部,蕲春西大门。横车镇原名横车桥,全镇东西长16.5千米,南北宽12.2千米,版图面积193.77平方千米,下辖48个村,2019年农村人口共90762人,水田面积6.8万亩,耕地面积1.2万亩,人才振兴是横车镇解决发展不平衡不充分问题的重要途径。因此,本文选取横车镇作为研究对象,对横车镇当前的人才问题进行调查分析,试图通过对个案的深度剖析,找准问题瓶颈,提出对策建议,以期对其他地区推进乡村振兴战略提供借鉴意义。本研究主要采用资料查阅、现场走访、个别访谈等方法。笔者现场走访了横车镇九棵松村、许岗村、长石村、驸马坳村、乌石桥村、蒋山村,采访了许岗村小学和横车镇中学的教师和主任。其中本文涉及的统计数据主要来源于2019年横车镇劳动力资源表、2019年村集体经济收入台账以及镇委组织部、人力资源部等相关部门。

二、调研结果与分析

1. 乡村治理人才不足

乡村振兴,人才是关键。长期以来,由于城市对乡村人才的虹吸效应,乡村振兴"治理缺人"现象仍然存在。乡村治理人才队伍的数量和质量还难以满足乡村振兴的迫切要求。从横车镇镇干部来看,据调研,横车镇镇干部核定行政编制45人,实有43人。首先,从镇干部的学历来看,具有研究生学历的7人、本科学历的25人、大专学历的10人、高中学历的1人,可以看出横车镇镇干部的学历目前以本科为主;其次,从年龄来看,35岁以下22人、36~45岁7人、46岁以上14人,可看出镇干部的年龄在35岁以下的居多,也体现了镇干部的年轻化;最后,镇干部的核定党委班子成员9人,实有8人,镇长位置目前空缺,其中有2名具有研究生学历、5名具有本科学历、1名具有大专学历(村支部直接提拔),这也从侧面反映出镇干部的党委班子人数较少,且学历也集中于本科。

从横车镇村干部来看,横车镇48个村共有村干部207人(不含派聘书记)。从村干部的学历来看,具有本科学历的占4.5%、大专学历的占14.2%、高中学历的占35.4%、初中及以下学历的占45.9%,由此可以看出,目前横车镇的村干部学历大都是初中及以下的文化水平,知识文化能力水平有待提高。从村干部的年龄和性别来看,35岁以下占21.5%、36~

45 岁占 21.3％、46～55 岁占 38.6％、56 岁以上占 18.6％，男性占 67.5％、女性占 32.5％。这反映出乡村青年干部比例偏低，大多由 46～55 岁的中老年人群构成，且村干部大都由男性担任，所占比例是女性的两倍以上。虽然年龄较大的村干部在乡村治理上积累了些许经验，但随着年龄的增长，他们学习和接受新知识的能力降低，这对于他们在学习新政策、掌握新治理方式上提出了更多的挑战。

2. 乡村实用人才匮乏

乡村振兴战略的实施需要各类有效劳动力，包括素质较高、能力较强的乡村实用人才。随着改革开放的深入，乡村人才不断外流，有的村庄甚至出现人才"饥荒"，只剩下由老人、孩子和妇女等组成的留守大军。2020 年 1 月，国家统计局发布的数据显示：从城乡结构看，我国城镇常住人口 84843 万人，比上年末增加 1706 万人；乡村常住人口 55162 万人，减少 1239 万人；而目前中国农村各类实用人才只有 1690 多万人，仅占农村劳动力的 3.3％。这在一定程度上反映了农村人才总量不足。据调研，2019 年横车镇农村人口共有 90726 人，在农村从业人数有 5357 人，而在本乡镇从业人员只有 2101 人，这在一定程度上说明了当前乡村从事农业生产的人员比例偏低、总量明显不足。

3. 乡村科技人才短缺

没有乡村专业科技人才，乡村振兴战略将很难实施。在乡村建设一支有知识、懂技术、结构合理、素质较高的科学技术人才队伍是乡村振兴战略的刚需。据调研，横车镇的九棵松村主要发展集体企业经济；许岗村、乌石桥村、蒋山村和长石村主要发展蕲艾种植基地和虾稻种植；而驸马垇村主要发展林地出租、打造光伏基地产业。调研中每一个乡村的方向和目标都很明确，但是乡村中却缺乏专业的科技人才来带头实施。一方面，村干部缺乏对一些具有专业技术的"本土能人"进行有效的管理、恰当的评价和激励，很多本土人才纷纷脱离农村进城务工或创业，导致那些把乡村发展作为事业去干的专业技术人才尤为短缺。另一方面，乡村发展所需专业技术人才的培养、培训方面也没有得到相关部门高度重视，对农村相关专业技术人才的培养、培训活动投入也较少。最根本原因在于农村经济基础相对薄弱，工资待遇低，以至于农业农村发展的专业技术人才相对短缺，严重制约乡村各项事业的发展和社会进步。在调研中，许岗村的村支书就谈到，许岗村未来的规划是发展虾稻连作、打造蕲艾基地、扩大养猪场以及进行水面养殖四个方面，但是他已经 50 多岁，虽然有很好的想法，但是缺乏专业的科技人才团队，不知道究竟从何处着手，因此他希望快速发展一批年轻、有技术、有文化的专业科技人才参股合作社，带动许岗村的发展。

4.返乡就业创业人才贫乏

随着乡村振兴战略的大力推进，乡村发展政策的不断出台，越来越多外出务工的人才选择返乡进行就业和创业。据调研，横车镇2019年外出返乡共有4616人。大多数人都选择去北京、广东等发达地区就业，且外出时间大都在半年以上，他们都在一定程度上接受过国家、企业提供的培训，有些人持有专门的职业资格证书上岗，他们均享受国家和企业提供的医疗保险与工伤保险等相关福利政策，并且都签订了劳工合同。但是受2020年突如其来的新冠肺炎疫情影响，沿海的部分企业停工停产，大多数外出务工人员因为工资比较低和企业关停或裁员而返回家乡进行就业和创业。乡镇本可以利用这个机会，留住人才，但是根据调研，横车镇2019年农民工返乡后从事本地第二三产业的有1501人，而再次选择外出从业的有1443人，且农民工返乡创业人员只有244人，这说明相当一部分人仍然选择外出务工，而不选择在家乡就业和创业，这也反映出乡村在留住返乡就业创业人员方面仍有很大的提升进步空间。

5.乡村公共服务人才缺乏

乡村公共服务人才的定义很广泛，比如包括乡村教师、乡村医生、乡村社会公共服务工作者等，但是本文所指的乡村公共服务人才主要是指乡村教师，强调乡村教师和乡村教育对于乡村发展的重要作用。义务教育在整个教育体系中具有基础性和先导性作用，是教育工作的重中之重。但是由于乡村义务教育投资水平较低，乡村义务教育的教学设施仪器等办学条件较差，加之乡村教师工资薪酬较低，许多毕业的年轻大学生不愿意回到乡镇教学。首先，在许岗村小学调研时，笔者在和老师的交谈中发现小学教师的配备比不足，学校难招老师，招收的老师大部分是大专学历水平，办学条件较简陋，一个老师往往要承担几门课程，教学压力大、任务重，工资还比较低，并且一般女性愿意回乡镇当老师主要是考虑有编制和离家近；其次，笔者在横车镇中学调研时，当谈到学生们以后的去向时，一位主任说到："学校的升学率一般在60%左右，这在乡镇中升学率算比较高的，如果孩子们没有考上很好的高中，一般会去职校，有的甚至直接打工就业。"可以看出，这种起点、过程的差距逐渐转为教育质量和升学机会等结果的差距，最终造成乡村劳动力受教育年限较短，乡村人力资源整体文化素质偏低。

三、人力资本助力乡村振兴的路径选择

推动农村经济社会发展,实现乡村全面振兴,归根到底还是取决于人才的作用发挥。当前,各地农村人力资本开发,必须结合当地实际,采用有针对性的措施进行分类开发。

1.加快培养乡村治理人才

第一,加强乡镇党政人才队伍建设。选优配强乡镇领导班子,村"两委"成员特别是村党组织书记。健全从乡镇事业人员、优秀村党组织书记、到村任职过的选调生、驻村第一书记、驻村工作队员中选拔乡镇领导干部常态化机制。充分发挥乡村基层党组织领导作用,持续抓党建促乡村振兴。同时要建立科学民主的选拔、培育机制,以机制选拔、培育乡村发展急需的、广大村民信任的、能真正乐意带领村民脱贫致富的干部人才队伍,而不是上级指定委派任命,更非一些靠着拉票等暗箱操作选举得来的干部。

第二,建立一套系统完善的乡村干部人才队伍管理机制。以管理机制保证乡村干部人才队伍组成人员能进能出、能上能下,使乡村干部人才队伍的知识结构、年龄结构、专业技术结构等科学合理;可以实行乡镇编制专编专用,明确乡镇新录用公务员在乡镇最低服务年限,规范从乡镇借调工作人员。

第三,加强对乡村基层干部的激励关怀,提高工资补助待遇,改善工作生活条件,切实帮助解决实际困难。推进村委会规范化建设和村务公开"阳光工程"。比如,村干部退休后,可以适当给予他们一些补助,让他们在职时安心地将自己的努力挥洒在乡村建设中。同时,可采用基本工资加绩效的形式,将绩效工资与村庄每年的综合考核结合起来,从而提升村干部的工作积极性;也可尝试村干部到县乡政府部门挂职锻炼,进而通过行政化手段来提升村干部的工作能力。

2.加大对乡村实用人才的培育力度

全面推进乡村振兴,需要培育一大批以新型职业农民为主导的乡村实用人才,从而促进传统农民向现代职业农民转型,从调研来看,应该从以下三个方面来加强对乡村实用人才的培养。

第一,继续加大对新型职业农民的培育,构建科学培育体系。在乡村振兴过程中围绕产业兴旺的具体要求,加大对新型职业农民的产业发展实用技术的培训,培养高素质农民队伍。深入实施现代农民培育计划,重点面向从事适度规模经营的农民,分层分类开展全产业链培训,加强训后技

术指导和跟踪服务,支持创办领办新型农业经营主体。充分利用现有网络教育资源,采用线上和线下两种模式,加强农民在线教育培训。为便于新型职业农民的培训管理,应逐步建立完善新型职业农民信息档案登记注册和职称认定等制度,探索建立农村职业技能等级认定制度,逐步实施农业职业资格准入制度,全面提升农业劳动者职业技能水平。

第二,创新新型职业农民培育机制。鼓励和引导农民通过弹性学制参加中高等农业职业教育,发挥农民专业合作社、各类农村协会的示范作用,在农业企业和农业园区等建立新型职业农民的实习实训基地和创业孵化基地。通过村庄内部自治组织来参与新型职业农民的培育,让农业新型经营主体成为新型职业农民培育的有效力量和重要载体。

第三,在新型职业农民培育过程中尝试采用积分制的形式,按照不同的积分在农业产业发展方面给予农民相应的优惠,进而提高职业农民参与农业产业发展的积极性。充分发挥新型职业农民的辐射带动作用,建立新型职业农民协会,吸纳更多的农民加入,以转型成为新型职业农民。

3. 加强乡村科技人才队伍建设

实施乡村振兴战略,要吸引专业科技人才到乡村奉献才智,营造良好的创新创业环境,确保各类科技人才能下得来、用得好、留得住。

第一,优化制度供给。必须为各类科技人才到乡村创新创业、奉献才智提供制度保障。一要改革乡村土地制度。就吸引人才回乡下乡创新创业而言,可以结合发展乡村旅游等改革农地制度,盘活并利用乡村撂荒的土地,严格管控乡村土地用途,给乡村科技工作者免费使用部分村集体土地的期限,让其在乡村安心创新创业。二要完善公共服务制度。为解除回乡下乡人才的后顾之忧,更好地吸引乡村科研技术人员、城市居民和回乡创业者到乡村创新创业,应实行城乡通用的就业、教育、医疗和养老等公共服务制度,逐步实现城乡基本公共服务均等化,保证各类人才创新创业乐业。

第二,完善政策措施。各级政府要通过完善政策措施,优化乡村创新创业环境。一是制定乡村人才振兴规划。将乡村人才规划与乡村发展建设和治理规划同步规划,注重多规合一,并将项目、资金与人才打捆,确保项目、资金、人才同步落地与实施,实现项目链、资金链、人才链的无缝对接和深度融合。二是在政策上精准扶持。要针对各类人才特点,在政策上予以精准扶持,对于高端领军人才,应以优惠政策及项目支持形式给予特殊支持,确保引得来、留得住。对于青年农民,应注重搭建创业发展平台,鼓励和引导青年农民创办家庭农场和农业合作社,通过组建创业导师团队为青年创新创业提供技术和市场等支持;设立青年农民创业孵化园区,提供创业场地、创业培训和仓储物流等配套支持。同时,建议制定专门针对乡村振兴人才的贷款和保险支持政策,使其享受与城镇职工同等的医疗保险和养老保险等社会保障制度。

第三,健全评价激励机制。乡村专业科技人才是乡村振兴的推动者、实践者和示范者,要遵循乡村专业科技人才的职业特点和成长规律,注重根据不同职业、专业、岗位的差别,探索建立以产业发展贡献为导向的分层分类评价标准,引导乡村专业科技人才进行"接地气"的研究,把科研成果应用在乡村振兴的伟大事业中,在服务乡村振兴中实现自我价值。要建立充分体现乡村人才价值导向的分配激励机制,使乡村专业科技人才享受科研成果转化收益,最大限度地激发和释放乡村科技人才的创新创业活力,为乡村振兴提供强大的人才支撑和保障。

4.积极吸纳返乡就业创业人才参与乡村振兴

在乡村振兴中,返乡就业创业人才作为一股新的力量发挥着重要的作用。发挥好这一部分人的聪明才智可以为乡村振兴注入新的血液和活力,为此,需要从以下几个方面来强化其政策引导作用。

第一,进一步细化对返乡就业创业人才的支持政策。在就业的岗位设置、行业人员的准入等方面制定更加精细化的政策,根据地区实际发展情况在贷款、税收方面给予创业人员较为科学、合理的优惠政策。

第二,注重返乡大学生的就业与创业。返乡大学生作为乡村振兴中的新鲜血液,是乡村振兴中难得的人力资源。在乡村振兴中,可以尝试吸纳返乡大学生担任乡村振兴专职人员,配合村干部做好相关工作,将返乡大学生作为乡村振兴中的重要力量进行培育,各地应结合地方实际需求和发展情况制定一系列促进大学生反哺乡村振兴的重要政策和措施。

第三,大力促进人才创业,发展乡村特质产业。通过区域农业产业的品牌化发展吸引和使用乡村专业科技人才,重点扶持乡村特色产业发展,大力发展区域特色农业、品牌农业,促进农村一二三产业融合发展。横车镇历来以蕲艾种植而出名,可以让更多返乡创业人才来创新蕲艾种植,打造蕲艾专属品牌,让乡村返乡创业人才围绕乡村特质产业的发展,做好产业的种植、养殖、加工、销售等各个环节,延伸产业链,形成产业品牌体系。

5.加快培养乡村公共服务人才

在乡村振兴中,以乡村教师为代表的乡村公共服务人才也发挥着重要的作用,乡村教师是乡村振兴中提升乡村教育质量的重要力量。在乡村振兴中发挥好乡村教师的作用需要从以下几个方面来进行改进。

第一,加大乡村教育投资。教育投资是促进人力资本发展的核心。目前我国实行的是以县级为主的乡村教育经费投入体制,各种教育经费投入最终要通过县级政府落实。这种教育经费投入体制会因县级政府总体财力不足导致城乡教育经费不均衡,因此,乡村学校基础设施、师资资源、办公条件等与城市存在较大差异,直接影响乡村教育教学质量的提升。实施乡村振兴战略,优先发展乡村教育事业,必须构建乡村教育的投入保障机制,确立教育投资是国家基础性投资、生产性投资的观念,切实加大对乡村教育的投资力度,推进政府事权与支出责任划分改革,提升乡村教育经费投入与配置等级,发挥省级和地市级政府的作用,在经费的筹措与使用上做出更加明确的制度安排。在现有工资水平和福利基础之上,继续提升乡村教师的工资水平,提升福利待遇,落实城乡统一的中小学教职工编制标准,确保每个地区乡村教师数量,减少其流失数量。

第二,明确乡村教育目标。优先发展乡村教育事业,必须首先明确乡村教育目标定位和价值取向,牢固树立为"三农"服务的理念,切实扭转"离农"倾向,倡导知农、为农、爱农教育,着力培养和努力增强学生对"三农"的情感。具体而言,在个体层面,乡村教育并不是一味地引导学生跳出乡村或者农门,追求城市生活,而是引导和帮助其成长成才,追求更美好的生活;在社会层面,乡村教育既要为城市和非农产业培养输送人才,又要注重培养学生回馈农业、建设农村、感恩农民的情怀,进而承担起培养发展农业、建设农村的优秀人才的重任。同时,乡村教师也要培养自己对家乡的热爱,通过润物细无声的方式对学生们循循善诱,让他们也更加热爱自己的家乡,愿意回到家乡建设家乡。

第三,完善乡村教育体系。为乡村振兴培养人才,是乡村教育体系中不可或缺的内容。作为乡村教育机构,乡村学校是传统文化得以传承的重要载体。现代乡村学校应存在、根植并发展于乡村,应注重将乡村学校教育功能与乡村社会功能有机结合起来,让学生融入乡村社会并接受乡村文化熏染,便于教师与学生家长交流。同时,要加大乡村骨干教师培养力度,精准培养本土化优秀教师。改革完善"国培计划",深入推进"互联网+义务教育",健全乡村教师发展体系。提高农村教育质量,多渠道增加农村普惠性学前教育资源供给,继续改善乡镇寄宿制学校办学条件,保留并办好必要的乡村小规模学校,在县城和中心镇新建改扩建一批高中和中等职业学校。但是，近年来，乡村儿童数量减少，乡村撤点并校，使"村居学校"演变为一乡（或镇）一校，学校与乡村的距离越来越远，因而隔断了乡村与学校的联系，不利于乡村文化的传承，在一定程度上加速了乡村衰败。因此，推进乡村振兴，必须完善乡村教育体系，发展好乡村教育，提升乡村教育质量，培养造就出身农村、熟悉农业、热爱农民、扎根农村的乡土人才，为乡村振兴提供可持续发展的动力。

总之，乡村振兴，关键在人。人才资源是发展的第一资源，是当前实施和实现乡村振兴战略的重要保障。人才振兴既是乡村振兴的重要方面，也是乡村振兴的短板。随着脱贫攻坚工作取得的巨大成功，中国全面进入乡村振兴阶段，在此过程中，人才振兴将成为未来乡村振兴需要破解的难题和需要关注的重点问题。从当前乡村振兴的实践来看，如何发挥好乡村治理人才、乡村实用人才、乡村科技人才、返乡就业创业人才、乡村公共服务人才等在乡村振兴中的作用将是未来人才振兴需要解决的现实难题，需要国家围绕乡村振兴的宏观战略制定符合各类人才发展的微观政策。实施乡村振兴，需要积极探索人才振兴的有效模式和机制，从而发挥好人才对于乡村振兴的助推作用，确保乡村高质量发展。要破解农业农村发展人才资源的困境，必须把人才开发放在更加突出的位置，要因地制宜、因人而异建立一套保证乡村振兴战略人才供给长效机制和可持续发展机制，为实现乡村振兴提供强大的人才资源支持。

参考文献

[1] 姜长云.乡村振兴战略：理论、政策和规划研究[M].北京：中国财政经济出版社，2018.

[2] 中共中央国务院.关于全面推进乡村振兴加快农业农村现代化的意见[N].光明日报，2021-03-02.

[3] 王浩.农民培训更要接地气[N].人民日报，2018-01-14.

[4] 杨国才.乡村教育离农倾向待扭转[N].经济日报，2018-05-22.

[5] 朱启臻.当前乡村振兴的障碍因素及对策分析[J].人民论坛·学术前沿，2018(3)：19-25.

[6] 杜育红，杨小敏.乡村振兴：作为战略支撑的乡村教育及其发展路径[J].华南师范大学学报（社会科学版），2018(2)：76-81,192.

乡村人才振兴进程中的主要困境与对策剖析
——以蕲春县横车镇为例的调研报告

湖北开放大学马克思主义学院　高雅芯

摘　要：人才是助力乡村振兴的第一资源。当前，我国正处于脱贫攻坚与乡村振兴有效衔接的重要交汇期，也处于新型城镇化与农村"空心化"现象交织的大背景下，如何充分整合和调动人力资源成为我国全面推动农村农业现代化进程的一大难点。本文选取黄冈市蕲春县横车镇作为个案，通过实地观察和深入访谈进一步了解当地乡村振兴战略的实施进展，从探寻以"能人"为代表的多元主体角色参与乡村治理的当代价值与现状出发，逐步剖析横车镇人才振兴存在的困境和痛点，从而针对性地提出乡村人才振兴之策以供当地参考借鉴。

关键词：乡村振兴；人才振兴；困境；对策；治理；能人

　　党的十九大报告中明确提出乡村振兴战略，将人才战略的重要地位加以突出，2018年中央一号文件《中共中央 国务院关于实施乡村振兴战略的意见》聚焦乡村人力资本开发为解决"三农"问题提供人才支撑。2019年《黄冈市乡村振兴战略规划（2018—2022年）》印发实施，并按照"产业兴旺、生态宜居、乡风文明、治理有效、生活富裕"的总要求，对该市的产业、人才、文化、生态、组织五大振兴任务做出了详细的工作部署。"没有调查就没有发言权"，自乡村振兴战略提出后全国不少地区早已大张旗鼓地展开部署建设，但实际情况具体如何必须眼见为实。

一、乡村人才振兴发展的现状

　　本文的调查对象为横车镇，横车镇坐落于湖北省黄冈市蕲春县中西部，相传历史记载明代朱元璋挥军至此被断桥所阻，最后横铺战车当桥才得以通过此路，原名"横车桥"由此而来。全镇版图面积达193.77平方千米，下辖48个村，2017年统计数据全镇人数约69960人，水稻、药果、林木资源、矿产资源丰富,以石英砂资源贮存量大、纯度高而享有中国"石英石之乡"的称誉,同时因种植大量艾草而享有"中国艾都"之称。横车镇总体地区经济发展水平较好,且呈现出以"点"带"面"(即以九棵松村为圆心点辐射带动周边村落)逐年促进整体发展的趋势。通过调研与访谈可知,能人回乡作为"三乡工程"的重要内容,自十九大后便作为湖北省乡村振兴进程中的重要抓手实施推进,根据部分村干部访谈及与街坊邻居的交流得知,这一政策具有一定创意,但推行有难度,喜忧参半。

(一)能人回乡的喜与忧

初临小镇,首站为全镇"首富村"——九棵松村。改革开放后,九棵松村依靠当地储存有大量石英砂矿产资源,在当地村干部的带领下率先踏上农业村转型为工业村的改革道路,相继建设了石英砂厂、板材厂、汽车钢板弹簧厂等产业,既解决了当地及周边村镇的一大部分劳动力就业问题,又为本村增加了大量的经济收入,为实现乡村振兴助力。这一全国闻名的明星村,不仅经济实力、乡村发展潜力大,迎接调研团队的领导干部中也能清晰可见年轻人占据一半比例,但这并不代表本镇的整体人才结构状况。

蒋山村也属于横车镇的48个行政村之一,但整体经济实力相比九棵松村及许岗村可谓差之千里。当地的村支书作为一名早年闯南走北的退伍军人对家乡有着浓厚情结,在与笔者的访谈中,他反复强调的关键词为"初心""人气"。身为回乡能人的王书记凭借个人在一线城市工作打拼的经验本领,在村里算得上是"多才多能、有知识、有道德素养、有感召力的社会贤达",他一心想带领村子脱贫致富,但苦于当地地势高、交通不便、资源匮乏等条劣势,振兴乡村难度大幅增加。蒋山村的集体收入也是近年才由负转正,但盈利甚少,不足万元。整体而言,这座山村的发展既缺乏资源,更缺乏旺盛的人气,无人可来、无人愿来成为影响经济发展的直接因素之一。

传统农村主要以第一产业农业发展为主,且经济形式较为单一,但蒋山村土地被大量承包出去,山林承包年限长达50年,导致该村在试图发展多元化的种植业和现代化农业时,连最基本的土地都无法满足。村里总计人口1160多人,但常住人口基本为600人左右,外出就业的多为青壮年劳动力,留下大多为"老妇幼"群体。由于村内经济不够景气、劳动力大量外出、无特色产业等问题,村支书表示回乡后"第一年是为村里借钱过日子,第二年是向上面政府讨钱过日子,第三年开始挣钱过日子,第四年才让老百姓有好日子过",足以见得能人回乡后带动乡村振兴的周期之长、难度之大。2020年蕲春县招商引资后,由农业产业化国家重点龙头企业正邦集团发起的百万头生猪全产业链项目正式落地蒋山村,作为办场地的蒋山村实现修好路、带动就业和人气的初步愿望。但聚焦眼下,乡村的村委会班子基本学历为高中,且年龄均为四五十岁,在乡间具有一定的人脉、威望、资源,但推进乡村振兴强调的还在于注入新活力、新源泉。疫情期间,放假回家过年的大学生主动担当志愿者为乡村抗疫注入了力量,但因考虑到农村发展空间小、对口专业的工作机会少等现实问题,大多数学生通常在毕业后选择竞争激烈但经济整体水平较高的城市就业和居住。当下的乡村仍存在人才少、叫不来、留不下的现状,亟须得到改善。

(二)"现在的年轻人守不住清贫"

距离九棵松村9千米以外的许岗村地处横车镇东部,版图面积2.6平方千米,全村总人口1428人,分为9个村民小组,共有村干部4人负责日常工作。整体村容村貌相对整洁干净,且配套设施一应俱全,例如百姓大舞台居于村委大院门前的中心位置,附近的文化广场上摆放着各种类型的基础健身器材等。

许岗村村支书是一名较为老练的干部,四年前该村连像样的办公场所都没有,集体年收入不到万元,全村建档立卡贫困户上百户,村里的土路遍地都是。但在政府的大力支持下,在村委班子的积极带领下,修路、栽树、拓土、成立畜禽养殖专业合作社;同时在第一书记的带领下加强了基层党组织建设、创新基层党建思路方法,疫情期间还充分运用现代网络传媒技术手段,推进网上支部主题党日和"云党课"等活动,通过网络直播平台互联优势破解党员集中难以及流动党员参学难、互动难等问题。这一系列新做法、新措施获得中央广播电视总台国际在线、人民日报、黄冈日报媒体报道,为许岗村的发展带来喜的兆头。村支书的一句"我生于此、长于此、葬于此"流露着其响应"能人回乡"政策号召的先手精神,也推动其有热情、有干劲地为村里办好每一件小事,为解决"最后一公里"问题提供坚强的组织保障。

乡村振兴,人才为要。许岗村领导班子仍对接下来的发展心存担忧。"我认为我们村里的班子是参差不齐的,人才很匮乏。说实话,村干部待遇差,事情比较多,管的事情特别复杂,这是无可厚非的。真正想'瞄'一个年轻后备干部很难。"村支书说到这里满面愁容。当有人问及为何不从本土培养干部时,他说道:"当代农村的年轻干部人才培养着实艰难,第一难在当代年轻人都对外面的世界有着一腔热血和抱负,留在村子里熬成一个富翁很难，年轻人都守不住清贫，即使守住了，因为现在买房子买车子的压力大，更难以留在基层；第二难在如今'90后''00后'的年轻人与父辈一代的家乡情结形成鲜明对比，我们六七十年代出生的人都是在家乡长大的，年轻一代的人家乡情结不是很浓，甚至很大一部分人并不了解自己的家乡。"可见，村支书清晰地了解现在新一代年轻人的想法，向众人说出了自己的心声。村支书这一职务让其在乡村治理中充当"领头雁""带头羊"的角色，但涉及"三农"问题事无巨细，仅遵循固有的干部选拔任免周期，依靠几位村干部带动整个村镇的繁荣发展不是长久之计，实现振兴需为村内召集更多有想法、有经济头脑、有管理技术、有担当、有一定经济基础的人推动村容村貌的焕然一新。

(三)"基层干部得是全才"

当前，社会大众不少人仍持有"公务员就是一杯茶，一支烟，一张报纸看半天"这种刻板印象，体面的工作加上稳定的收入促使国内不少人想尽办法进入体制内生活，单单是稳定还不够，更有甚者期待工资不断上涨、官职不断提升。但当这一部分群体真正地下到基层，见证乡镇干部繁忙的工作和生活时才能合理诠释"人民勤务员"这一角色。上面千条线，下面一根针，担任横车镇副书记职务的程书记坚定地认为基层干部是要解决具体问题的。"像我们基层干部基本没有在办公室待过，今年开年防疫、防汛、人口普查没停歇，想推动乡村振兴，我们各个专业的知识多多少少都得学点。"的确，对于乡村振兴而言，召唤能人回乡推动人才振兴是农村避不开的话题。

"有劳动能力的，百分之八九十都已经外出务工了，流动人口相对于其他镇少一些，即使回来也满足不了生存与生活的需求，在外打工机会确实比家里这边好一些。"程书记表达了作为基层干部对乡村招纳人才贤士、恢复乡村烟火气的困境最直接、最客观的感受。而对于如何挖掘本土社会资源，程书记也谈了自己的看法："现在镇上组织众多村子建立了一个类似于'乡贤理事会'的小型线上群，将村里出去小有成就的人都邀请进群，及时沟通联系，为乡村发展开辟新道路。对于这部分群体，第一是想请有能力的人以后回来当干部，第二是请回来发展新兴产业，第三是请回来作顾问进行咨询、指导，从事乡村治理方面的一些事务。他们在外面闯了这么多年，积累了一定的财力，见多识广，在村里也有一定的地位，回来也更有说服力。请他们从事一些调解委员会(的工作)，特别是哪一家有困难，可以让他们伸出援助之手。"

综合来看,横车镇的48个行政村根据整体经济实力、人民生活情况进行划分,基本可以分为上、中、下三个层级,这个乡镇也能够作为中国乡村振兴发展情况的缩影。当前乡村的发展呈现较大的差异性,农村包罗万象,差距是避免不了的,但是整体水平的提升和各个方面都有关系。其关键在于:一是人的因素,村里的领导班子是否有较强的凝聚力和实力,是否能够有效借助外力支持,从而带动整个村子的发展;二是物的因素,靠山吃山、靠水吃水,以九棵松村的石英砂资源为例,当地已经"吃"了几十年,但有的村要山没山、要土没土,自身没有造血功能就无法获得质的飞跃,实现蜕变还需要因村而异、因地制宜;三是财的因素,发展要资金,在党中央的带领下开拓投融资渠道进一步强化了乡村振兴投入保障,但资本转换的有效性和发展的持续性所涉及因素较多,且大多农村振兴发展方向多为生态农业,资金投入和支持没有考虑到农业生产周期长等特殊性。

二、"无主体熟人社会"抛出人才振兴三大难题

按照居住人口统计,当前中国进入了快速城市化进程,城市化率达到了60%,2亿多进城务工经商的农民也包含在内。与此同时,我国农村逐渐呈现东部沿海经济带新农村和中西部一般传统农业型农村的分化,二者的发展速度、规模、形式方法形成了鲜明对比。尤其中西部的农村中绝大多数因缺乏区位优势和资源优势,大批青年劳动力进城寻求出路,农村中仅仅剩余老年劳动力和儿童、妇女,伴随着儿女的薪资涨幅,全家逐渐举家搬迁至城镇生活,使得农村逐渐人口流失、呈现"空心"现状。

(一)农村"三留守"难题

费孝通先生曾指出,中国农村为注重亲情和礼俗规约的"熟人社会",这一特征随着20世纪80年代后改革开放的浪潮逐渐弱化,随着中国新型工业化和城镇化快速推进,大量乡村人才外流。乡村适龄劳动人口对土地的依赖性明显下降,越来越多的乡村劳动力选择进城谋求发展,横车镇各个村落也不例外。而且由于城市和乡村在居民收入、就业、环境卫生和教育医疗等方面的差距依然很大,许多人才纷纷流入大城市,伴随着农民大量进城务工,青壮年人群的流失,各个村里"空心化"趋势越来越明显。在整个入户调查走访过程中,无论乡间田里还是农户家里,常见的无非是三类人,即"三留守"(留守老人、妇女、儿童),农村聚集地成为眼见为实的证明。而这部分群里中也有部分人想离开乡村去看看外面的世界,因物质条件及身体素质、传统"男工女育"的观念影响而就此作罢,他们成为当代农

村的主力军。

据了解,目前横车镇常年在外打工的人数高达4万,且从18岁至50岁不等。这些青壮年劳动力本能为建设乡村贡献力量,却因家乡无合适的发展机会、薪资较低而选择外出就业。部分回乡人员也是因为就业碰壁而不得不返乡,主动愿意回乡参与建设的人才较少。这一现象更切合实际地验证了与"熟人社会"存在质的区别的"无主体熟人社会"新概念——"青壮年大量离土离乡后的农村社区",学者借此概念来解释"空心化"农村的社会运作逻辑。传统乡村社会是"人情社会",人情关系是乡村治理中难以回避的问题,但乡村现代化发展对传统乡村文化形成了强烈的冲击与消解。这些村落因大量人口流出导致的"空心化"、老龄化等问题造成乡土文化和精神断裂的困境,乡土文化的凋敝减弱了乡村凝聚力和民风约束力。而大量原本活跃于乡土场域的农村年轻人外出打工,长期生活在城市,远离农耕生活,对乡村文化的认同感逐渐减弱,导致乡村文化失去传承主体,这一主要群体的长期不"在场"构成了农村社会主体的失陷现状,从而对当地的文化传承、人才接续产生较大影响。

(二)人才断层:新老干部结合的难题

在近年来的乡村治理中,村干部的年纪逐渐增大,但新干部的人数和稳定程度却不尽人意。随着众多乡镇的人口大量外流,村民自治越来越缺乏必要的村民基础和精英存量。乡村青年干部比例偏低,大多由40~60岁的中老年人群构成。虽然他们在乡村治理上积累了一定的经验,但由于学习和接受新知识的能力不足,在解读新政策、掌握新治理方式上很难跟上时代的步伐,难以适应乡村振兴发展新潮流。而就普通农民来说,"等、靠、要"思想严重,主动参与乡村治理和农村建设的意愿不强,造成乡村治理过于倚重行政力量,乡村振兴的"主体意识"尚未被唤醒;同时基层的一线干部需要慢慢打磨,但由于志不在此,许多打磨过后的人才将乡村基层作为跳板和"过渡区",不能有效地与当地老干部完成工作对接,为村里的兴旺发展贡献个人全部力量;而引入的"新乡贤"作为外部吸收的人才需要结合内部协同培养,充分重新融入村落,才能进一步发挥自己对乡村核心价值的引领作用、对经济产业发展的带动作用以及对乡村文明的培育价值。目前该镇在人才振兴方面还存在一些具体问题。

1.人才总量、结构有待优化

以全镇教职工数量结构为例,总体人数为314人,学历包括本科、专科、高中或中专三个层次,分别为163人、103人、48人;年龄构成主要为35

岁以下 100 人、36～45 岁 67 人、46 岁及以上 147 人。从详实具体的数据可以看出,教职工学历层次均为本科及以下,较为缺乏硕士及博士学历人才,且整体年龄偏大,较为年轻的教师群体往往存在数量少、留不住、招不来的情况。

2. 人才水平参差不齐

横车镇内行政人员队伍愈加年轻化,具有研究生学历的目前有 7 人,具有本科学历的有 25 人,具有大专学历的有 10 人,具有高中学历的有 1 人,但面向 48 个村落具体不同的实际困难和情况时略显不足;与之相反的是,村干部的行列中大多数为中年群体,由于这部分人群有农村治理的经验,在当地有一定的声望和群众基础,他们的智慧和力量不可小觑。但面对如今的互联网时代、信息化进程,愈来愈多的事物需要通过网络进行浏览、查询、处理、宣传,这一系列的实践需要学习新事物能力强的年轻群体来给予帮助,可留在村内有文化、有技术、思维新颖的年轻人多半在外求学或工作,无法及时对接村内事务。整体来看,留在村内的人才整体学历和综合素质并不高是不可忽略的事实。

3. 人才资源整合难度较大

除了人才资源的数量不足、水平层次不高以外,村内潜在的一大部分人才资源难以整合也是横车镇面对的一大难题。全镇每年都有顺利升学的高中生、大学生、研究生,他们不仅是家庭的希望,更是从全村走出去的明星。但无论是在外务工还是在外求学的人群,大都仅在寒暑假期间短期停留在农村,其余时间基本在外。这部分人群中不乏对本地有一定乡土情结、眷恋之情的人群,却碍于时间、空间、形式等因素无法有效聚集和整合,让他们真正为乡村振兴献计献策。同时,农村产业发展环境不佳、就业平台较低、基础设施相对落后、文化娱乐形式少的整体风貌对年轻人的吸引力不够,不利于吸引人才回流。

(三)"孩子有老师管就行"的教育误区

乡风文明既是乡村振兴的一个重要目标,又是乡村振兴的灵魂和保障。值得注意的是,重视人才也需要形成一种浓厚的氛围,从孩童、少年、青年,到中年、老年,不同的年龄阶段有不同的人生阅历和生活背景,人才不仅仅局限于科学技术、农业工业、财力物力等硬实力,也包括人文素养、思维智慧、精神文明等软实力。在横车镇内可以发现,留守儿童较多的现状已然无法改变,家中老人照看的孩子因长期缺少父母的陪伴容易产生厌学情绪、情感障碍、智力迟缓等问题。家长由于长期在外不能如期参与家长大会,更无法及时知晓孩子的在校接受教育情况和身心变化情况,传统家庭教育观念导致本土人才培养的氛围难以形成,整体人才重视度也有待提升。镇内唯一的一所中学的领导表示,每逢召开家长会便会看到许多白发老人参加的场景,由于不懂技术,不会使用智能手机、电脑等因素,许多学生平日则自行使用手机,对于自控能力较弱的青少年而言,这无疑是"放养"式教育,来自复杂社会的多元文化极有可能对孩子的个人价值观造成不可挽回的影响。再者,传统教育观念——"分数高、学习好就有前途",这一误区在人们心中已根深蒂固,从而会在一定程度上忽略孩子的全面发展。

三、破解乡村人才振兴困境的措施建议

乡村振兴,人才是关键。首先须转变人才自己回家乡的旧观念,树立多途径、多方式振兴人才的新理念。如今我国全国脱贫攻坚战已经取得全面胜利,乡村振兴是实现民族复兴的重中之重。人才缺失会成为农村改善民生、提高生活质量的硬伤。面对以上横车镇人才振兴面临的困境,提出以下针对性建议。

(一)有效应对农村"空心化"问题

中国未富先老的现实状况在当前愈演愈烈的城镇化进程中已经无法避免,但城镇化与建设社会主义新农村并不是不可调节的矛盾,村镇留存的老龄人口、妇女、儿童也构成当前农村的活力源泉。首先要针对这部分群体实施有温度、有力度的保障措施,并解决其生活中的困难;其次要借鉴全国乡镇建设的有益经验来妥善应对人口老龄化问题,让乡村内部形成养老互助、生机洋溢的新景象,形成浓郁的互助乡风,为村内外出打工人群解决后顾之忧;最后要发挥好村内乡情因素,动态关注和掌握有意愿返乡的农村本土人口,建立人才档案库,关注村内大学生的成长与发展并利用寒暑假期召开交流会,或针对部分大学生的实践锻炼需求提供一定的实践岗位,增进大学生人才对乡村本土的了解与感情。

(二)形成"组织+人才"培养模式

我国的基层党组织在乡村建设中起着无比关键的作用。2021年中共中央、国务院颁布的《关于全面推进乡村振兴加快农业农村现代化的意见》强调强化五级书记抓乡村振兴的工作机制,其中包括加强党对人才培养工作的领导,要以扩大乡村人才规模、优化人才结构、提升村民整体素质为目标,推动农村的快速发展,充分利用、挖掘、培养好本土人才,有效集中一批

有才能、有技术、有干劲的外来人才。

首先,利用好现有的本土人才资源。基层党组织应对村内的人才数量、类型、结构等情况有所了解,对不同的人才采取分门别类的提升和培养方式,有效增强其能力和素质,加快培养新型农民为村内建设贡献力量。例如,通过定期举办工作学习会议来提供人才交流平台,增加村干部的学习机会和学习强度,让老干部的经验和新干部的知识技术充分结合发挥效用。同时,还应当动态关注村内外出务工的人员,利用假期举办"我为家乡建设献计策"商讨会,从而让在外村民了解村内发展近况,进一步有效团结村内人力资源,在必要之时召集其解决村内燃眉之急。

其次,挖掘潜在的人才资源。乡村的党员同志应当积极宣传人才政策,提升人才的满意度,使得人才引得进、留得住,为乡村振兴提供人才保障。针对乡村发展所需因地制宜地引进擅长科技、管理、农业技术、治理、城乡规划的人才,密切关注人才需求,尽可能地提供较好的福利待遇。

最后,拓宽人才培养的视野和渠道。密切关注并有意识地集合村内有文化、有素质、有能力的大学毕业生、退伍军人、个体商户、企业主等优秀人才的力量,利用多种方式吸引其回家乡担任职务,从而为家乡发展找好"带头人"。

(三)实施振兴家乡主力军培养计划

乡村振兴靠人才,人才哪里来?要靠培养。而目前村内家长对儿女的培养理念较为传统,甚至仍陷于"教育就是老师管教""教育就是认真读书"的误区,缺失了对儿女的陪伴是耽误孩子成长的关键问题所在。除此以外,许多年幼的孩子形成了"离开家乡才有出息"的想法,这在一定程度上暴露了乡村人才振兴的教育短板。

乡村振兴的未来一定程度上需要大量全方位、全方面、专业型的人才,一方面要形成定向培养农业经营管理、环境治理、文化传播、乡村管理、教育、医疗等方面人才的固定模式;另一方面要充分争取有益的人才资源,结合黄冈市内的高校资源和本地的大学生资源,为村内学生提供人生职业规划、思想教育活动、文化素质提升计划等,为未来的乡村振兴培养主力军。例如当地可充分利用蒋山村的革命英雄纪念碑开展系列红色精神文明主题教育活动,结合当地特色开展"热爱家乡 振兴家乡"专题教育系列活动,将家乡美、家乡情、家乡感受融入农村孩子课堂和生活中去,让当地的孩子从小就有较为强烈的乡村归属感和自豪感。最重要的是,充分调动家长的积极性,让全镇形成重视教育、培养人才的优良风气,真正地为横车镇人才振兴提供新鲜血液和活力源泉。

四、结语

人才缺失是农村改善民生、提高生活质量的"硬伤"。走进乡村仿佛是走进中国社会的"万花筒",曾经的农民与黄土是乡村永远的象征,如今则呈现出"凋敝的黄土、无奈的农民"这般景象,半工半耕家庭占据农村的主要部分。面对青壮年主要力量的"缺场",乡村人力资本开发难度无形被迫加大,"熟人社会"向"半主体熟人社会"的转型已成为定局。乡村的治理发展人才不再是传统村落中"有较大作为、享有崇高威望、为社会做出贡献的致仕官员或社会贤达人士",而在历史变迁与乡村群体结构变化的情境下逐渐发生"乡贤"到"新乡贤"的内涵、职能嬗变,赋予如今村落治理能人全新的、全面的特质,这一部分群体将在不久成为乡村振兴的主要力量和贡献者。同时,在笔者看来,乡村振兴,兴的不仅是产业、生态、乡风、治理和生活,更是一种"人气儿",那种来自中国传统文化最根本,乃至最俗套的、最"接地气"的烟火气,如此这般才称得上振兴。

参考文献

[1] 习近平.全面建成小康社会 乘势而上书写新时代中国特色社会主义新篇章[N].光明日报,2020-05-13(01).

[2] 贺雪峰.大国之基:中国乡村振兴诸问题[M].北京:东方出版社,2019.

[3] 吴毅.小镇喧嚣:一个乡镇政治运作的演绎与阐释[M].北京:生活·读书·新知三联书店,2018.

[4] 吴重庆.从熟人社会到"无主体熟人社会"[J].读书,2011(1):19-25.

[5] 唐任伍,孟娜,刘洋.关系型社会资本:"新乡贤"对乡村振兴战略实施的推动[J].治理现代化研究,2021,37(01):36-43.

[6] 王中迪,牛余凤.乡村振兴背景下农村人才振兴的困境与出路[J].新疆社科论坛,2020(6):64-67.

[7] 吴重庆.乡村自治要注重对本土社会资源的利用[J].农村工作通讯,2015(13):42.

[8] 张先友.乡村振兴视域下新乡贤在乡村和谐文化建设中的独特作用[J].现代农业研究,2020,26(11):9-12.

[9] 朱远洋,欧阳平,张昌彩,等.乡村发展的现状与未来——来自全国17个省区39个行政村的调查报告[J].中国发展观察,2020(Z8):114-118,56.

横车镇人力资源问题与解决路径探析

珠海市礼和中学 刘君林

摘 要：本文主要分析了横车镇人才资源的现状以及存在的问题，据此提出针对人力资源问题的解决路径，即加大力度投资农村产业，加强本地人才培育，学会情感引才，建立系统化、规范化的晋升路径，促进农村女性非农就业，改善农村教育环境，加强农村基础设施建设、完善社会保障制度等，希冀以此打破横车镇人才困境，实现乡村振兴。

关键词：横车镇；人力资源；乡村振兴

习近平总书记指出："乡村振兴，人才是关键。"人才一直是影响农村发展的一大瓶颈，农村要实现跨越式、创新性发展，需要一批具有真才实学的人才带领人们前进，因此乡村发展必须要着力破解人才困境，做好人力资源的聚集和开发工作。笔者跟随调研团队于2020年10月16日至20日前往湖北省黄冈市蕲春县横车镇开展了为期5天的实地调研，在这5天的时间里，调研团队针对横车镇的人力资源问题进行了初步调研。在当地基层干部的带领下实地考察了横车镇的九棵松村、许岗村、长石村、蒋山村、驸马坳村、乌石桥村，这六个村各具特色，在当地具有一定的代表性，同时通过对横车镇部分村民进行走访调查了解群众意向，并经由横车镇政府的大力支持获取了部分横车镇相关人才数据。

一、横车镇人力资源现状及存在的问题

横车镇隶属湖北省黄冈市蕲春县，共管辖48个村。据横车镇政府2019年统计数据显示，2019年横车镇农村从业人员共有46262人，在本乡镇的从业人员15066人，外出从业人员31196人，外出就业率高达约67%，其中劳动力资源主要流入省外的东部发达地区，且外出就业人员大部分初中和高中学历居多，主要从事第二、三产业。横车镇48个村共有村干部

207人(不含派聘书记),其中具有本科学历的占比4.5%、大专学历的占14.2%、高中学历的占35.4%、初中及以下学历的占45.9%,而大部分村干部年龄偏大,据统计在35岁以下的占21.5%、36~45岁的占21.3%、46~55岁的占38.6%、56岁以上的占18.6%。通过以上获取的相关数据和调研结果发现横车镇在人力资源方面存在以下几个方面的问题。

1. 农村"空心化"严重

农村"空心化"是大部分农村地区的通病,横车镇也不例外,大部分青壮年选择外出务工寻求更多的发展机会,或者搬离农村到县城居住,农村常年居住人口就只剩下留守儿童、妇女和老人,如此便导致恶性循环,越穷的地方越没人去,同时也越来越穷。

2. 文化水平相对较低

村民的受教育水平普遍较低,难以从事技术含量高的职业,大部分从事传统农业或加工制造业,虽有部分村民从事第三产业,但大多数是门槛低、技术含量低的岗位。同时农村基层干部队伍学历水平普遍不高,据调查,横车镇目前村里的基层干部学历主要集中于高中以下,农村干部队伍高学历水平优秀人才依然紧缺。

3. 人才年龄结构不合理

大量青壮年外出务工,导致农村现有劳动力中老年人居多,老龄化严重,与此同时农村基层干部和教师队伍也存在老龄化严重的问题。据了解,目前横车镇基层干部年龄普遍偏大,46岁以上干部占57.2%,而当前横车镇学校教师年龄也普遍集中于46岁以上。调查显示,横车镇全镇教职工314人,46岁以上有147人。由于农村难以吸引年轻人前来就业,未来在基层干部和教师队伍中可能会面临断层的现象。

4. 人才引进困难

随着我国城镇化进程不断加快,大部分农村人都致力于去城镇发展,而横车镇与周边城市之间的发展存在较大差距,其经济条件和发展环境难以吸引人才。虽然政府积极出台相关政策鼓励高素质人才支援农村,如三支一扶、选调生等,但横车镇在资金投入方面存在一定的不足,并且农村自身吸引力不够,不能为引进的人才提供较好的成长平台,其面临发展前途不明朗、基本生活得不到保障等困难,导致人才引进困难,人才流失严重。

二、横车镇人力资源存在问题的成因

1. 思想观念的偏差

"思想是行为的先导",人们的行动往往受其思想观念的影响。农村大部分人的传统观念认为的"成功人士"是生活在大城市的,"住豪宅""赚大钱""开豪车",在农村则是"没出息"的表现,因此农村人努力打拼后都希望走出农村,向往在外面大城市的生活。多数村民在外务工赚钱后基本都选择在城镇买房定居,很少再回到农村,而且农村的青年学生通过高考考上大学后也很少回乡参加工作,因为他们从小被灌输的思想就是上大学就是为了"走出大山,走出农村",如果上过大学的学生再回到农村工作会被大家"说闲话",被认为"没出息"。因此大部分年轻人尽管在大城市打拼异常艰难,但是因为害怕被乡亲们"说三道四"而选择不回农村工作。思想观念的偏差导致出生在农村的人才外流,得不到充分的利用,而城市的人才又不愿意到农村发展,造成农村人才资源的单向外流。

2. 产业发展不充分

目前,横车镇主要以第一和第二产业发展为主,第一产业以种植农作物为主,例如蕲艾、银杏、油茶等,第二产业更多的则是基础的手工加工业等。而横车镇在产业发展过程中过度地依赖于生产初级产品,没有形成完整的产业链条,产品附加值低。例如横车镇许多村都种植蕲艾,但是缺乏对横车蕲艾产品的进一步发展,打响特色品牌,仅限于蕲艾的初级产品加工,产业发展水平较低。除第一、第二产业外,横车镇部分村落也因地制宜开发旅游业,虽然农村生态环境未遭到破坏,发展旅游业具有较大的先天优势,但同时也存在部分村落盲目开发,脱离实际的现象,导致旅游产业实际效益并不理想。产业发展不充分是导致农村人才吸引力不足、人才流失的重要原因。

3. 教育体系发展不健全

横车镇的教育主要包含农村基础教育和农村职业教育。基础教育是国家规定实施的,因此在政策层面上和经济层面上都得到一定的支持,但是农村和城镇之间在教育硬件设施和师资力量等方面仍然存在较大差距。此外在农村职业教育方面,横车镇大多采用培训、讲座的形式进行,由于农民文化程度普遍较低,对一些专业的理论知识难以消化吸收,且农村的职业培训一般是短期的,缺乏长期系统的理论学习和实践指导,理论学习未能与实际的生产实践相结合,农村职业教育取得的效果未达到预期,未能给农村发展带来较大的人才资源帮助。

4. 基础设施和社会保障不完善

近几年在横车镇政府的大力引导下,通过改厕、修建文化广场、修整农村道路等措施,村民的生活环境得到了较大的改善,但仍存在不足之处。

例如农村改厕后的修复巩固问题、文化广场的日常维护问题、道路的日常维修问题等还未明确。此外农村的村民基本没有充足的退休金,农村老龄化带来的养老压力以及医疗设施和医生不足等原因,导致部分老人看病、救治存在一定的困难,因此人们往往更倾向于在基础设施和社会保障制度较完善的城镇发展定居,造成人才的外流。

三、横车镇人力资源问题的解决路径探析

1. 加大力度投资农村产业

产业兴是人才兴的基础,产业兴旺才能为村民提供足够的就业岗位,提高工资待遇,留住农村劳动力。调研期间通过入户访问得知,部分青年有回乡发展的意愿,但由于农村就业岗位少、产业类型比较单一、工资待遇较差等原因,再三考虑后依然选择外出务工。发展农村产业是留住人才的第一步,首先政府单位应予以政策上的扶持,例如横车镇九棵松村的产业发展与其他村相比具有明显的优势,九棵松村党委出台了一系列优惠政策,对回乡的创新创业项目给予资金、土地、租金等优惠,并通过"筑巢引凤"引进多家企业,年创收达到330万元,为村民提供了足够的就业岗位,并提高了村集体的收入。其次,充分发展利用互联网技术。随着互联网的快速发展,互联网已逐渐渗透到农业生产经营的各个环节,以"互联网+"为核心的新的商业模式不断涌现,农村的人力资源如果能够掌握互联网技术并应用于农业,则可推动农业生产经营模式的创新,带来产业的快速发展。同时利用互联网技术加强农村扶持政策的宣传力度,如可通过微博、微信公众号、抖音等传播媒介,详细介绍本镇的各方面发展优势,包括政策、资源和劳动力价格等,吸引投资者。最后还应积极完善农村劳动力权益保障。随着农村经济的发展,涉及的经济纠纷势必会增多,例如农村居民在就业中遇到不平等的待遇或被单位侵犯合法权益等,而农村居民普遍维权意识较弱,因此要加大执法监督力度,规范农村各单位用工制度,完善农村就业签订劳动合同制度,并将合同交于监察部门审核,以保障农民合法权益,并且对于被侵犯权益的居民,相关部门要积极受理,按照法律法规及时帮助村民解决。

2. 加强本地人才培育

本地人才是农村振兴的源头活水,肩负着本村繁荣发展的重担,应加强本地人才的培育。首先,相关部门可以组织将村里具有一定技能的农业工人和雇员作为专业技能型职业农民培育对象,培养一批掌握实用技术的

农村后备人才,培养一批扎根农村的"土专家"。同时政府应加强本地劳动力的职业技能培训,为本村有志于通过"再教育、再学习"的途径提高自身学历、素质和技能的社会青年创造有利条件。其次,本村现有大学生是村里的高素质人才,也是农村未来的希望。相关部门应进一步加大对本村大学生的人才引进政策力度,对于回乡发展创业的大学生予以一定的奖励,吸引大学生回乡。例如横车镇九棵松村对2019年考取大学的11人共奖励2.1万元,并高薪聘请了2名优秀返乡大学生充实到村级后备干部队伍跟班培养。此外还可以通过政校合作办学,以市或县为单位与高校合作进行定点培养人才的方式,对农村的急需人才进行定点培养。先对农村基层急需的人才情况进行调查统计,由乡镇初审上报现县或市委组织部确定急需的人才岗位,在各镇高三选拔有志于服务建设家乡的学生,以高考提前选拔人才的方式进入合作的高职院校学习,并给予一定的资助同时发放全日制大专或本科毕业证书,最后毕业回乡工作也给予一定的政策照顾,以此激励青年学生回到农村,为振兴农村事业助力。

3. 学会情感引才

用真情吸引人才,留住人才,能人和在外务工人员是农村在外的潜在人才资源。近年来横车镇通过"能人回乡"政策,积极鼓励倡导在外打拼的"能人"回乡,共同建设美丽家乡。例如横车镇蒋山村的王晓兵书记是典型的"能人回乡"代表,王书记说:"自己在外经商二十多年,始终牵挂着家乡,想为家乡贡献自己的一份力量。"王书记浓厚的家乡情怀使他毅然决然放弃城市的优越生活,回到贫穷的蒋山村。蒋山村在王书记的带领下发展迅速,村内面貌焕然一新,村民的生活也蒸蒸日上。我们都知道"情比金坚",情感始终是激发人们行动的重要推手,以情引才,可以成为农村人才振兴中的重要手段。因此,村干部可以积极联系本乡在外能人,并加强交流联络。例如在节假日如春节期间,由村里组织全村的在外务工人员、回乡能人举办乡贤交流活动。一方面,介绍村里近年的发展情况以及未来的规划,宣讲村里人才引进政策。另一方面,促进情感交流,激发大家的家乡情怀,鼓励为建设家乡奉献一份力量。同时应注重培养中小学生的家乡情怀,少年强,则国强,少年肩负着家国的未来,情感培育从学生抓起。学校通过开设社会实践课程,主动让学生了解自己的家乡,挖掘家乡的内涵,鼓励学生参加本村的公益活动,增加社会责任感。

4. 建立系统化、规范化的晋升路径

为人才提供广阔的发展空间,激发人才的创新创造能力。农村普遍是熟人社会,干活办事往往还习惯于"找熟人""看面子",因此在人才考核与评估方面有时存在不科学、不合理的评判方式,对人才培养造成不良影响。为此要破除人情社会,打破人才发展空间狭窄的局面,就要积极推动农村人才评价机制变革,树立以实践为导向的人才评价体系,为新型人才提供更好的条件和发展空间。一方面要严格规范晋升标准,通过严格的考核晋升,防止私相授受,暗度陈仓。另一方面也要具体问题具体分析,摒弃"唯学历"、"唯资历"等要求,对有真才实干的人才大胆破格提升,为农村振兴选拔高质量人才,但是需要做到公平、公正、公开,为此可以实行异地考察制度和村民选举投票相结合等民主形式。职业发展空间当前已成为人们选择就业时考虑的一大因素,只有让人们感受到有无限成长的希冀,才能吸引人才的到来并激发人们创造创新活力,因此为农村人才建造一个有理想、有未来的职业发展前景的康庄大道刻不容缓。

5. 促进农村女性非农就业

俗话说,妇女能抵半边天。要充分发挥妇女在农村振兴中的重要作用,加强农村妇女的职业技能培训,促进农村女性非农就业。目前农村留守妇女群体庞大,进行农村建设,要积极利用好妇女群体的力量。如何使妇女的力量最大化？首先,应拓宽农村女性的就业渠道,积极通过互联网等途径为农村妇女推送就业信息。其次,应加强对留守妇女的职业技能培训,例如可以结合本镇的蕲艾特色,进行艾灸按摩等养生技能培训,打造特色劳务品牌,并通过新媒体手段加强宣传,使其乃至成为全国的特色劳务品牌。例如重庆市积极打造的"石龙技工""重庆月嫂""五金巧匠"等特色劳务品牌已经在全国小有名气,为当地村民提供了许多的就业机会,增加村民的收入来源。最后,政府还应积极寻求与相关企业的合作,为拥有专业技能的留守妇女提供更多的工作机会。

6. 改善农村教育环境

教育是进步的源泉,是培养人才的基础。农村人才振兴要着力抓好农村教育,帮助农村学子树立正确的世界观、人生观和价值观,改变错误的思想观念,为未来农村建设提供人才保障。当前农村基础教育环境质量和城市相比存在较大差距,农村大部分有条件的家庭都选择送孩子去教育环境好的县城就读,这也是农村学生流失的重要原因。据了解,当前横车镇部分农村小学存在老师"一科带多科"的现象,并且缺乏美术、音乐、心理等科目的专业教师,教师办公环境较差和教学设施不足等情况。人们都说"再穷不能穷教育",教育是培养人才的基础,是未来的希望,因此应加大对农村教育经费的投入力度,加强对农村教师队伍建设,积极实施教师人才引进政策,努力完善基础教学设施。例如积极落实农村年轻教师的编制,适当提高农村教师的薪资待遇,并适当为农村教师发放补助金等。同时积极联系社会慈善机构、校友会等通过社会捐赠的方式为农村教育添砖加瓦。此外加强创新"互联网+"教学模式,当前互联网技术快速发展,许多农村小学已具备网络教学条件,通过互联网技术与大中城市的优秀中小学合作,进行远程教学,共享教学资源,既可以提高教学质量也可以适当缓解师资力量不足等问题。

7.加强农村基础设施建设、完善社会保障制度

"环境好,则人才聚、事业兴。"好的生活环境是吸引人才的重要因素,当前人们对美好生活的呼声越来越高,对自身生活的环境要求也越来越高,应积极完善农村的各种生活基础设施建设,以满足人们对美好生活的向往。加大资金投入整修村内的山路、清理村内垃圾、修建文化广场,同时也要注意基础设施的日常修理维护,长期保持清洁美丽的生活环境,此外还应为村民提供相应的娱乐设施,积极举办人民大众喜闻乐见的文化活动等。农村老龄化情况严重,而农村的医疗条件较差,对患病老人的救治疗养难度较大。对此可以定期组织城里的医护人员下乡帮扶诊治,以缓解村内医疗救助的难题。通过进行"定点帮扶诊治"的方式,一个医生或医院专门负责某个区域或某个村的诊治,有利于医生长期稳定的了解治疗病人的情况,避免出现不同医生需要重新检查的烦琐步骤,提高帮扶诊治的效率和质量。此外了解到农村部分村干部的退休保障也存在不到位的情况,还应进一步完善农村的社会保障制度,帮助人们解决养老的后顾之忧,才更能吸引人才来扎根农村。

乡村振兴是乡村发展进步的一个过程,在这个过程中存在着各种困难、矛盾和亟待解决的问题。人才资源是乡村建设的第一资源,人才问题也是乡村振兴中亟待解决的问题,乡村振兴人才先行,破解乡村人才难题需要国家政府、社会和每个人的共同努力,只有全国上下团结合作共同参与到乡村振兴的步伐中来,才能真正实现乡村振兴。习近平总书记提到"让愿意留在乡村、建设家乡的人留得安心,让愿意上山下乡、回报乡村的人更有信心,激励各类人才在农村广阔天地大施所能、大展才华、大显身手,打造一支强大的乡村振兴人才队伍",以乡村人才的全面开发和振兴,推动乡村的繁荣发展。

参考文献

[1] 孙布克.黑龙江省农村人力资源开发研究[D].北京:中国社会科学院大学,2020.

[2] 莫广光.以农村人才振兴促进农村全面振兴[J].农学学报,2019(12):87-91.

[3] 中共中央 国务院关于实施乡村振兴战略的意见[N].人民日报,2018-02-05.

[4] 加快推进乡村人才振兴[N].人民日报,2021-02-24.

第四部分

文化篇

乡村振兴战略下乡村文化建设路径研究
——以横车镇长石村为例

任欣云

摘 要：以乡村振兴战略为导向，促进乡村文化振兴，是进一步深化乡村社会经济发展的内在要求。随着城镇化进程的加快，大量农村居民进入城镇，一些农民的农村文化认同感淡化，农村文化建设面临困境，总体而言，当前乡村文化建设仍然是乡村振兴的短板。本文分析了横车镇长石村乡村文化建设中面临的挑战，并有针对性地提出了化解对策，以期为解决横车镇乡村文化建设的实践难题提供思路，也为我国其他地区乡村文化建设提供参考和借鉴。

关键词：乡村振兴战略；乡村文化建设；路径

一、文化振兴在乡村振兴发展中的意义

1. 乡村振兴的核心是乡村文化的振兴

习近平总书记指出"乡村振兴，既要塑形，也要铸魂"，文化振兴是乡村振兴的魂，实现乡村文化振兴既是实施乡村振兴战略的重要组成部分，也是加快乡村高质量发展的题中应有之义。乡村振兴核心是乡村文化，没有乡村文化，乡村文明就成为无源之水。我国城乡人均文化消费差距大，农村不仅缺乏物质基础，在文化上更是较为贫乏，部分农村人口闲暇时间多，文化活动却较单一，因而乡村文化难以建立起来。没有先进文化的支撑，农村就是落后的农村。只有农村文化繁荣，村民才能有强大的精神活力，其精神风貌才能焕然一新，乡村振兴战略目标才能实现。

2. 文化建设为乡村振兴提供智力支持

农民是乡村振兴战略的主体，农民的整体素质是实现乡村振兴的重要因素。乡村文化振兴有赖于各种形式的文化活动，有赖于造就出一批有思想道德、科技文化素质的新型农民，以及一支爱农村、懂农民的"三农"文化

工作队伍,依靠这些村民的智力去进行乡村文化建设。农民只有掌握了知识,才能成为新型农民,在新型农民的带领下,农村会越来越具有文化氛围,这种氛围的实现会助推乡村振兴。

3. 文化建设为乡村文化产业发展提供思路

文化资源本身就可以转化为文化创意,进一步转化为产业优势。村庄内具有鲜明特色的乡村文化是重要的文化资源,充分利用这些文化资源,对其进行开发和市场运作,形成独具特色的乡村文化产业,就会取得较好的收益。可以发挥文化强渗透、强关联的效应,通过文化建设推动文化与农业、旅游等产业融合发展,发展有特色的文化旅游产业。

二、长石村乡村文化建设取得初步成效

长石村位于蕲春县横车镇西部边陲,东与界岭村接壤,南接富山村和大柳村,西与蒋山村相邻,北与浠水县石头咀村毗邻,版图面积4.5平方千米,所辖15个村民小组、528户,总人口2200人。长石村历史悠久,文化深厚,村内原有长石庙、万年台戏楼、土圆仓等名胜古迹,现存万年台戏楼古色古香,建构精致,是省重点文物保护单位。为了贯彻落实国家乡村振兴战略和乡村文化繁荣发展的相关政策,长石村积极作为和布局,在乡村公共文化发展、文化惠民和文化产业振兴等方面取得了较大成效。

1. 建设农家书屋,为农民提供精神食粮

加大乡村文化建设投入,建设农家书屋、文体活动场所,让更多农民有书读,通过读书获取知识,增长本领。截至目前,长石村的农家书屋(见图1)收藏图书1000余册,门类齐全,有十九大报告、党章等读本,还有文学作品、种植类书籍,藏书有助于增加农民的知识储备,丰富活跃农民的精神生活,让人们在茶余饭后、工作之余有更好的精神依托。

2. 完善村级文化基础设施,搭建文化平台

文化建设硬件是基础,群众休闲学习要有完备的场所。为此,长石村建起了村级文体娱乐休闲广场、室外文体广场(见图2),并对原有的文化设施进行升级改造,建起了舞台、观戏台;建设综合性文化服务中心,开设党员教育、科技普法宣传等板块;建设放映厅、文体活动室、文化长廊等文化基础设施。文化氛围浓厚,村民受到文化气息的熏陶,文明素质和村风民风焕然一新。

3. 大力扶持文化遗产项目,打造生态旅游文化产业

长石村立足本地特色,建设美丽乡村,发展乡村旅游,村容村貌、群众

乡村振兴战略下乡村文化建设路径研究——以横车镇长石村为例

图1　长石村农家书屋

图2　长石村文体活动广场

生活发生了日新月异的变化。村里有文化广场、长石景观塘、福利院和农家小游园,在突出生态自然特色的同时,长石村还特别注重文化品位,积极挖掘长石文化历史,修复了万年台戏楼(见图3),以休闲观光农业为主线,以万年台戏楼为依托,建设集休闲垂钓、果蔬采摘、家庭农场于一体的休闲观光农业(见图4),充分挖掘戏曲文化,开发历史文化景点,使其成为横车镇生态旅游带一个重要的旅游节点。

图3　万年台戏楼

图4　休闲观光农业

4. 坚持党建引领,建设孝善文化

坚持党对农村工作的领导。长石村开展了"不忘初心,牢记使命"主题教育活动、文艺汇演、红色故事宣讲会活动,扎实组织推进"七一"、国庆节等节庆活动,开展了"十星级文明评比活动",如好公公、好婆婆等评比活动,评选出爱党敬业、和谐友善、爱党爱村标兵,为全村树立了道德标杆与模范典型。每到重阳节,会有村民喜闻乐见的黄梅戏演出。在党员教育管理中,在"三会一课""两学一做"学习教育中,增加孝善文化内容(见图5),让党员干部做孝善文化建设的榜样,带动孝善文化扎根农村。

图5　长石村孝善文化

三、长石村乡村文化发展存在的问题

乡村振兴战略是新时代助力乡村发展的重要战略,其中包括产业振兴、人才振兴、文化振兴、生态振兴、组织振兴,这五个振兴是一个有机的辩证统一体。一些地方发展更多地注重产业振兴,片面认为只要有产业的振兴就会带来乡村振兴,实则不然,乡村文化振兴也是重要内容。文化属于社会意识形态,乡村文化建设得好,可以反过来促进产业振兴。但是,很多乡村在文化建设过程中存在一定的问题,长石村也不例外,如缺乏强有力的文化意识、对传统历史遗迹的重视程度不足、缺乏文化产业创新发展动力等。

1.缺乏强有力的文化意识

乡村文化振兴意识不强,缺乏主观能动性。首先,在传统思想观念的影响之下,文化作为一种"隐性"资源,缺乏足够重视,以至于文化振兴缺乏群众基础,工作推进实施不力。其次,乡村文化基础设施建设不足,现有文化设施难以支撑日益增长的农村文化发展需求。当前,乡村文化基础设施以村文化室、图书室为主,单一的文化设施,难以满足实际发展需求。在村民参与文化活动的积极性上,通过调研了解到绝大多数村民是愿意参与集体文化活动的,但还有部分村民表示没有时间或者不感兴趣。最后,政府在乡村文化振兴中推动力不足,在资金投入等方面保障不力,影响文化建设成效。

2. 对传统历史遗迹的重视程度不足

长石村土圆仓是按毛主席的指示修建的,每个土圆仓直径为8米,能储粮518吨,且坚固结实。当年建造土圆仓没有用到钢材、木材、水泥等当时的紧俏物资,材料都是就地取材,穹顶设计利于排水,穹顶最上方和圆形墙体高处分别建有通风窗口,粮仓下方四周分布多条排水沟,粮仓前是一个大院坝,用于晾晒粮食。整个粮仓建筑设计布局很是巧妙,通风、采光、排湿、防火、防水都衔接得一丝不差。但在经济社会发展进程中,有些优秀文化资源逐渐流失,比如土圆仓的文化遗址保护工作就做得不到位,长石村共有8个土圆仓,但是土圆仓现在大多数被村民用来存放钢材、五金等物品。在乡村振兴的背景之下,必须在保护历史文化遗迹的前提下,去实现乡村经济的发展。

3. 缺乏文化产业创新发展动力

文化振兴的根基,在于如何激发文化产业发展活力,为乡村振兴提供功能。但是,一些乡村在文化产业发展中,缺乏内核动能,特别是乡村文化产业发展同质化严重,对自身文化特质缺乏有效统筹发掘,导致文化元素的流失。其主要原因在于,乡村文化产业发展创新能力不足,在同质化的产业发展中,难以形成良好的文化产业势能,比如长石村旨在通过与政府平台宣传合作,打包整体景点项目,着力推广万年台戏楼,形成亮丽的特色名片,但这个文化遗址尚未完全被开发,而且其吸引力尚不足,会导致项目经济效益低下,文化消费水平低。

四、以乡村文化建设助力乡村振兴的有效对策

习近平总书记历来重视文化软实力在国家发展中的作用,党的十九大报告指出:"文化是一个国家、一个民族的灵魂。文化兴国运兴,文化强民族强。"横车镇长石村在乡村文化振兴方面,需要不断进行探索,坚持相应的乡村文化建设原则,但要打破同质化发展模式,在保持自身特色文化元素的基础上融入多种文化因子。可以通过对乡村的传统文化遗产进行创

造性转化和创新性发展,继承和弘扬红色文化基因,重视乡贤文化的发展,打造乡村文化品牌,注重乡村文化人才队伍的建设等方式,推进乡村文化振兴。让乡村文化真正活起来,实现乡村振兴和谐有序发展,就是要充分发挥文化在乡村振兴中的作用,打造充满生机、丰富多彩的乡村文化。

1. 在乡村振兴中凸显文化考量

在乡村振兴整体规划中,要把文化理念融入乡村振兴中,要凸显文化考量。乡村振兴战略推进过程中要保护好乡土文化。对于有价值的古镇村落、旧宅民居、古树名木、文物古迹、农业遗迹等要尽可能保留,并且要定期进行修缮与维护。健全农村公共文化设施,打造文化场地设施,让乡村文化设施更加"接地气",得到群众认可,长石村虽然有农家书屋,但利用率不高,可以思考举办与农业、科技、历史等有关的知识竞赛,让村民参与进来,调动大家学习知识的积极性。所以,将文化重视起来并不仅仅是表面的功夫,更是一项深层次的工作,必须在完善基础设施的状况下,将文化建设的效果发到最大。

2. 确立农村群众文化主体地位

乡村文化建设,人是关键因素,应该把人才开发放在首要位置。马克思说:"创造这一切、拥有这一切并为这一切而斗争的,不是'历史',而正是人,现实的、活生生的人。"农村缺乏文化水平高的人,才会导致很多公共文化服务设施不能发挥作用,许多乡村的传统文化项目、非遗项目无人继承,得不到发扬光大。习近平总书记强调以农民为根本抓手繁荣乡村文化,通过发挥农民主体创造性价值推动乡村文化振兴。长石村虽然有万年台戏楼,但是戏楼目前鲜有文化活动,长此以往文化就会消失。当今乡村文化振兴,必须充分尊重农民的首创精神,支持民间文艺人才、农村文艺骨干、文艺团体,因为人民群众是文化的主体、文化的创造者,只有这样,农村才会生产更多"接地气"、更喜闻乐见、更有正能量的文化产品,产出具有乡村气息的优秀文艺作品。针对当前长石村出现的人才"空心化"现状,要通过弘扬新时代乡村文化凝聚人气,筑巢引凤吸引农村精英回流和外来人才共同服务于乡村文化振兴,鼓励大学生村官、"第一书记"等驻村干部参与乡村文化建设,牢牢把握乡村文化建设过程中意识形态的主导权。

3. 促进乡村文化产业的繁荣兴盛

文化产业的繁荣兴盛是乡村文化振兴的依托。城市生活节奏的加快和工作压力的增加,使得越来越多的人向往乡村恬静、自然的简单生活,这些潜在的消费需求催生了相关产业的出现,水果采摘、乡村旅游、乡村康养、农耕文化体验等成为新兴的时尚体验。目前,长石村只有农家乐生态旅游度假区项目,还没有更多的文化产业,而加快发展乡村文化产业,不仅能促进农耕文化的传承,还可以优化乡村产业结构,实现乡村一二三产业的有机融合,因此应充分利用乡村社会蕴藏的丰富多彩的文化资源,如乡村建筑、乡村生产生活工具、地方小吃、民间艺术品、地方文艺表演等,发展特色文化产业。

4. 广泛开展乡村文化活动

精神世界的丰富能够促进物质财富的积累,广泛开展文化活动是推进乡村振兴的有效手段。目前长石村只有广场舞比赛、逢年过节的黄梅戏演出、与镇上一起合办的精神脱贫文艺汇演等形式的文体活动,这是远远不够的。乡村空地较多,要充分利用起来,积极开展多种文化活动,乡村本地应该定期开展艺术节、文化节等活动,让村民在活动中展示自己的特长,如唱歌、跳舞、绘画等,丰富其文化生活;同时,还要多开展文化下乡活动,最典型的有电影下乡活动,除此之外,政府还应该动员省图书馆、摄影协会、美术协会等文化单位,和乡村居民定期交流,给乡村送去先进文化,也从乡村汲取优秀的乡土传统文化,实现共赢。

五、结语

文化也是一种生产力,乡村文化振兴起来了,良好家风、文明乡风、淳朴民风培育起来了,发展乡村产业、培养乡村人才、保护乡村生态、推进乡村治理也就有了更多的文化助力,乡村也就能够实现更全面、更立体的振兴。各地在推进乡村振兴的过程中,要以更高的认识、更好的规划、更实的举措推进文化振兴工作,让它能够更好地发挥凝气聚魂的作用。

参考文献

[1] 田叶.社会主义新农村的文化建设[J].天津市经理学院学报,2011(3):26-27.

[2] 张州.乡村文化建设助推乡村振兴战略[J].学理论,2018(10):185-187.

[3] 习近平.决胜全面建成小康社会 夺取新时代中国特色社会主义伟大胜利——在中国共产党第十九次全国代表大会上的报告[R].北京:新华社,2017.

[4] 马克思,恩格斯.马克思恩格斯全集(第2卷)[M].北京:人民出版社,1956.

[5] 聂晨静.习近平等分别参加全国人大会议一些代表团审议[EB/OL].http://www.xinhuanet.com/politics/2018lh/2018-03-08/c_1122508329.htm.

文化建设助力乡村振兴调研报告
——以湖北省蕲春县横车镇为例

郝江云

摘　要：文化振兴是乡村振兴的灵魂，对于推进乡村振兴具有重要作用。以乡村振兴战略为导向，构建乡村文化振兴发展路径，符合乡村发展的实际需求。本文以华中科技大学马克思主义学院乡村振兴调研小组的调研结果为基础，分析了湖北省蕲春县横车镇目前文化建设的基本情况及存在的问题，并在此基础上从重视"能人回乡"、构建特色文化产业、完善文化设施建设等七个方面，提出了乡村文化振兴的对策建议。

关键词：乡村振兴；文化建设；对策建议

习近平总书记强调："要推动乡村文化振兴，加强农村思想道德建设和公共文化建设，以社会主义核心价值观为引领，深入挖掘优秀传统农耕文化蕴含的思想观念、人文精神、道德规范，培育挖掘乡土文化人才，弘扬主旋律和社会正气，培育文明乡风、良好家风、淳朴民风，改善农民精神风貌，提高乡村社会文明程度，焕发乡村文明新气象。"乡村文化底蕴深厚，优秀的乡村文化元素是实施乡村文化振兴战略的重要支撑。以乡村振兴战略为导向，促进乡村文化振兴，是进一步深化乡村社会经济发展的内在要求。当前，我国乡村文化振兴工程不断推进，逐步形成了具有中国特色的乡村文化事业产业体系，是中国改革发展的有力支撑。面对日益增长的文化发展需求，乡村振兴战略要扎牢发展根基，在文化振兴发展中，形成良好的发展基础。2020年10月16—20日，华中科技大学乡村振兴调研组赴湖北省蕲春县调研乡村振兴相关的问题，先后通过资料查阅、访问座谈、实地走访等形式对横车镇部分村落展开调研，并且入户入村实地调研了部分行政村及若干农户。现将调研中发现的乡村振兴中文化建设存在的问题及相应的对策建议汇报如下。

一、乡村文化振兴的必要性

文化是一个民族、一个国家自身文化价值导向的指向标,文化自信是对本民族国家文化生命力持有的坚定信心。乡村文化作为一种特殊文化形态,是指人们长期在乡村生活中形成的相对稳定的生产生活方式与观念体系的总称,包括有形文化与无形文化两个方面,具体是指物态文化层面、行为文化层面、制度文化层面与精神文化层面四个层面。中国特色社会主义步入新时代,中国乡村社会发展也由十九大提出乡村振兴战略而进入新阶段,乡村振兴成为现代乡村社会结构转换、乡村治理发展、乡村社会形态塑造的主推力。"乡风文明,生态宜居,治理有效,产业兴旺,生活富裕"是乡村振兴的总要求,推动乡村文化振兴是乡村振兴的重要内容,因为文化是社会发展的软性保障,是衡量一个社会发展质量的灵魂指标。

文化治理功用的发挥对推进新时代乡村治理至关重要,也是我国当前加强和创新社会治理、健全乡村治理体系、提升乡村治理能力的基本渠道。我国拥有悠久的农耕文明和广阔的农村地域,我国社会学界对乡村文化保持着持续研究,如今乡村文化面临着衰落的事实和急需振兴的时代要求,关于乡村文化建设的讨论也从未停止。

一是乡村文化意蕴被学界充分论述(梁漱溟,1949;费孝通,1998;孙庆忠,2009;赵旭东等,2017)。虽然乡村文化没有统一的定义,但乡村文化、乡土文化、农村文化和村落文化往往互称互指。综合来看,乡村文化包含两个层面:其一,是在乡村基本空间上形成的自然生态景观及日常生存生活方式;其二,是一种历史性的文化系统,包括作为主体的乡村传统文化和伴随时代变迁而形成的乡村现代文化。

二是乡村文化与乡村治理研究。有学者认为与时传承的道德伦理、习俗和文化,超越了经济与政治,是构筑中国乡村治理的内在基础(王铭铭,1997;肖唐镖,2010)。因此,一些学者试图通过加强乡村文化建设来推进乡村治理,整合社会主义核心价值体系,拓展新型乡村文化,探寻乡村治理的文化路径(张英魁,2009;赵霞,2011;季中扬,2012;沈妉,2013;范和生,2017)。

三是多维度探索乡村文化建设路径。有些学者主张从价值重建入手,用社会主义核心价值观指引乡村文化建设,建立乡村文化与城市文化的"互哺"机制、对传统乡村文化进行再认同,建立健全相关乡村文化法律制度以重建乡村文化自信(张英魁,2009;欧阳雪梅,2018;赵霞,2011;胡元蛟,2019)。有些学者认为需重塑乡村文化主体,促进新型乡绅阶层产生,培育、挖掘乡土文化人才,培育乡贤文化,以政府、社会、农民群众的合力,推动乡村文化振兴(季中扬,2012;杨军,2015;萧子扬,2018;冯俊锋,2018)。有些学者主张结合治理视角振兴乡村文化,重构乡村文化再生空间与内聚功能,从聚人气、兴产业、促建设、强教育、育组织五方面着手,通过优化公共文化服务体系、完善农耕文化传承体系、建构现代文化产业体系、创新乡村文化治理体系,为乡村振兴提供文化推力(李国江,2019;吴理财,2019;王志章,2019)。

既有的乡村文化建设研究讨论具有很高的学术价值,但总体上来看,专门探讨乡村文化振兴的研究成果还不够丰富,多是将其作为乡村振兴的一个基本内容来释义,至于乡村文化建设的基本目标、面临的困境以及如何实现文化振兴则尚未展开深入探索。鉴于此,我们将在乡村振兴和城乡融合发展的大背景下,以乡村文化振兴面临的基本问题为抓手,重新认识和挖掘乡村文化价值,激发优秀乡村文化的时代活力,在此基础上探寻乡村文化振兴策略,以文化繁荣助推乡村振兴和社会发展。

二、横车镇文化建设的基本情况

1. 九棵松村文化建设情况

九棵松村位于横车镇西北部,以古有九棵大松树而得名,版图面积6.72平方千米,在2005年就被评选为"全国文明村"。在文化设施建设方面,九棵松村高标准建设了村史馆、文化广场、流动农家书屋等基础文化设施;在活动开展方面,开展了"不忘初心,牢记使命"主题教育活动、文艺汇演、红色故事宣讲会活动,承办了全省第一书记培训示范班活动,扎实组织推进"七一"、国庆节等节庆活动,开展了"十星级文明评比活动",如"好公公""好婆婆"等评比活动,评选出爱党敬业、和谐友善、爱党爱村标兵,为全村树立了道德标杆与模范典型。

2. 长石村文化建设情况

长石村位于蕲春县横车镇西部边陲,东与界岭村接壤,南接富山村和大柳村,西与蒋山村相邻,北与浠水县石头咀村毗邻,版图面积4.5平方千米。长石村历史文化底蕴浓厚,村内原有长石庙、万年台戏楼、土圆仓等名胜古迹,现存万年台戏楼古色古香,建构精致,是省重点文物保护单位。今日长石村沐浴着改革开放的春风,在新农村建设的大潮中脱胎换骨,发展不停歇,旧貌换新颜。文化基础设施建设方面,长石村着力推进"五个一"建设,现有一个图书阅览室、一个文化娱乐室、一个文体广场、一套健身器材、一套简易灯光音响。按照基本公共文化服务标准,村里重点围绕文艺演出、读书看报、电影放映、文体活动、教育培训和文化遗产保护等方面,为居民提供均等的基本公共文化服务。长石村发扬孝善文化,设置"孝善文化长廊",并进行"孝善之星"评比活动。

3. 策山村文化建设情况

策山村位于横车镇西北部,版图面积6.9平方千米。策山村目前新建了一个700平方米的文化广场、一座标准的百姓舞台和文化长廊,还有图书室、投影仪、音响设备、远程电视教育集一体的多功能文化室,妇女活动室及群众休闲广场。开展的文化活动有百姓舞台上的跳舞、精准脱贫演出、黄梅戏、重阳节发放礼品等活动。

4. 蒋山村文化建设情况

蒋山村地处要塞,物产丰富,风景宜人。蒋山村历史文化底蕴深厚,有著名的抗战遗址——蒋家山革命烈士纪念碑。特色文化活动有黄梅戏演出等,平常活动有妇女广场舞等活动。

通过对这四个村子进行调研分析,我们基本可以了解整个横车镇文化建设情况。横车镇大部分村落历史底蕴浓厚,有自己独特的历史文化资源;文化基础设施建设较为完备,能够满足村民的文化需求,并且有系统条理的相关管理制度;每年会有定期的集体文化活动,活动形式较为统一;部分村落有宝贵的红色景点文化。

三、横车镇文化建设存在的问题

(1)乡村文化供给欠缺,现有文化形式不能为人们提供获得感、参与感和幸福感。在调研的这几个村落中,文化活动形式仅限于重大节日的文艺汇演、戏曲表演等,没有形式新颖的特色活动,没有针对不同年龄段人群开展不同的活动,从而导致群众参与活动的积极性不高。

(2)资金缺乏,部分村落的文化设施尚不完善。九棵松村、长石村的文化设施较为完备,有多功能文化活动室、农村书屋、文化广场、文化长廊等文化场所,但蒋山村、策山村等村落文化设施还较为落后,保证村民基本文化活动的场所还未建成,这在一定程度上阻碍了乡村文化的发展进程。

(3)对红色文化景点的重视度不够,忽视了文化内涵、人文精神和文化软实力的提升。蒋山村的蒋家山革命烈士纪念碑没有充分得到利用,红色资源被闲置,没有宣扬出去让更多人知道;长石村的万年台戏楼,是清代遗留下来的古戏台,2002年被列为湖北省重点文物保护单位,但它也是闲置在当地,没有充分开发利用,发挥其价值。弘扬传统文化、传承红色基因、建设文化大省是时代赋予的光荣使命,任重而道远。

(4)青壮年劳动力外流,严重的人才流失造成乡村文化断层。深入村落进行调研时,不难发现村子里的大多数都是老人和儿童,青壮年农民工入城成为一种普遍现象,农村劳动力转移造成农业人才缺失、乡村空心化等社会治理困境,传统乡村文化存在的基础受到破坏,不可避免地导致了乡村文化的空心化,客观上造成了乡村文化的断层。

四、横车镇推进文化振兴的对策建议

1. 践行社会主义核心价值观

社会主义核心价值观是国家强盛的基础,是国家兴旺的灵魂。要发挥社会主义核心价值观对民众的引领作用,促进民众树立正确的价值观念和科学的理性信仰,就必须健全社会主义核心价值观长效教育机制,在增强人们情感认同和培养人们行为习惯的基础上,逐步形成社会公众和广大居民共同遵守的道德规范以及全面认同的理想信念,引导农村居民自觉树立正确的世界观、人生观和价值观,自觉践行社会主义核心价值观,用先进的文化武装头脑,用积极的信仰指导人生。

2. 重视"能人回乡"政策,发挥引领带头作用

"能人"在乡村振兴过程中发挥着极为关键的作用。在推进乡村振兴战略高质量发展的今天,需要发挥人才的引领作用。"能人"长于乡村,成于都市,乡土情结深厚,具有回归故土、回馈乡里的现实意愿。横车镇应结合乡村实际,制定出台优惠政策和激励机制,营造良好文化发展环境,为流入城市的乡村文化人才回归搭建平台,吸引"能人"反哺桑梓,利用乡村独有的历史、生态和劳动力资源,带动群众致富。在社会中要形成尊崇"能人"、依靠"能人"、信任"能人"、爱护"能人"的良好氛围,确保"能人"回归后能够心无旁骛、积极投身乡村振兴各项建设,引导当地群众见贤思齐,建设美好生活。

3. 强化农村文化阵地建设,完善公共文化服务体系

加强农村文化阵地建设是社会主义现代化建设的重要任务,也是提高群众文化素质、建设美丽乡村的需要。建设农村文化阵地必须在统筹资源、整合力量上下功夫,补齐短板、加固基础是关键,在加强硬件设施建设的同时,要进一步完善农村公共文化服务体系,着眼教育引导、服务生产生活、完善供给结构,提供多层次的农村居民喜闻乐见的艺术形式和符合农

村居民需求的文化产品,全面提升农村主流文化宣传教育的吸引力和影响力,让广大农村居民需有所学、学有所用、用有所长。

4.重视红色景点资源,加大资金投入支持

中国共产党不断大力弘扬中华优秀传统文化、传承革命文化、发展社会主义先进文化,打造新时代人民精神家园!革命文化既是中华民族革命斗争历史的高度文化凝聚,也是中国精神在革命年代的主要表现形式。重视红色革命文化资源,对其充分开发利用,从而带动当地经济的发展,其前提是政府相关部门要加大资金投入,对红色革命文化周围道路、建筑进行重修设计修建,并通过媒体、网络等进行宣传,提高知名度,从而吸引各地学生前来进行红色研学、游客参观旅游等。

5.壮大乡村文化产业,助力乡村振兴

发展乡村文化产业是促进乡村文化与经济融合发展的重要途径,是助推乡村振兴的重要引擎,必须坚持把社会效益放在首位、社会效益和经济效益相统一。要坚持多方面联动,建立省市县乡四级文化产业发展联动机制,用好文化产业发展政策,引导和撬动更多社会资本投向乡村文化建设,形成发展合力。推动红色旅游、农牧旅游产业升级,打造集农业文化创意、观光旅游体验等于一体的文化产业综合体。坚持多渠道发力,拓展网络营销渠道,构建地区文化创意产品互联网交易平台,提升特色文化产品的核心竞争力和市场占有率。

6.大力弘扬优秀传统文化,带动文化振兴

优秀传统文化就是先进的价值观念和不屈的民族精神,是中华民族最基本的文化基因,是文化自信的磐石和灵魂。传承和弘扬优秀传统文化是培育农村居民脱贫致富内生动力的根本和基础,是实现乡村振兴的动力和源泉,能够全面调动和激发农民发展生产、追求美好生活的主动性、积极性和创造性。传承优秀的传统文化,必须打造多元化的传播渠道,在采用传统宣传教育形式的基础上,利用现代化的信息技术手段,通过微信、微博、朋友圈、公众号构建大众传播、家庭传承、群体传递、个人传播等多层次的传播渠道,让历久弥新的优秀传统文化和中华民族传统美德成为广大农村居民提高涵养的重要源泉、增强发展的内生动力。

7.提高农民整体素质,培育新型职业农民

农民是推动乡村振兴战略目标实现的中流砥柱。提高农民整体素质是发展农村经济的根本保障,是提升农村活力的动力源泉。要培育新兴职业农民,就要在强化职业认同的条件下,结合各地的自然资源和环境条件、生活条件、生产水平，创新培育机制、构建培训方法、拓宽培训途径、完善培养模式、健全培训体系，在农民文化素质、生产技能、经营管理水平的培训上下功夫，进一步提升农村居民的文化素质和科学水平，不断增强农村居民的科技应用能力和生产管理水平，大力培育一代又一代的新型职业农民。

文化是一种社会现象，是人类在长期的社会实践中创造的产物，同时又是社会发展过程中形成的特有现象，是相对于政治、经济而言的社会精神活动以及与之相对应的产品。文化不但蕴藏于物质之中，又独立存在于物质之外，是一种能够被传承的意识形态。文化是一种精神力量，不仅影响着个人的成长，也影响着民族和国家的发展。毛泽东同志指出："一定的文化是一定社会的政治和经济的反映，又给予伟大影响和作用于一定社会的政治和经济。"习近平总书记也强调："文化是一个国家、一个民族的灵魂。文化兴国运兴，文化强民族强。"乡村文化建设作为乡村振兴战略的重要组成部分，是全面贯彻落实党的十九大关于建设美丽中国的具体行动，也是推进新型城镇化和社会主义新农村建设、生态文明建设的重要途径。因此，通过调研发现，湖北省蕲春县横车镇的文化建设情况整体上看是不错的，但也有些许不足，希望未来的发展可以从薄弱处出发，建设得越来越好，从而实现乡村全面振兴。

参考文献

[1] 王德胜,李康.打赢脱贫攻坚 助力乡村振兴——短视频赋能下的乡村文化传播[J].中国编辑,2020(8):9-14.

[2] 尹章池,张璐瑶.农家书屋振兴乡村文化的新使命、延伸功能和创新形式[J].中国编辑,2020(8):26-30.

[3] 郝聪聪,陈训波.乡村振兴战略视角下的农村文化脱贫探究[J].南方农业,2020,14(6):98-100,103.

[4] 廖彩荣,郭如良,尹琴,等.协同推进脱贫攻坚与乡村振兴:保障措施与实施路径[J].农林经济管理学报,2019,18(2):273-282.

[5] 王晓燕.乡村振兴战略视域下河南地区乡村文化扶贫研究[J].图书馆研究与工作,2020(10):23-26.

[6] 李三辉.乡村文化振兴的现实难题及其应对[J].长春理工大学学报(社会科学版),2021,34(1):46-50.

[7] 刘敬敬.乡村文化振兴的现实困境及路径选择[J].文化学刊,2021(1):153-155.

第五部分

生态篇

横车镇资源及生态发展调研报告

涂天宇

摘　要：本文通过对综合调研结果进行分析，将横车镇下属各村归类为矿产依赖型村、生态-矿产型村、生态依托型村三大类，并分别分析其具体面临的发展困境。在分类分析的基础上，针对不同类型的村，给出了如下对策建议：合理利用，摆脱资源陷阱；共同开发，群策群力；做强产业，两腿走路；生态宜居，兴旺乡村人口。

关键词：横车镇调研；乡村振兴；生态旅游；资源开发

"乡村振兴是一盘大棋，要把这盘大棋走好。"党的十九大提出了实施乡村振兴战略的总体目标，为做好新时代的"三农"工作指明了前进的方向、提供了根本的遵循，在我国"三农"发展进程中具有划时代的里程碑意义。实施乡村振兴战略，既是建设美丽中国的关键举措，也是实现全体人民共同富裕的必然选择。2021年中央一号文件提到"农业农村发展取得新的历史性成就，为党和国家战胜各种艰难险阻、稳定经济社会发展大局，发挥了'压舱石'作用"。要想做好乡村振兴工作，就必须搞好乡村调研工作，摸清楚蕴藏在乡村的各类资源，这样才能因地制宜，为乡村振兴战略的实施提出切实可靠的意见与建议。

为积极响应国家乡村振兴战略，发挥高校专业引领作用，扎实推动实践育人，引导研究生在实践中觅得真知，提升本领。在学院党委的大力支持下，应横车镇政府的邀请，华中科技大学马克思主义学院25名研究生，于2020年10月16—20日前往黄冈市蕲春县横车镇，围绕经济与产业、资源与生态、文化发展、人力资源、乡村治理五个方向进行调查。作为资源与生态小组的成员之一，笔者在这五天时间分别随队考察了九棵松村、策山村、长石村、富冲村、驸马坳村、拢船头村等村的资源与生态方面的情况。现将调研具体情况总结汇报如下。

一、基本情况及问题

根据调研的具体情况,可以将本次调研的六个村根据其各自特点,简单地划归为三种类型:九棵松村因为其丰富的石英石矿产资源而定为矿产依赖型村;富冲村、拢船头村因为兼具可利用的生态环境及一定的矿产资源,定为生态-矿产型村;而策山村、驸马坳村、长石村则由于其并不具备矿产资源,而只有一定的生态环境资源,故而定义为生态依托型村,与九棵松村相对。以下分别加以详细介绍。

1. 矿产依赖型村的情况及困境

九棵松村目前仍拥有优质的脉石英石矿产,自改革开放以来,一直依托石英石开采及其他配套产业,取得了村集体的长足发展。此村的发展状况因其特有的资源禀赋而始终处于第一梯队。整个村内部围绕石英砂资源建立起了一系列的配套加工产业,而其中重要的矿产资源开采权力被村集体所掌握,由村集体规划开采,只负责供应周边地区的石英砂配套产业,也为村集体积累了相当可观的财政收入。据了解,九棵松村早年在矿山经营管理方面,其规章制度还不够完善,导致开采和供应没有节制,存在没有规划的随意开采情况,并且已经造成了相当程度的环境欠债,其具体表现为挖矿造成矿山植被破坏、水土流失,以及石英加工、运输导致的空气污染等。

九棵松村集体意识到这些潜在的问题,并针对这些问题提出了一些解决办法。首先是在村集体企业改制之后,完善了相应的规章制度,抛弃了过去没有节制的开采计划,对每年的矿石开采量实施进一步的规划和控制,保证不超过 30 万吨。这一举措一方面抬升了矿石的价格,另一方面也减缓了矿区枯竭的预计时间。其次,九棵松村矿区针对还未开采的高质量石英矿资源,采取保护的态度,并积极联络专业人才,希望通过引进先进技术,最大限度地挖掘这批资源的价值。最后,针对矿产开采而导致的环境破坏问题,九棵松村一方面积极响应国家号召,邀请第三方机构参与协助,努力打造绿色矿山,同时改变思路,在矿山开采过程中采取边开采边恢复植被的做法;另一方面则积极寻求转型,提出了包括改造矿山区域为矿山公园、建立生态种植园在内的生态园区方案。

九棵松村所面临的主要问题,也正在于其本身经济形态对不可再生矿产资源——石英砂矿——的过度依赖,因为其围绕特定资源所建立起来的一系列配套产业,存在一定的陷入资源陷阱的风险。而且,尽管现在已经意识到了环境问题,提出了绿色矿山计划,开展了一些植树造林活动,但其过去的无规划开采导致的历史环境负担,如植被破坏、水土流失等,对绿色矿山计划的具体实施过程造成了不小的阻力,此外,上述石英砂产业集团的利益集团化,也对已经拟定的生态环境规划项目造成阻碍,以至于目前的规划仅仅留在规划层面,而并没有看到任何的落实迹象。据此也可以抽象出,矿产依赖型村的优势在于资金雄厚,只要有提前规划,基本上可以依靠自身实施转型计划,主要问题在于过去随意开掘造成的环境欠债问题。

2. 生态-矿产型村的情况及困境

富冲村曾有一定数量的矿山资源,但因其矿产资源的品质与数量不如九棵松村,因而对此只是部分依赖。同时,富冲村本身也具有一定的生态基础以及利用生态资源发展出来的一些产业,如油茶基地。现如今,富冲村的矿产经济资源早已枯竭,急需摆脱过去对矿产的部分依赖,积极转型,以寻求困境的突破。而因其过去所积累的财富产业尚能保证村集体有一定收入,同时其本身也与邻村共同占有丰富的森林生态资源,并在过去发展产业时积累有一定的人脉资源——富冲村有祖籍此地的能人愿意进行生态旅游观光的投资,所以其在从矿产依赖型向生态依托型的转变过程中,相较于其他两种类型的村有一定的优势,在转型的过程中既有充足的动力,又有一定的物质基础。但因其现在仍旧处在转型期,一方面过去矿山过度开掘所造成的历史环境负担需要弥补,另一方面所计划发展的生态-旅游-产业三位一体的远景规划尚未形成,过去也曾做过诸如种植板栗、橘子、桃子、木耳等的尝试,但都因为市场因素等客观原因而宣告失败,无疑会对接下来的转型之路造成一定的阻碍。

拢船头村南边属于平原地势,北边属于丘陵地带。此村过去依赖湖泊中蕴涵的丰富黄沙资源,一方面挖沙卖沙,另一方面也发展出了一些诸如私人的白砖厂、搅拌厂在内的产业,但因为黄沙产业本身并不能够产生如矿产一般的大量财富,私人产业的收入上缴不多,村集体也依靠当地的地理环境开办了一家拥有四百余头猪的生猪养殖场,作为主要的集体收入来源。而现如今因为国家政策的变化,黄沙开采权力上交,拢船头村失去了绝大部分的黄沙开采收入,一度陷入了贫困境地,但好在积极寻求变革,其地理条件也较为适合发展农业产业,于是在过去生猪养殖场的基础上,建立起来一个大型的蔬菜基地,将生猪养殖场的粪便作为肥料综合利用起来,于2018年实现了全村脱贫。相较于富冲村,拢船头村虽然生态资源不够丰富,但转型过程较为顺利。

可以看出,生态-矿产型村的优势在于过去已有生态产业方向(如富冲村的油茶基地、拢船头村的养猪场),且村集体有一定物质基础能实现其生态转型,只要给予一定的政策扶持,就可以实现其生态转型的计划,但主要问题也兼具历史负担和转型期的前期投入成本大,前景不明朗。

3. 生态依托型村的情况及困境

策山村地处偏僻,人口居住较为分散,没有任何矿产资源,以前属于蕲春县九个贫困村之一,但其森林资源丰富,植被覆盖率达到了96%,也有如宋朝时期的策山寨、鄂豫皖蕲水边区总部所在地等在内的历史文化资源。村集体也借此想寻求朝生态旅游的方向发展,村民本身寻求致富、发展当地的意愿也十分强烈,但其主要问题也是因为先天的资源缺陷,没有足够的能力进行转型发展,村中几乎没有青壮劳动力——都外出打工——只可能通过外部扶持以寻求改变,完全通过自身发展的可能性不大。

驸马坳村地处铁路沿线地区,交通便利,村民居住较为集中。该村虽然没有矿产资源,但得益于国家的扶贫政策,拥有电网投资的扶贫项目14MW光伏发电基地,同时也栽种了一定数量的果树,并准备打造占地约360亩的集旅游、观光、产业于一体的蔬菜基地。相较于策山村,该村的地理环境相当优越,同时也有大量的国家政策扶植,使得其向生态旅游的转型发展较为顺利。但问题也正基于此,驸马坳村对国家政策的过度依赖导致了一定程度的政策惰性,并进而导致其自主转型的积极性不足,对已有投资项目的管理也难称为有效。

长石村的情况在这三个村子中是最好的,因为其具有能人回乡的优势。在村支书的带领下,长石村首先明确先求生存再求发展的原则,前后投入千万资金改造人居环境,并下大力气保护生态,要求居民按规划建房;同时尽力挖掘民间历史文化资源,现已组建长龙戏剧团、村舞蹈队等文体活动组织,并计划主打孝善文化以发展乡村旅游业。相较于前两个村,长石村的规划发展正按照计划稳步推进中,目标明确,落实有力;但也存在村产业有所欠缺,以及策划的乡村旅游相关内容并不算特别丰富,恐怕不能吸引足够游客的问题。虽然该村正考虑一村一品的产业建设,但现在仍未找到可靠的方向。同时其在发展过程中依靠村支书(能人)的带动效应过于明显(如改造人居环境的资金投入很大一部分是由村支书个人承担的),很可能存在后继乏力的问题。

可以看出,生态依托型村的优势在于过去生态环境历史负担小,有足够的发展动力,其不足也是因为只有生态而没有其他矿产资源而导致的劳动力流失、资金匮乏等问题。单纯依靠自己进行发展的可能性过低,只可能通过国家重点投入来进行改变。一旦有资金投入,如长石村能人回村拉来了千万投资,其生态旅游产业发展的目的就能顺利实现,而欠缺资金投入,如策山村修路都难以拿出足够的资金,其后续发展确实是举步维艰。

二、对策建议

尽管现如今的美丽乡村建设已经取得了一定程度的进展,但上述各类型村落仍在客观上存在着不同类型的问题。据此,针对相应的困境,可提出进一步的改进建议。

1. 合理利用,摆脱资源陷阱

针对九棵松村这类具有资源禀赋的富裕村来说,在其资源尚未枯竭的情况下,应该做到合理利用,进行产业结构的优化升级。产业结构优化升级是一个国家或地区实现转型发展的重要支撑,也是推动产业绿色发展的前提和基础。九棵松村的情况与其他资源丰富地区类似,过去的高速发展都是建立在对禀赋资源的过度消耗和大量廉价劳动力使用的基础之上。这些地区一旦产业力量不足以支撑其庞大的劳动力就业需求,其结果就是村子曾经拥有的繁荣将烟消云散,正如九棵松村如今所呈现出来的冷清情景一样,许多沿街的房屋并没有多少人居住,这是其关键问题所在。而人口的流失又进而会导致资源产业的衰退,形成一种恶性循环。在这种情况下,就需要合理利用残存的资源,全面提高资源节约与综合利用水平,以摆脱原先易被替代的低水平工业开采以及低端产业加工,更加深刻地嵌入相关的产业链中,这也可为后续产业转型提供足够的资金支持,避免出现"船大难掉头"的窘境。

2. 共同开发,群策群力

习近平总书记在江苏徐州市考察时指出,"发展特色产业、特色经济是加快推进农业农村现代化的重要举措,要因地制宜抓好谋划和落实"。因此,富冲村、策山村等共用同一山林及历史文化资源的村,要充分挖掘和发挥其特色产业的优势,但在具体执行的过程中又要考虑到周边群体共享效应的存在,故而必须要按照商定好的规划内容,进行各村协同的共同开发。具体来说,就是以有一定经济基础的富冲村为带头村,策山村等周边贫困村跟进,逐渐形成围绕天然山林资源的统一"历史文化—生态—旅游—农业产业园"。这样既能够解决前者的试验田问题,又能够解决后者的启动资金以及计划的问题,更能够以免造成相互竞争、零和博弈的窘境。具体来说,可首先确保一个大的山林生态旅游区,做好规划设计,通过仿照云台山模式,使用卖套票、使用观光大巴车等方式将这些村连接起来。同时,推进农村一二三产业融合发展示范园和科技示范园区建设。应以镇政府为主导,在兼顾旅游观光的同时发展相应产业,并将历史文化融入进去。如在山谷中培养花类种植园,既能够美化环境,进行花类销售,也能够配套一个养蜂基地;又如在旅游区内利用湖水资源,养殖鱼虾蟹等水生生物,同时也可以划拨专门的钓鱼区域,定期组织钓鱼爱好者竞赛,打造属于横车镇的休闲娱乐品牌;再比如利用好策山寨、古城墙等历史古迹,与烈士纪念碑和其他革命战争年代的遗迹等,在单纯的旅游观光娱乐的同时,进行爱国主义教育。当然这需要专业规划。至于历史文化—生态—旅游—农业产业园的启动问题,可先依靠其红色资源,动员县市内的党员在党建活动中选择此地,充分利用2021年中央一号文件中提出的衔接过渡期概念,对刚脱贫的村集体扶上马送一程。这样一方面能进行宣传,另一方面也有了一个较为稳定的收入来源,并可以根据具体的体验情况进行相应的改进,再逐步转入正规旅游消费产业,但务必摆脱依赖,避免堕入单一的旅游依赖型发展,使得各村步入立足县域,布局特色农产品产地初加工和精深加工,建设集历史文化、生态、旅游于一体的现代农业产业园、农业产业强镇、优势特色产业集群。

3. 做强产业,两腿走路

产业兴旺是乡村振兴的重点。正如2021年中央一号文件指出的,"实施脱贫地区特色种养业提升行动,广泛开展农产品产销对接活动,深化拓展消费帮扶"。要从农业内外、城乡两头共同发力,大力发展农村生产力,做大做强高效绿色种养业、农产品加工流通业、休闲农业和乡村旅游业、乡村服务业、乡土特色产业、乡村信息产业,促进农村一二三产业融合发展,培育农业农村发展新动能,保持农业农村经济发展旺盛活力,为乡村的全面振兴奠定物质基础。充分利用好生态资源与各村的地理环境优势,尽量打造一村一品,让每个村都有其可发展的特色产业。如九棵松村可在资源产业升级的过程中,提前做好利用工业遗产的转型规划与小范围实验——当然在这方面九棵松村是有规划的,只是仍旧停留在规划层面——摆脱自身对矿产资源的高度依赖,进行其他特色产业的发展,如模仿安徽宣纸生产体验吸引游客,打造蕲艾生产、制造、贩卖一体的体验园等品牌,同时在后续的如矿产主题公园等计划落地后,也能顺路感受矿山工业文化,丰富体验。而如富冲村的白茶、油茶产业,策山村的野山菇产业等,可将原有的小规模变成大规模,零散的个体采摘交易变成有组织的系统培养贸易,将原先的靠天吃饭发展成科学培育的稳定收入。同时,在一村一品的基础上,也需要尽量拓展生产内容,比如策山村不光可以培养野山菇,也可以发展其他的菌类产业,发展与松树相关的松子松油等产业,甚至可以尝试进行山猪、野山鸡养殖以及昆虫等养殖产业试点,并借助农村电商项目,通过带货直播、网红探秘——这一点或许可与周边如武汉、黄冈地区的网红商谈,算作公益项目——等互联网的新兴形式手段,拓展销售渠道,产业-旅游两条腿走路,保证在旅游淡季仍有可靠收入,增加抗风险能力。

4. 生态宜居,兴旺人口

生态宜居是乡村振兴的关键。要统筹山水林田湖草保护建设,加强农村资源环境保护,大力改善水电路气房讯等基础设施,做到设施配套、服务高效,保护好绿水青山和清新清净的田园风光,保留住独特的乡土味道和乡村风貌。这不仅是为了尊重农民的主体地位,也为了打造农民安居乐业的美丽家园,让良好生态成为乡村振兴支撑点。乡村振兴战略的核心、农业农村的合理有效发展,其主体就是农民。党中央之所以要推进乡村振兴,既是为了广大的农民群体,也需要依靠他们。打造生态宜居的乡村,推进包括"厕所革命"在内的一系列宜居工程,通水通电通网,正是使亿万农民得以共同分享改革开放成果的生动实践。生态宜居了,广大农民群体的获得感、幸福感和安全感便会与日俱增,更能够激发他们的主人翁精神,并将自身积极投入后续乡村建设中去。充分利用各村已有生态资源打造生态宜居乡村,正是将农民们的创造性、积极性调动起来、激发出来的有力举措。与此同时,生态宜居乡村也能够吸引人才回村。考虑到现有的情况,对城市中的各类公共资源投资显然高于农村地区,而这也是许多农村人才考上大学之后入城不复返的现实诱因,而如果农村地区的基础设施水平提高,再加上独特生态资源的加持,形成事实上的生态宜居乡村,就不愁人才不会产生回流,甚至能够吸引外地人才的进入,发展出类似于发达地区的乡村经济。相对丰富的生态资源是农村区别于城市的重要优势所在,要充分利用好这些宝贵的"绿色存量",为农村的人口兴旺重新注入绿色能量。

三、总结

习近平总书记指出,"乡村振兴是包括产业振兴、人才振兴、文化振兴、生态振兴、组织振兴的全面振兴,是'五位一体'总体布局和'四个全面'战略布局在'三农'工作的体现"。总的来说,得益于党中央的集中统一部署,横车镇各个村的情况虽然有所不同,呈现出一定程度的发展高低之分,但总体上来说是积极向上的。要想实现对村集体生态资源的充分利用和挖掘,以实现乡村振兴中的生态振兴,一方面需要加大投入,加大真金白银的投入。公共财政积极主动朝着有所规划的村集体注资,逐步解决其基础设施、公共服务等众多历史遗留的欠账问题,加快补齐这样显眼的弱项短板,同时也要以各类优惠政策来鼓励和发动其他社会资金对乡村振兴领域的投入,充分发挥社会主义市场经济的优势所在。另一方面,也需要借此充分调动起村集体的智慧。一手抓好人才的吸引和投入,初期投入上完全可以使用优秀的选调生资源,将他们的青春活力凝聚在乡村振兴的事业中,让农村成为他们施展才华的广阔天地;一手则抓好对农民本身积极性的调动,做到坚持从农村的实际出发,尊重农民的主体地位,使得政府处在引导和支持的地位,不违背农民意愿去搞资源开发和生态振兴,要让广大农民愿意干、抢着干,这一点可以通过分配公共资金投入来实现,如规划做得好的村就得到更多的资源等。

同时,在生态振兴的过程中,也需要注意到相应的法律监管,统筹布局生态、农业、城镇等功能空间,科学划定各类空间管控边界,严格实行土地用途管制。采取"长牙齿"的措施,落实最严格的耕地保护制度。严禁违规占用耕地和违背自然规律绿化造林、挖湖造景,严格控制非农建设占用耕地,避免出现资本跑马圈地,搞度假村、乡村别墅,滥砍滥伐破坏生态的"伪振兴";坚持和保护农民的机会和利益,避免资本涌入导致的人的异化,让老板下乡去带动老乡,而不是代替老乡,压榨老乡,剥削老乡,最终只是富了老板。要让乡村振兴战略真正落实,落好在农民的身上,为实现中华民族伟大复兴的中国梦注入强大动能。

参考文献

[1] 习近平. 习近平谈治国理政(第三卷)[M]. 北京:外文出版社,2020.

[2] 中共中央 国务院关于全面推进乡村振兴加快农业农村现代化的意见[EB/OL]. [2021-06-07]. http://www.gov.cn/xinwen/2021-02/21/content_5588098.htm.

[3] 王勇,张占仓. 中国改革开放全景录(河南卷)[M]. 郑州:河南人民出版社,2018.

[4] 中共中央党史和文献研究院.习近平关于"三农"工作论述摘编[M].北京:中央文献出版社,2019.

[5] 习近平.把乡村振兴战略作为新时代"三农"工作总抓手[J].社会主义论坛,2019(7):4-6.

横车镇生态旅游发展的制约因素及对策

安徽工程大学马克思主义学院　曹志磊

摘　要：湖北省蕲春县横车镇响应党和国家号召，发展生态农业和旅游业，并且部分村进入了落实和建设阶段，这与该镇所有的丰富的矿产资源、森林资源、农业资源、历史文化资源、民意资源是分不开的。值得警醒的是，横车镇发展生态旅游仍存在诸多制约因素，如资源匮乏、招商引资困难、人才缺失、矿产资源的有限性及产业对其的依赖性、产业对生态环境的破坏、农业机械化规模化的困难以及发展停留在口号层面。对此，横车镇发展生态旅游必须借助于一村一品，打造全面横车；以产业为支撑，实现产业和观光的协同发展；变革产业技术，让创新成为发展的第一动力；厚植文化底蕴，培养横车自己的人才；自媒体与官媒同时发力，强化横车镇宣传力度。

关键词：横车镇；乡村；生态旅游；对策建议

一、横车镇生态旅游发展现状及资源优势

横车镇位于湖北省黄冈市蕲春县，全镇东西长16.5千米，南北宽12.2千米，版图面积193.77平方千米（2017年），辖48个村，共69960人（2017年）。根据横车镇2019年政府工作报告，横车镇在生态建设方面主要从五个维度入手，即整顿污染企业、植绿护绿、生态工程、垃圾治理、美丽乡村，目前已经完成了镇区26千米污水管道的铺设和改造、垃圾分类全覆盖、九棵松九龙谷生态康养小镇等美丽乡村示范点建设等工作。同时，镇政府也响应党和国家号召，积极发展生态农业和旅游业，目前各村都有意往该方向发展，并且九棵松村、富冲村等发展基础较好的村庄已经完成了初步的招商引资，进入了落实和建设阶段。

（一）矿产资源

横车镇境内具有优质的石英砂、长石、铁矿等资源。以九棵松村为例，

村内辖有脉石英矿,已开采50多年,存量预计仍供开采20年左右,石英矿年开采量约为3万吨。石英矿为全村提供了解决就业和发展轻工业的资源优势。据介绍,整个九棵松石英矿厂管理员共计45人,职工共计80人,其中基本都是九棵松村人,矿厂给出的工资为3万～4万元/年,这远远超出了当地务农的平均收入水平。同时九棵松村企业约为50多家,其中依赖石英矿资源的企业约有30多家,周围村还有约10家企业。矿厂和这些企业的存在解决了当地人员尤其是青壮年的就业问题,"该村坚持走工业型发展道路,不仅解决了本村劳力就业问题,而且还安置了周边村2000多人就业",从而保证了他们能够留在本地,因此九棵松村的青壮年留村比例远远超过了横车镇的其他村。同样矿厂作为集体经济,每年为九棵松村提供数以千万的集体收入,加上村内其他集体经济成分,九棵松村财政收入在蕲春县处于领先地位,因而村内基础设施建设如公路建设等更加完善。

(二)森林资源

横车镇境内森林资源丰富,植被覆盖率高(策山村森林覆盖率超过96%)。这些丰富的森林资源不仅可以满足镇内居民日常生活的需要(镇内基本普及了煤气灶,但是大多数居民尤其是老人更愿意去附近捡一些枯枝或者砍一些山上的荆棘等来生火),而且也提供了较为优越的自然景观,这也为发展生态旅游业提供了重要的环境基础。

(三)农业资源

横车镇地势西北高东南低,处于丘陵地带,山脉与水系交错复杂,同时地处亚热带季风气候区,夏季高温多雨,冬季低温少雨;主要种植作物为杂交水稻、油茶、各类蔬菜等,养殖业有多家养鸡场、养猪场等,此外镇内部分村落正在发展虾稻连作的生态农业。

由于蕲春县是李时珍故乡,横车镇的中草药种植业(特别是蕲艾)也十分发达,横车镇围绕医药兴县的战略,高标准建设药材示范基地,发展以种植板蓝根、参地、薄荷、穿心莲等为主的药材生产专业村,培养药材生产和营销大户,初步形成了以营销大户带生产大户、生产大户带农业户的药材生产格局。

(四)历史文化资源

横车镇原名横车桥,相传朱元璋挥军至此被断桥所阻,横铺战车当桥通过而得名。相传策山村村名源于三国时期孙策抗曹,村民感其功绩,故改名为策山村。横车镇内有蒋山寨、马华山寨、策山寨等多个古山寨,此外还有古城墙等可供观光。

横车镇也曾是鄂豫皖蕲水边区所在地,属于革命老区,抗日战争时期黄梅坳还修过碉堡。此外,抗日战争、解放战争时期,张体学曾在此地率领42团与国民党作战,牺牲战士27名,蒋山村建有革命烈士纪念碑,有着丰富的红色文化资源。

横车镇内的长石村号称戏曲文化之乡,村内修有专门的大戏台和戏曲文化广场。同时,长石村也有着丰富的孝善文化,以"孝善长石"为口号,每年都在村内进行评选,并予以表彰。

(五)民意资源

横车镇内民风质朴,村镇干部工作努力,为镇内居民提供帮助的同时也在不断加强与居民之间的联系。笔者在调研期间所走访的居民对于村内未来的发展走向都有着较为明确的认知,并对村镇的工作表示支持。以策山村阎老先生为例,阎老先生家中主要以种植业为主,家中有5～6亩水田和3亩左右的干田,知晓村内要发展生态旅游业的未来方向,并表示在力所能及的范围内愿意为村子发展做贡献。这些民意条件为横车镇未来发展提供了最坚实的群众基础。

二、横车镇生态旅游发展的制约因素

(一)资源条件相对匮乏,缺乏独特优势

相较于我国很多特色村镇,横车镇资源优势并不显著,无论是其区位、产业、自然景观,还是历史文化资源等都没有所谓的绝对优势。起伏的丘陵地势决定其难以进行大规模作业,有丰富的森林资源但即时变现困难。无论是横车镇的历史渊源、文化特色还是历史名人等在湖北省都不算出众,更无法在全国产生规模性的影响力。相对而言,最有特色的石英砂资源,其开采和加工也对横车镇的生态环境产生不利的影响,这样的资源条件对于发展生态旅游业而言可谓是困难重重。

(二)招商引资困难,缺乏资金支持

发展生态旅游业,仅仅依靠村子的集体经济和政府的财政支持是远远不够的,关键在于如何把外界的资金引进来。党的十八大以来,党和国家大力鼓励发展乡村生态旅游业,很多具有特色的村镇都已经吸引了大量资金并已经建成一系列特色的旅游村。由于资本有很多其他选择,而且横车镇本身特色不足,加上发展生态旅游业具有投资大、收益慢的特点,很多外来资本对于横车镇的生态旅游业持迟疑的态度。

(三)能人回乡难落实,人才匮乏

2019年2月的横车镇三级干部大会上,横车镇党委书记指出横车镇的能人回乡办得有声有色,推出特色项目32项,"油茶大王李文斌、虾稻巨头张宝青、长石乡贤余骅、许岗创业青年胡雄等回乡能人先进事迹,被湖北日报、网易新闻、黄冈日报等媒体相继报道"。然而这些能人所涉及的产业往往集中于镇上的农业、轻工业等,对于生态旅游业的支持力度不大。何为"能人"?本身就作为能人回乡代表的长石村村主任给出了他的标准:一有物质条件,二有管理才能,三有经济头脑。这种"能人"的标准如此之高,又如何吸引他们回乡呢,这是一个亟待解决的问题。

笔者走访的几个村都走出过不少大学生,其中也有部分名牌大学的学生,他们当中很多都去往我国发达地区发展,并且有些发展得非常不错,但是他们也基本上与村里断了联系,甚至举家迁离了村子。即便是村里一般的青壮年也基本都外出务工,一年回村次数屈指可数。将这些潜在的本土人才资源转换为现实资源是能人回乡的核心要义。

(四)矿产资源有限,工业发展何以为继

横车镇诸多大型企业表现为资源依赖型企业,即依靠横车镇的矿产资源而发展。以九棵松村为例,村内超五分之三的企业依靠的是村内的石英矿。而矿产资源作为不可再生资源,其总量有限,加上早期的非科学开采所造成的浪费,现横车镇内矿产资源的存量已不多。对于横车镇这些资源依赖型企业而言,目前最严峻的问题就是如何从资源依赖型向生态可持续型产业转型,可见横车镇发展生态旅游业的产业支撑不足。

(五)矿厂和轻工业企业对当地生态的破坏

对矿厂和企业的走访调查,笔者主要集中于横车镇工业条件最发达的九棵松村。九棵松村的脉石英矿山由于长时间开采,大面积的山块裸露在外,几乎没有任何绿色植被的覆盖,一旦下雨,就有发生水土流失甚至滑坡的风险。此外,矿山作业会产生大量尘土,纯户外作业仅仅依赖于洒水车显然是不够的,这也造成矿厂附近空气质量相对较差(笔者很明显能感受到空气中存在较多的颗粒物)。此外,对开采出来的石英矿进行淘洗也需要大量的水,由此产生的大量废水仅仅依靠多级的沉积后就排入河流中,造成水污染。

通过对几家石英砂加工厂的走访,笔者发现了以下几点。首先,那些最近几年新建的加工厂排污设施建设水平较高，厂内采取循环用水措施，保证废水不外流，但是在废气和废物的处理上仍然存在问题（厂内遍及通风口，废物没有进行什么安全处理就直接在厂内堆放）。其次，在一些老的加工厂中，笔者远远即可闻到强烈的刺激性气味，附近也是肉眼可见的尘土飞扬，可见其对周围环境所产生的影响。最后，我们也不能排除一些黑作坊等的存在，因为即便一家小厂一年的收入也远远高于国家对这种污染的处罚，如此不对等的差额足以让人铤而走险。这些黑作坊肯定不会投资于污染防治设施的建设，其设备以早已被其他厂淘汰的老旧设备为主，这对当地生态环境所产生的危害不可低估。

（六）丘陵地带地势起伏大，大规模机械化农业发展困难

横车镇内多数村庄如策山村、富冲村等，都存在由于所处地势起伏很大，农田小且分散，无法发展大规模机械化农业的状况。而传统农业对人力的需求量大，因此在竞价上远远比不上大规模机械农业，这也造成了当地很多村民宁可把田荒着也不愿意种的情况，这实际上也推动了当地的土地流转，为产业集群提供了重要的保证性前提。

（七）生态旅游业发展更多停留在口号上，缺乏实际行动

笔者走访的绝大多数村庄都以发展生态旅游业为未来发展的一个目标，并且这种观念也已在村民中传播开来。但是也有部分村民反映这仅仅是一个口号，至今未见到任何的行动与成果。九棵松村村史馆中有一副地图，其中提到了生态矿山公园，但是笔者后来发现这仅仅是一个尚未落实的规划，包括副矿长说要建设的绿色矿山也仅仅是2020年才提出的规划，预计要5年才实现，但笔者并未看到实际行动。

三、横车镇生态旅游发展的对策和建议

（一）一村一品，打造全面横车

由于横车镇缺乏得天独厚的旅游资源，要想作为后起之秀而后来居上，依靠各村单打独斗、各自为政甚至相互竞争进行内耗是不可取的。横车镇拥有48个自然村，其中九棵松村更是"湖北省生态村""全国文明村"。横车镇完全可以以九棵松村为核心，带动周围各村的生态旅游发展。

一村一品就是每个村在镇政府的宏观指导下根据自己所有的条件来发展自己的特有品牌，实现优势互补，强品牌带动弱品牌，弱品牌协助强品牌，最终有机组成横车品牌。"政府部门应引导农业加工企业通过开展集

中连片的专业化生产,建立健全土地承包经营权的转包、转让、互换、出租、股份合作等管理机制,发挥专业大户和专业村的示范带动作用,推动土地、资本、人才、技术等生产要素向发展'一村一品'集聚和集中,逐步形成一批主导产品突出、经营规模适度、经济效益显著的优势产业带。"例如九棵松村可以发展轻工业产业园和生态矿山产业园,可以修建专门的石英矿展览馆,供游客参观和了解石英砂从开采到粗加工,再到精加工直至成品的全过程。富冲村可以结合村内优质的自然景观资源并通过种植鲜花、竹林等打造一个供游客拍照打卡的游览胜地。策山村大片山林有着野山菌,可以通过和专门的农科所合作,培养出适合当地条件且生长迅猛的山菌种,通过种植这些山菌,策山村可以成为一个专门的各种山菌的种植和采摘基地,甚至可以打造"策山菌"的品牌,吸引游客前来采摘。长石村可以进一步利用自己的戏曲文化渊源,进一步打造戏曲文化之乡的品牌,并结合传统的孝善文化,打造一个中国传统文化园区,吸引家长带孩子前来参观。拢船头村可以进一步发展虾稻连作和水果、黄瓜的种植,吸引游客前来采摘蔬果和捕捉小龙虾。靠近大型湖泊和水库的村落可以发展渔业旅游,通过提高湖内鱼的种类和质量吸引外地游客前来垂钓等。"要科学把握乡村的差异性,因村制宜,精准施策,打造各具特色的现代版'富春山居图'。"

这样的一村一品并不是说每个村就发展单一的产业,相反每个村都可以根据自身条件进行全面发展,但是更要集中主要力量解决主要矛盾,以全村之力先打造一个品牌,再以这个品牌来发展其他产业。通过对横车镇各村的全面布局,我们可以初步得出一个以九棵松村为核心的、各个村互相补充支撑的横车镇生态旅游图。

构造这样一个全面的横车镇未来发展图景,首先就需要横车镇政府做好统筹规划和顶层设计,根据各村现有的产业基础和资源特色、优势等,挖掘产业潜力,做到一村一特色,各村各不同。其次,还需要落实乡村治理分级管理制度和责任落实制度。镇政府安排专门人士定点联系一个村,形成镇政府和村委会的有机联动;同时村委会也专门安排人士定点联系一个村民小组,形成村委会与村民的有机联动。以这些定点人士为基点和纽带,加之以责任落实,从而充分有效地贯彻镇政府的顶层设计。最后,还需要建构一个流畅顺达的信息交互平台,通过信息交互平台,村民关于本村产业和品牌建设的合理意见能够得到充分表述,并有可能成为镇政府进行统筹安排和顶层设计的参考资料,同时镇政府和村委会的设计和安排也能充分为村民所接收并能给予相应的反馈。借此平台,横车镇一村一品的发展图景会得到不断前行和发展的内动力,推动横车镇不断向生态优先、绿色发展的美丽乡村前进。

一个全面的横车,足以满足游客的绝大多数旅游需要,游客可以上午在富冲村观光,下午去另一个村钓鱼,第二天去别的村采山菌、水果等。通过这种集群效应,横车镇不仅能够吸引外地资本的注意,同时也能得到更多的关注,从而在一定程度上克服资源不显著的劣势。

(二)产业支撑,产业与观光协同发展

2018年中央一号文件《中共中央 国务院关于实施乡村振兴战略的意见》中提到:"乡村振兴,产业兴旺是重点。"缺乏得天独厚自然条件的横车镇发展生态旅游业必须以产业发展为基础,建立一个以产业为支撑、生态旅游为特色的美丽乡镇。

横车镇有着不俗的产业基础,这是发展生态旅游业的重要物质条件,发展生态旅游业不是要放弃产业,相反必须更加重视横车镇的产业发展。一个特色产业的存在本身就是对发展生态旅游业的最好宣传,同样生态旅游业的存在也会为产业带来更多的发展机遇。发展生态旅游业不是一朝一夕的事情,无论前期的建设还是中期的宣传和维护都需要大量的资金支持。横车镇的产业不仅可以为发展生态旅游业提供经济支持(富冲村一位企业家就对富冲的生态旅游业发展进行投资,帮助村子修建道路等),还可以吸引外来的投资。外来资本通过产业进入横车镇,只要横车镇坚持产业与生态旅游协同发展的策略,那么外来资本就不得不为产业发展而支持其生态旅游业发展。这样一来,一个产业与观光协调发展的新横车便指日可待。

(三)技术变革,创新构成发展第一动力

作为一个乡镇而言,横车镇的产业发展已经属于非常高的水准,但是从客观和整体性的角度来看,仍然存在着技术落后、创新性匮乏等问题。

横车镇第一、二产业所使用的技术大多都是高新产业园十几年前就已经淘汰的技术,这一方面是由于横车镇产业发展历史悠久,另一方面也与横车镇的产业较为陈旧相关。这些落后技术所带来的直接结果就是效率和环境破坏的问题,并且横车镇产业发展的时间跨度已经足够将这些问题凸显出来。根据《中国制造2025》所提出的要求,横车镇必须把创新放在制造业发展全局的核心位置,横车镇基础产业技术的变革势在必行,而这种变革最好的方法就是依靠我国技术创新的高地——高校、科研院所和企业。"当地高校与科研院所由于地理空间上距离更近,熟悉当地环境与技术发展程度,与乡村产业关注的点有高度重合区域,更应该加强它们对乡村产业的技术传播与提升,建立相应的技术推广基地。"例如通过和国内一些高校、科研院所或企业签订合作计划,将自己作为这些高校、科研院所、企业的产业孵化基地、创新基地,实现地方—高校/科研院所/企业—地方的产业深度融合,借此实现自身产业技术创新,从而有效解决产业的效率和环境破坏问题,也能为发展生态旅游业提供重要的技术支撑。

(四)文化厚植,培养造就横车能人

习近平总书记在2018年3月两会期间参加广东省代表团审议时强调"发展是第一要务,人才是第一资源,创新是第一动力"。发展生态旅游业离不开人才、能人的帮助和支持。横车镇一方面要用自己的实力和优势来吸引能人,另一方面也要培养自己的横车能人,内外共同发力。

人才的培养是一个长期的过程,横车镇可从家风、村风、镇风建设出发,鼓励各村进行家风、村风评比,加强各村的文化设施建设,增强横车文化软实力。同时,也要加强教育投资,鼓励更多的学子走出横车、走出黄冈,甚至走出湖北、走出中国,同时各村要专门安排人员定期与这些外出学子进行交流,了解他们的近况,对他们提供力所能及的帮助,进一步加强外出人才的归属感。当然,打铁还要自身硬,只要坚持正确的发展策略,横车镇所迸发出的发展潜力必然会吸引足够多的能人。

(五)官媒与自媒并济,加强宣传力度

发展生态旅游业,光有品牌、产业和人才还不够,生态旅游业关键在于如何吸引游客,这需要把横车镇生态旅游业的名气打出去,让越来越多的人了解横车镇,这就离不开强有力的宣传。

宣传需要官方媒体的支持,横车镇在有了自己的特色后,首先要通过内部官方媒体如蕲春县、横车镇的官网、公众号等进行宣传,如长石村的孝善好人评选活动、村风评选活动、山菌种植采摘基地的建立等都可以作为宣传的重要内容。在这些宣传取得内部积极反馈后,再将其修改并向更多的官方媒体进行宣传,让横车走出黄冈、走出湖北。

同时也要重视自媒体的力量,自媒体比官方媒体形式更加丰富,内容也更加灵活。相关企业可以通过开直播进行宣传,在宣传横车镇产业的同时也强调横车镇的生态旅游业。镇政府还要鼓励居民通过微博、抖音、快手等自媒体平台进行发布和宣传。横车镇的生态旅游和产业资源,借助这些自媒体的力量可以得到效果更好的宣传。

参考文献

[1] 余立鹏.横车镇用典型引路推动新农村建设[N].黄冈日报,2006-03-21.

[2] 李雪,杨子刚."一村一品"农业产业化经营与对策优化[J].重庆社会科学,2018(11):92-99.

[3] 习近平.习近平谈治国理政(第三卷)[M].北京:外文出版社,2020.

[4] 王一鸣.中低技术产业创新:我国乡村产业振兴的一个路径选择[J].科学管理研究,2019(4):68-72.

乡村振兴视角下生态保护与经济发展的博弈困境研究
——以横车镇九颗松村为例

武汉工商学院马克思主义学院　贺　婷

摘　要：随着城镇化的飞速发展，城乡二元结构问题日益显现，传统的乡镇模式已无法适应未来可持续发展的需要，以往乡村建设中的不合理因素也越来越突出，尤其是经济发展中的生态环境问题，已成为乡村振兴战略的重点所在。本文基于乡村振兴背景，以九颗松村为调研对象，对宜居乡村建设问题进行深入剖析，以此来探讨如何破解乡村振兴中生态保护与经济发展的博弈困境。

关键词：乡村振兴；生态乡村建设；经济发展

中国有着深厚的农耕文明，农村是其根基所在，对中国的发展有着根本性的作用。在中国共产党的领导下，中国正在经历着由乡土中国向城市中国的转变。现今，在城镇化战略与乡村振兴战略并举的历史新阶段，如何进一步探寻城市空间与农村空间各自的战略特点及彼此的战略关联，使党领导的社会主义建设事业在城市空间与农村空间得以进一步拓展，是中国共产党面临的新课题。

相较于城市，农村对于大多数人来说是最后一块退路，尤其是那些长期生活在农村地区的村民，他们都拥有着较为浓厚的乡土情结，希望能守着故土。正如费孝通在《乡土中国》中描绘的朴实无华的乡土本色中农人对脚下的土地的执着。但现今，农村经济发展了，村民生活水平提高了，大家感叹着物质文明的丰富，享受着城镇化带来的便利，却生活在了一片可能有空气污染、布满着尘埃的农村。生态资源作为农村最为宝贵的财富，应值得所有人去珍惜保护，生态文明建设对于农村地区的经济发展与乡村振兴都有着至关重要的作用。

在这次为期五天的社会调研中，我们调查了九颗松村的生态乡村建设与治理。作为"明星村"，九棵松村始终坚持"红色大别山，绿色九棵松"的发展理念。但是,不可避免地,它也将面临生态建设与经济发展的博弈困境,在未来发展中九颗松村又该来如何寻求突破呢?基于本次调研,本文将主要从九颗松村在发展中取得的成就、存在的问题、解决之道来展开分析。

一、九颗松村在发展中取得的成就

九颗松村地处大别山南麓、长江北岸,隶属湖北省蕲春县横车镇,盛产蕲艾,且蕴含优质的石英矿资源。正是凭借着这样的地理优势与丰富的自然资源,九棵松村在村党委与地方政府的领导下,披荆斩棘,先后两次获得"全国先进基层党组织"的称号。在九颗松村这片小小的土地上,在改革开放的春风中开始了工业发展的序幕,村民经过40余年的拼搏与奋斗,用自己的血泪与汗水,谱写了九颗松人民的赞歌,九颗松村也成为全省、全国贫困地区脱贫致富的先进典型。靠着石英砂优质资源,以资源促发展,实现了工业兴村。九颗松村经历了从"贫穷村"到"小康村",再由"小康村"到"明星村"的华丽转变,可以说它的发展也是中国这四十几年的真实写照。

九颗松村2018年集体收入达到3000万元,并将这笔收入投入福利发放、天然气管道铺设等小区建设方面,成为绿化、美化、亮化的自然村。村党委结合九颗松村的实际情况,研究并出台了一系列的扶持政策,以资金、土地、租金方面的支持与优惠吸引了湖北省悠贝休闲用品有限公司、中铁三局集团有限公司等企业入驻;同时,聘请华中科技大学建筑与城市规划学院制定了2018—2030年的发展规划,为九颗松村未来发展谋划出新的格局。

九棵松村在发展中始终秉持"红色大别山,绿色九棵松"的发展理念,组合实施产业兴旺、生态宜居、乡风文明、治理有效、生活富裕等有效治理措施,以"村两委班子建设好、村级集体经济收入好、人民群众获得感和幸福感好"为目标。在走访九颗松村的过程中,我们发现,村的整体格局规划是比较合理的,生活旅游服务区、综合商贸区、生态矿山工业区、林果种植区、花卉苗木基地等并非完全隔离,而是相互包含、相互镶嵌的。其村域空间功能结构图包括"一心""两带""三片区",集合了工业、农业、旅游业各个方面,且配置合理,既有作为核心部分的工业组成部分,也在打造符合自身特色的生态旅游区。

在生态乡村建设方面,村两委班子结合本村地理环境特征,大力领导与推进旅游观光、休闲度假等生态旅游项目,具体包括以下几个项目的实施。其一，九颗松矿山公园的建设，打造集观光、健身、科普、展示于一体的综合性公园。对已开垦的九颗松灵虬石英矿进行复绿，展开植被修复，并新建游步道、观光亭、展览馆、科普园等人文景观。其二，新建九棵松康养小镇，实现休闲度假一体化。将九棵松村老旧小区、回龙山庄、福利院、医院、桔子园等景区重新打造，建立集星级酒店、健康养生、儿童娱乐于一体的高端度假休闲区。其三，新建九棵松九龙谷生态观光园，打造最美乡村。依托灵虬山、生态湖、苗木基地、传统民居、成片农田、现有渠系、通村路网、民间传说等元素，建设美丽乡村生态观光园。

在资源开发方面，九棵松村较为瞩目的资源是高质量的石英矿，其品质在全国范围内都具有一定独特性，成品能够为村内外约50家企业提供生产原材料。九颗松村借助本村优质的石英矿资源，实现了工业化发展，提升了经济水平，也大大改善了村民的经济生活，享受到了物质生活带来的便利。

二、九颗松村发展中存在的问题

九颗松村在取得以上这些成就的同时，也付出了沉重的生态环境代价，经济与社会的发展为村民的生活带来了各方面的便利，却也导致生态保护方面亮了红灯。作为横车镇经济发展最好的一个村，九棵松村在经济发展与资源开发过程中，其主要问题在于不可再生资源的持续利用和过去随意开采造成的环境欠债。在调查过程中，我们看到部分采矿后的山体裸露着黄土，在下雨天水土流失情况更加严重。部分石英砂厂因环保要求不达标，严重影响了附近村民的生活，甚至危及村民的生命健康。这些环境问题必将成为九颗松村未来发展的短板，最终将制约它的发展；此外，随着石英砂矿的减少，村里的石英砂厂也将面临资源枯竭的严重危机。在恢复生态的同时实现企业的转型，成为九颗松村未来发展的突破口。

（一）人口流失问题

在走访调研中，我们发现有很多村民在城区购置了房屋，并选择居住在城市，农村的房子大多处于空置状态。这也反映出九颗松村发展中的一个问题：村民的收入增加了，经济水平提升了，人们却选择了离开这片土地。究其原因是什么？和其他农村地区一样，九颗松村也面临着人口的流失问题，老龄化、"空心化"成为制约九颗松村发展的一个重要因素。人口的流失必然导致人才的流失，也造成了九颗松村在进行生态乡村建设中内生动力不足。

(二)环境整治问题

在与熊副矿长的谈话过程中,我们了解到,过去由于观念上的落后,在矿山开采与生产过程中忽视了环境问题,在一定程度上造成了生态破坏与环境污染,主要体现在挖矿造成矿山植被破坏、水土流失以及石英加工和运输导致的空气污染。现今,为了积极响应国家"绿色矿山"的号召,按照国家标准,已开采的山体正在逐步恢复植被,开采的矿石资源也在提高其利用率。在开采中也采取了一系列措施来避免可能产生的污染。如采取了五级沉淀的沉淀池,将泥沙逐步沉淀,再集中堆放;升级改造了排水沟,将清水排到渠道中去;矿车出矿前将从洗水池中经过,清洗车轮上的尘土。但是,仍然有部分年代久远的矿厂为节约成本,没有配套的符合环保要求的设备,生产经营设备落后,存在一定的污染问题,对附近居民生活危害较大。在走访九颗松的过程中,通过与村民的沟通,我们了解到,村镇一级已在安排附近村民搬迁,也在积极地做好附近村民的安置工作,已经做好了搬迁计划。部分村民对此表示比较满意,但仍有部分村民对村里安置计划表示不满,特别是在安置房屋没有实际落地的情况下,部分村民表达了自己的不信任。在社会调查的过程中,我们发现,村"两委"对于农村生态治理问题不仅承担了监管的角色,还承担了治理的角色,这无疑加重了这些基层工作人员的负担。

(三)未来转型与发展问题

面对矿山的不可再生资源,矿厂也从未来出发,正在积极准备九颗松的转型工作,专门请武汉设计院的专家结合矿厂实际,设计了生态矿山公园,进行生态园区规划,以此来避免"资源诅咒"所带来的负面效应。集体经济带来充盈的资金也能够为转型提供经济基础保障,目前已有了初步的规划,但要想有具体成果,可能还需要十年左右的时间。

三、未来发展中破解生态与经济的两难选择之路

破解农村地区生态与经济发展的两难困境,其根本出路在于实现农村生态治理现代化。推进乡村生态宜居工作,需要结合九颗松村的现实基础,加强对乡村突出环境问题的综合治理,特别是要强化对人居环境的整治工作。对于矿区的生态恢复与附近村民的安置工作,可以说是九颗松村目前工作安排的重中之重,需要尽快补齐在这些方面的短板,推进生产生活方式绿色化,消除村民的抱怨与不满,创造出景美人更美的田园牧歌,实现人与自然的和谐发展。这就需要突破农村生态治理在价值理念、治理制

度、治理主体以及法律保障等方面存在的困境。以此为基础,实现绿色发展与乡村生态文化互联互动的良性发展,推动环境治理在理念、主体、技术、制度四个方面的现代化。那么,就需要我们从以下四个方面来实现农村的生态建设与经济发展,从而破解生态与经济在相互博弈中相互制约的困境。

(一)准确理解乡村振兴理念,把握九颗松村发展生态旅游的定位

乡村振兴,并非仅是经济上的振兴,它更多追求的是产业、生态、人才等各个方面的振兴,其目的是实现城乡之间各担其职、健康发展,而不是城市报复性的扩张、农村走向消失的异质化增长。它是要创造一个山清水秀、鸟语花香,充满着安定幸福气息的村落,而不是一座空荡荡、无人居住的花园。在这个进程中,生态乡村建设作为乡村振兴的突破口,起着基础性的作用。这就需要我们加强对农村地区生态环境的保护与治理,构建农村生态治理现代化体系,打造人与自然和谐共生的乡村图景。

农村人口的变迁造成农村生态环境治理缺乏坚实的基础,让农村基层组织与政府深感力不从心。这就意味着乡村振兴与生态乡村建设缺乏内生力量,后劲不足。因此,基层党组织在进行生态乡村建设中,要以人为中心,站在村民的角度去思考乡村生态环境的建设问题,真正帮助村民解决他们在生产、生活中面临的生态问题,才能避免乡村的人口流失,避免村落空心化。严守生态保护红线,以绿色发展引领生态振兴。大力整治人居环境,为村民打造舒适的宜居之家,对于居民区存在的环境污染问题要及时整改。在处理村民的搬迁工作时,需要乡镇做好居民安抚工作与安置工作,转移居民住房,改善居民生存条件。同时,也要做到加强对矿厂的管理,确保在开采与生产过程中环境达标。

九颗松村是一个标准的工业化农村,其目的是打造一个高品质的生态农村,受众是生活在城区的市民。发展旅游业,要在保护环境的基础上,以旅游业带动乡村的基础设施建设,同时增加村民的经济收入,提高生活水平。在发展过程中,必须明确定位与受众,根据实际情况来进行旅游项目规划。横车镇地处湖北省东部,与省会城市武汉相邻,但在武汉周边有旅游资源更丰富的咸宁,因而并没有很突出的优势吸引武汉市民过来旅游。因此,生态乡村旅游的受众应集中在邻市黄石、鄂州,以及黄冈本市的城市人口。结合这几个地方的地理位置合理规划出一日游、二日游的具体线路,并保证交通、住宿、餐饮上的合理安排,从而吸引他们过来游玩。

（二）充分发挥多元共治的作用

基层党组织与地方政府工作人员的担子越来越重,如何去发挥基层、社会、村民的力量,实现多元共治？十九大报告明确提出,要构建以"政府为主导、企业为主体、社会组织和公众共同参与的环境治理体系"。在未来发展中,多元共治模式将成为必然趋势,这就需要建立健全党委领导、政府负责、社会协调、法律保障的领导机制,九颗松村要充分发挥社会协调的重要作用。

那么,我们该如何来实现多元共治,以减轻地方工作人员的负担,实现良好的效果呢？

首先,在国家层面,地方党委与政府向上反映在基层建设中的困难,增加对农村生态环境治理的人力投入与资金投入,以此来减轻地方党委与政府人手不足、无钱办事的困境。既要做到加强环境保护基础设施的建设,也要加大对已有污染的治理。

其次,要强化地方企业保护农村生态环境的社会责任,严格制定生态红线,划分污染标准,避免在生产过程中造成环境污染问题,对已造成的环境污染要积极治理。企业既是农村生态问题的制造者,也是生态治理中的主力军,肩负着生态乡村建设的重任。特别是村里的矿厂,在开采与生产过程中,要加强对其监督,对于排污不达标的企业采取一定的处罚措施。同时,企业自身也要转变发展观念,增强生态意识,加强内部员工的防护工作。在技术上,要引进先进的生产技术设备与科学的管理方式,以"绿色矿山"为标准来进行开采和加工工作。

最后,村民是实现农村生态善治的基础性力量。村民作为农村人口的主要组成部分,要视农村生态文明建设为己任。若缺少他们的积极参与,就无法实现农村的生态治理现代化。村民参与到生态治理实践中,不仅有助于提升自身的环保意识,也能协助政府制定生态治理规划,监督乡镇企业的生态治理行为。地方党委可以从村民入手,多组织村民参与生态环境保护的培训,以此来提高村民的环境保护素质,更好地发挥村民的监督作用。其一,加强宣传教育,提高环保意识。由环保部门牵头,联合地方党组织,以通俗的语言、生动的形式,进村入户开展宣传工作。乡政府与村干部可以采取举办宣传会,强调生态保护与村民生活息息相关,以此来提高村民对环境问题的重视程度。其二,在日常工作中,积极发挥和挖掘农村贫困人口和剩余劳动力的价值,以小组为单位,成立生态维护队,印制生态保护的宣传手册、横幅等,并对村里的工厂开展巡逻监督工作。

(三)引进先进技术,在实践中落实生态乡村建设

先进技术的缺失,首先表现为生态治理人才的短缺,尤其是在人口流失、空心化严重的农村地区,更是缺乏掌握专业生态治理技术的人才。在生态治理过程中,一些乡镇企业的生态治理技术尚停留在粗放式的治理模式中,没有真正将生态治理技术作为企业发展的重要组成部分。这些问题集中表现为乡村振兴中生态与经济在发展中相互博弈的困境,针对这样的难题,在九颗松村的未来发展中,我们该采取怎样的措施呢?

其一,要重视人才的运用。人才作为农村发展的生命线,是乡村振兴战略的长远保障。一方面,实现能人回乡的内在挖掘和外在撬动,既包括从村里走出去的优秀人才,也包括从村外引进的优秀人才。这就需要村两委领导班子去挖掘九颗松村有哪些人在全国各地取得了较大的成就,并主动与他们取得联系,集合他们所拥有的物质、文化、人脉等社会资本来为自己家乡的生态建设集思广益,创建美丽乡村。另一方面,则是招商引资,做好产业扶持政策,积极吸引全国各地优秀的人才,新建生态旅游项目,来为九颗松村的经济发展与生态治理出谋划策。

其二,做好经济发展的转型。九颗松村作为工业村,其前期发展是靠着村里优质的石英矿资源,但在未来的发展中,要充分认识到石英矿的不可再生性,提前做好经济转型安排,才能打破资源诅咒的命运。这也是生态建设与经济发展博弈困境所不可避免的问题,只有提前做好规划,才能有效避免未来可能发生的经济发展后劲不足的问题。依靠国家乡村振兴的政策所提供的各项帮扶项目,积极发挥上级组织的作用与能动性。村级领导在充分调动村级工作人员和村民的能动性外,也要积极向上级寻求政策上的帮助和资金上的支持,解决农村生态建设与治理中的资金不足、人手不够等问题。结合本村实际情况,发展休闲采摘园、农家生态观光园、乡村民俗等旅游建设,打造具有本村特色的农村旅游型宜居小镇。

其三,淘汰部分技术设备落后、环境污染严重且没有及时整改的企业,实现产业升级。利用先进技术,确保在石英矿的开采与加工过程中不会造成环境污染问题,才能从源头上避免产生生态破坏的问题。此外,要采用先进技术提高石英砂的利用率,避免资源的过早枯竭,实现更长远的发展。

(四)为生态乡村建设提供制度保障

党的十九届四中全会提出了促进生态治理体系与能力现代化的总体要求,完善生态文明制度体系的要求。横车镇与九颗松村的党组织在实施乡村振兴战略与生态乡村建设的过程中,要坚持党中央的集中统一领导,

健全生态文明建设的总体设计,推动生态文明建设的时间表,将党的领导贯彻到生态文明建设的全过程、全方面。只有落实生态乡村建设的制度保障才能最终为九颗松村生态乡村建设的贯彻落实打下基础。当然,制度建设是一个长期的过程,且主要需要国家层面的支持与建设。但是,作为地方组织,对于国家已经落实的制度要做到积极落实,如"绿色矿山"的执行标准,要严格按照"绿色矿山"的要求加强对相关企业的管理工作。

四、结语

农村生态问题的产生,究其原因是相关主体责任的缺失。对于九颗松村来说,其具体表现为过去几十年的时间里倡导发展经济,在石英矿开采过程中造成的山体破坏以及在加工过程中的环境污染问题。这不仅是因为地方政府"主导者"角色缺位,也因为部分地方企业在过去开采过程中忽视了生态环境保护,甚至在一定程度上造成了污染与破坏。现今,在乡村振兴战略的实施下,农村生态成了重中之重,乡镇领导与村民也都认识到了环境的重要性。"生态美,产业兴,农民富"成为乡村振兴战略的核心所在。农村生态环境治理关系到广大村民的根本福祉,现已成为地方政府治理能力的衡量标准。尽管在乡镇两委班子的带领下,九颗松村的环境问题取得了重大进展,但也应该认识到后续发展中仍有很多问题亟待解决。

推进农村生态环境的整治,实现乡村社会的全方位振兴,需要实现多元共治。以基层党组织为核心,在地方政府的组织下,增加专项资金投入,完善相应法律规范,同时尽可能地调动社会资本来参与到农村生态环境治理中去;地方企业在发展经济的同时,要承担起保护与修复农村生态环境的社会责任,实现经济效益与环境保护相互促进,共同发展;农民作为农村地区生活的主体,需要增强治理的主体意识,践行绿色生产与生活方式,同时强化其监督职能;以社区、村小组为单位,发挥出生态环境治理的"主场"优势。

在国家治理中,将政策层面的顶层设计与基层的落地执行相结合是其基本规律。只有坚持与完善党对生态文明建设的领导机制,将党的领导与政府机构相统一,形成合力,才能使党的生态文明建设方针贯彻执行下去,从而推动生态环境质量的根本改善。生态文明建设作为我国"五位一体"总体布局中的重要组成部分,有着不可或缺的位置。在乡村振兴战略与生态文明建设的双重战略背景下,乡村生态治理将起到至关重要的作用,它关系着基层"最后一公里"的政策是否落实,也关系着广大农村群众的幸福生活。因此,九颗松村的"最后一公里"政策能否最终得以实现,其关键在于充分发挥各主体的多元共治能力,实现嵌入与内生的双重动力,打破生态与经济的博弈困境,并积极推动环境治理理念、治理主体、治理技术、治理制度四个方面的现代化,才能最终实现九颗松村生态与经济的良性生长。

本次调研中,数据采集、民意调查等方面可能不够全面,希望在日后有机会能更加深入地调查研究,为九颗松村的发展提供更多试错之路,更好地推进乡村振兴战略的实施。

参考文献

[1] 邓玲,王芳.乡村振兴背景下农村生态的现代化转型[J].甘肃社会科学,2019(3):101-108.

[2] 习近平.决胜全面建成小康社会 夺取新时代中国特色社会主义伟大胜利——在中国共产党第十九次全国代表大会上的报告[M].北京:人民出版社,2017.

[3] 李尧磊.农村生态环境治理中环保与生计的博弈——以华北A村为例[J].广西民族大学学报(哲学社会科学版),2018,40(6):37-43.

[4] 艾德华.生态宜居是实施乡村振兴战略的关键[N].本溪日报,2020-08-17.

乡村振兴建设下的乡村生态产业化研究
——以蕲春县横车镇为例

河南中医药大学马克思主义学院　谷晓宇

摘　要：人不负青山，青山定不负人。在乡村振兴中，坚定不移走生态优先、绿色发展之路，以产业生态化和生态产业化为重点，促进产业兴旺，推动农业升级、促进农村进步、实现农民富裕，意义重大。农村的生态资源要想转化为生态产业，关键是要打通绿水青山与金山银山的转换通道，让生态资源转化成生态产品。本文通过阐释推进生态产业化的重要意义，以蕲春县横车镇为例，剖析蕲春县横车镇生态产业化的现状，提出生态产业化发展的具体路径，为助力乡村振兴发展提供新的思路。

关键词：美丽乡村；生态产业化；可持续发展

当前，我国已经在中国特色社会主义新时代的道路上阔步前进，改革开放的不断深化也给农村发展带来了翻天覆地的变化。党的十八大以来，我国生态文明建设不断加强，习近平生态文明思想深入人心。同时，根据我国社会目前高质量发展的要求，党的十九大报告适时提出了要全面实行乡村振兴战略。乡村振兴战略的提出对实现全面小康社会以及我国农村的健康可持续发展，具有重大深远的意义。虽然受新冠肺炎疫情冲击和世界经济衰退影响，但美丽乡村建设的方向没有改变、力度没有削减、标准也没有降低。这就要求我们保持加强美丽乡村建设的战略定力，更加牢固树立绿水青山就是金山银山的理念，充分认识到乡村生态产业化对于推进美丽乡村建设和助推乡村振兴的重要性。只有充分保护和合理利用绿水青山，金山银山才能做得更强。

一、推进生态产业化是乡村振兴的必然选择

从乡村外部看，乡村坐落在绿水青山之间，具有人类赖以生存的良好的生态环境和资源条件。从内部环境来看，村落的空间环境决定的和谐人

际关系,村民的生产与生活方式造就的敬畏自然和尊重自然的智慧,不仅协调了人与自然的关系,也使人与人的关系更加密切,是符合人性特点、有利于身心健康的生活方式。

乡村生态产业化是按照产业发展规律,推动乡村各类生态资源的治理、保护与利用,实现生态资源向物质财富的转化,其本质是将乡村独特的自然资源、美丽乡村以及现代农业的生态景观等生态资源转化成生态产品,从而形成以主要体现生态价值为特征的产业,把绿水青山变成金山银山的过程。大力推动乡村生态产业化,就是让乡村的绿色产业更多,而且不能忽略环境承载力,把赖以生存的青山绿水吃成穷山恶水。

生态产业化的基础工作是整理乡村生态资源。乡村生态资源包含十分丰富的内容,例如山、水、林、田、湖、草、动植物、微生物资源等自然资源,这些不仅决定乡村环境,也决定了乡村的产业类型。如耕地数量和质量、人地关系、水资源等,都对农业类型和人们的生活方式产生决定性影响。

蕲春县横车镇目前发展较好的村,如作为蕲春县主要的工业园区的九棵松村,就是典型的资源型农村,它的发展以不可再生的矿产资源(主要是石英矿资源)开发开采作为主要产业和经济基础。但由于矿产资源的总量是有限的,其特有的不可再生性会造成资源型农村因资源枯竭而陷入后续发展动力不足的困境,这将严重限制农村的可持续性发展。因此,实施多样化发展战略,除了要改变粗放式、不可持续的资源开采方式,着力打造"绿色矿山",还要将拥有的生态资源朝着乡村生态产业化方向发展,实现传统的乡村风貌与现代的生态产业融合,让优良的农村生态环境变成聚宝盆、长出金元宝,把生态条件当成资源开发,把生态建设做成生态产业,通过"种风景、卖风景、富农民",把绿水青山变成农民富裕、乡村振兴的金山银山。通过有效规划和建设,不仅有助于满足当地人民对生态产品的美好需求,又能够优化农村产业结构、增加农民收入。这既是政策导向又是市场内在要求,具有重要的现实意义。

二、蕲春县横车镇推进乡村生态产业化的现状

(一)政府主导生态环境治理,夯实生态产业化基础

近年来,蕲春县针对各村"脏、乱、差"的人居环境现状,先后开展了农村环境综合整治、农村改厕等专项行动,2019年蕲春县人民政府印发了《蕲春县推进生态环境问题整治工作方案》《蕲春县城乡生活垃圾分类实施方案》《蕲春县长江入河排污口排查整治专项行动实施方案》《蕲春县城区及

规划控制区建筑垃圾无害化处理和资源化利用工作方案》等文件。在政府的推动下,治理效果已经显现:一是持续改善农村人居环境,实现了90%的乡村生活垃圾得到有效治理,各乡村环境得到了明显改善;二是通过实施村村通公路计划,推动城乡基础设施互联互通,目前基本已实现村村通硬化路;三是全面落实河长制,推动水生态环境整体改善、根本好转,为高质量发展营造良好生态环境。实地进村走访调查过程中,绝大多数受访村民表示家里饮用的是自来水,且水源、水质都有保证。当前,整个蕲春县的森林覆盖率达40%以上,其中,据横车镇策山村村支部书记介绍,该村森林覆盖率高达96%。乡村生态资源不论是质量还是总量都是非常可观的,这为蕲春县横车镇各村生态产业化发展打下了坚实的环境基础。

(二)生态产业化格局开始构建

在乡村生态资源显著改善和提升的基础上,生态产业化开始内生发展。2019年湖北省委一号文件明确提出"支持蕲艾做大做强",省政府办公厅把蕲艾作为全省道地药材"一县一品""1+10"优势品种之一,省农业农村厅把蕲艾作为全省重点培育的两个省级农产品核心大品牌之一;黄冈市政府制定了《黄冈市大健康产业发展规划(2018—2025年)》和《关于加快发展蕲艾产业的意见》;蕲春县出台了《关于推进蕲艾产业高质量发展的实施意见》,每年安排3000万元蕲艾产业发展专项资金,采取专列账户、以奖代补的形式用于蕲艾产业发展。各乡村结合实际,确定了"一村一品"的主导产业,并鼓励发展休闲农业,将农业与旅游业融合发展,这标志着全镇乡村生态产业化格局构想的初步形成。

(三)蕲春县横车镇生态产业化存在的不足

1. 生态产业化规划不够明确

在走访调研的过程中,笔者发现蕲春县横车镇的生态资源虽然丰富,但是由于各个村的实际情况不同,缺少具体的前景规划。

首先,生态产业化发展思路并不明晰,缺少明确的目标定位。如乌石桥村,该村大部分属于丘陵地形,版图面积有2.5平方千米,其中耕地约1519亩,山林约260亩,蕲艾种植面积约270亩,还有320亩用于虾稻连作,少部分土地用于养殖仔鸡。丘陵地形适合各种经济树木和果树的栽培生长,对发展多种经济十分有利。该村虽然有森林约260亩,但是流转了30多年,无法将其进行利用。山上松树面积较大,但是由于没有销售渠道、缺少专人等主客观因素,对于如何利用松树资源(如产松脂)来获取收益还没有明确的思路,造成了松树资源的浪费。另外,该村支部书记表示,乌石桥村面积小、人口少，年轻人基本都选择外出打工，留不住人才，甚至无法进行招商引资；早前灌溉渠道被毁、水土流失等问题造成山间的农田无法灌溉，更无法进行机器操作，导致荒地。由于该村的各方面发展还比较落后，对于如何利用该村的生态资源进行产业化规划，思路还尚不明晰，因而也无法进行明确定位，这也是很多类似村落的通病。

其次，规划经营的主体品牌营销能力尚不成熟，规模效益也并未凸显出来。如长石村，该村地处浠水交界，版图面积为4.5平方千米，耕地有两千多亩。相比其他村，长石村的优势和定位比较明显，整体发展思路也更为清晰。该村支部书记表示，本村资源较为匮乏，因此要着力发展现代农业，重点放在特色农业，尤其是生态农业上。在发挥土地价值方面，书记表示，本村正在着力打造"一村一品"，通过种植油菜、莲子、蕲艾等来充分利用现有的土地资源，尽可能发挥土地的价值。通过参观走访，可以感受到长石村整体的生态环境和居住环境较为优美怡人。该村另设有专门的"孝善"文化广场和风景驿站，但是该村地理位置较为偏僻，人流量较少，加上该村整体的宣传和营销能力尚未成熟，致使目前知名度较低，还未实现"走出去"和"引进来"。

最后，总体上缺乏高层次、品牌化的谋篇布局。无论是长石村、乌石桥村、富冲村、拢船头村，还是策山村，产业从种类上来看比较单一，同质化严重，主要集中于农家乐、垂钓等，这不仅缺乏创新性与独特性，也会导致同类内卷，不利于各村和谐发展。如策山村，从张书记那里了解到，由于地理位置较为偏僻等客观原因，该村整体发展水平较为落后；农业以水稻作为主要的种植作物，且农田落差大，无法进行现代化机器作业，距离自动化农业的目标还十分遥远；水利方面主要以天然池塘为主，没有大型水库；也未实行生态农业，只有少部分虾稻连作的农田。该村规划以历史人物孙策和红色革命老区作为文化底蕴，打造"生态、休闲"的乡村旅游景区。张书记表示，目前最主要的是道路问题，但是修路的整体规划与预算相差100多万元，因而暂且搁置。策山村无矿产资源，也无果树等经济林木，本身森林资源十分丰富，且通过走访调查发现，基本上该村村民都表示支持发展生态旅游、农家乐等，但是从整体上看，该村地处偏僻，且基础设施如公路等尚未完善，森林资源尚未进行开发利用，竞争能力相比其他村更显劣势，发展生态旅游业的难度较大。

2. 生态产业化发展不够深入

当前蕲春县横车镇新型农业经营总体规模偏小、产业链条短，农产品附加值不高,市场竞争力不强,辐射带动力不大。

一是生态产品单一,除了生态产业的直接原生产品、种植产品、养殖产品外,对生态产业的延伸产品、带动产品、服务产品缺乏定位,生态产品不够丰富。蕲春县横车镇大部分乡村都有种植艾草,蕲艾也是蕲春的特色招牌,但是从目前来看,整体上来说不够系统化、规模化。

二是生态产业单一,很长时期以来蕲春县横车镇农业粗放单一式发展,未能很好地实现生态、经济和社会效益有机统一。通过走访调查发现,大部分村民所能实现的生态农业基本上都是虾稻连作,实现普通农业向生态产业的过渡、产品经营到环境经营的提升还有很长一段路要走。而实现产业融合,大农业、大健康、大旅游、大文化相辅相成的生态产业体系,更是一个巨大的挑战。

三是生态经营模式落后,农业产品生产基本都是小农经营模式,没有形成规模,更没有市场化、标准化、规范化经营。如九棵松村的某艾草生产地,可以说只是一个小型的生产作坊,几十个妇女凭借肌肉记忆,从面前的传送带上取下材料飞快地进行艾草贴、艾草眼罩等产品制作,这种生产规模很小,方式也很落后,成本虽低,但耗时耗力,不符合现代机器化、自动化的生产模式。

3.生态产业化制度不够完善

在调研走访过程中,发现蕲春县横车镇缺乏相关的土地、资本、人才、技术等保障扶持政策,制约了各要素之间的自由流动。在创新机制、激励机制、约束机制等方面有待进一步完善。基础配套设施滞后、公共服务水平仍需进一步提升。如策山村,地理位置偏僻,但修缮公路仍是亟待解决的问题,这会影响该村后续的发展。

三、推进蕲春县横车镇生态产业化发展的几点建议

(一)以政府推动为主导,完善工作体制机制

在政府的主导下,进行科学统筹、整合规划并分步实施。通过政策驱动,指导各地因地制宜打造一批绿色产业发展型、旅游休闲型、传统村落型、自然生态型等各具特色的美丽乡村。

一是加强组织领导。成立工作推进小组,形成工作机制,落实具体责任到事、到人、到时、到位。从项目审批到过程监管,再到持续追踪,每一环节都要分清事权、明确责任,加快建立适应乡村生态产业化发展需要的项目支持、金融扶持、资源配置、联合执法、责任追究等制度体系,保障乡村生

态产业化发展有序推进。

二是注重规划统领。建议编制《蕲春县生态产业化战略规划》，明确将乡村生态产业化作为乡村振兴发展的重要抓手，将其重要性定位为与农业生产同等高度。不仅要在政策、组织上予以支持并加强领导，还要在产业上予以引导并投入资金，形成推进合力。

(二)以政策引导为抓手，鼓励资本、人才、技术要素向乡村流动

通过引进可以融入乡村价值体系的新资源，为乡村体系注入活力。

一是资本进农村。打破传统的思维方式，创新工作形式，采用多元化招商模式，构筑更好的营商环境，吸引各类资本进行投资，并为其经营提供保障与便利。

二是人才进农村。要给予优惠政策培养人才、引进人才，同时更要留住人才。人才是乡村生态产业化的智力保障和创新发展的源泉，不仅要解决人才的后顾之忧，而且要注重其获得感。这就需要培养一支爱乡村、懂乡村、为乡村的核心队伍，其中包括顶尖人才、技术人才和管理人才。为了吸引更多的人才下乡、返乡，首先需要政府提供一定的制度支撑，并且持续开展专业培训，将一部分本乡人定向培养成为技术人才；在大学毕业生和科技人员中挖掘具有远大乡村抱负的想要到广阔天地一展才能的有志青年，将其培养成为管理人才。也可以专门发展一些具有相关领域研究的高校作为定点合作单位，为有想要锻炼平台的在校生和毕业生提供机会的同时，引进一些高学历人才，进一步通过环境留人、情感留人、待遇留人，为乡村留住人才。

三是技术进农村。从政策上鼓励农村生态产品与各类技术院校、科研机构开展技术合作，有效运用技术知识成果，提升生态产品质量。

(三)以民富村强为目标，推进生态资源向生态产业化转型

一是提升改造传统农村产业。传统的农业功能单一，需衍生拓展更多的功能，营造"采菊东篱下，悠然见南山"之意境，深入推进现代农业园区、田园综合体和特色农业小镇建设，让农村真正成为向往之地。要延伸产业链，从粗放单一的农业产业延伸至与二三产业融合发展，要以农产品优质化、品牌化、产业融合化、多功能化和布局集聚化为突破口，构建绿色化、循环化、高效化、可持续发展的现代农业生产体系。让农产品看得见、摸得着、吃得到、带得走。

二是做大做强生态产业。构筑集文化小镇、农艺体验、传统手工艺制品、特色农产品、民间艺术形式等的产品和服务为代表的新型业态，要注意

发掘和拓展农业在保留历史、体验文化、保护生态等方面的多样化功能属性。

三是积极探索数字乡村建设。以大数据为技术支撑,采用种植管护数据化、生产加工智能化、产品营销网络化,拓展"生态+"模式。建设农旅电商平台,将蕲春县横车镇特色农业和观光农业资源集成营销。建设可视化、体验式为一体,展示绿色农业发展成果和绿色产品的农业展示展销中心,从"一张门票看风景"进入"一张门票看模式"的二次创业时代。

(四)以农村改革为动力,激发生态产业化发展活力

一是整合集约土地资源。充分利用现有的农村产权制度改革成果,以村级集体经济组织为实施主体,通过建立有偿的退出机制,盘活农村集体土地的经营权。

二是竭力争取旅游用地政策。蕲春县横车镇在产业发展中应争取更多的旅游用地政策,盘活乡村生态产业发展所需用地。让原材料采集、加工、生产、包装、展示、延伸服务等环节留在农村,真正实现一二三产业融合发展。

三是缩短因产业发展申报建设用地的审批时限。深化"放管服",构筑更好的营商环境。

(五)以人居环境为基础,保障乡村生态资源供给

一是加强对自然生态资源的保护和利用。实施河流上下游市域、县域交接断面补偿制度,实施最严格的水资源管理制度,健全河流治理和保护的联动机制,确保乡镇对辖区内水质高度负责。

二是持续提升美丽乡村建设水平。借鉴学习我国台湾、浙江等地的美丽乡村建设方案,科学编制乡村建设规划和村庄规划,提升民居设计水平,将乡村打造成人们青睐的景点。

三是强化农业与生态紧密集合,将农业的生态功能充分利用起来,赋予传统农业旅游、休闲、示范、教育的功能,打造特色的乡野风光和田园生活来增强景观效果。

通过生态与产业的高度融合,利用乡村原汁原味的资源,遵循乡村自身发展规律,还原自然传统的生产生活方式,满足游客眷恋乡土、亲近自然的需求。实现农业向乡村旅游业转变、农村向乡村旅游目的地转变、农民向旅游从业者转变、农产品向旅游商品转变。

四、结语

生态产业是乡村新兴产业,是乡村振兴的重要动力源之一。本文以蕲春县横车镇为例,探讨其发展乡村生态产业化的必然性、现状、不足以及原因,并结合横车镇的实际就生态产业化发展提出了几点建议,希望能为蕲春县横车镇乡村振兴提供一个新的视角和思路。

建设生态文明是一个长期的过程。蕲春县横车镇虽然生态资源丰富,但生态产业化建设与保护同样任重道远,必须持之以恒,久久为功,大力推进"绿美横车"建设,把美丽横车建设的生态产业化任务落到实处,用绿色铺就横车镇高质量发展的最美底色。

参考文献

[1] 中共中央文献研究室.十八大以来重要文献选编(上)[M].北京:中央文献出版社,2014.

[2] 中共中央党史和文献研究院.习近平关于"三农"工作论述摘编[M].北京:中央文献出版社,2019.

[3] 朱启臻.把根留住:基于乡村价值的乡村振兴[M].北京:中国农业大学出版社,2019.

[4] 王永生,刘彦随.中国乡村生态环境污染现状及重构策略[J].地理科学进展,2018(5):710-717.

[5] 杨汉兵.生态资源利用的规范经济学分析[J].求索,2013(9):23-25.

[6] 黄祖辉."绿水青山"转换为"金山银山"的机制和路径[J].浙江经济,2017(8):11-12.

[7] 付洪良.新时代乡村生态产业化的发展路径与促进机制——以浙江实践为例[J].湖州师范学院学报,2019,41(9):10-15.

第六部分

治理篇

因地制宜推进乡村振兴
——对横车镇九棵松村与长石村的调查

向 妃

摘 要：乡村振兴是实现中华民族伟大复兴的一项重大任务。党的十九大提出实施乡村振兴战略"要坚持农业农村优先发展，按照产业兴旺、生态宜居、乡风文明、治理有效、生活富裕的总要求，建立健全城乡融合发展体制机制和政策体系，加快推进农业农村现代化"，为我们勾画了乡村发展的美好愿景。实现这一美好愿景，需要因地制宜推进乡村振兴，结合农村的内外在优势做好符合实际的具体规划。

关键词：乡村振兴；因地制宜

我国全面建成小康社会和全面建设社会主义现代化强国，最艰巨最繁重的任务在农村，最广泛最深厚的基础在农村，最大的潜力和后劲也在农村。乡村兴则国家兴，乡村衰则国家衰。为积极响应国家乡村振兴战略，发挥高校的专业优势，扎实推动实践育人，华中科技大学马克思主义学院25名研究生围绕横车镇的经济与产业、资源与生态、文化发展、人力资源、乡村治理五个方向进行调查。笔者与组内其他成员在对横车镇的乡村治理方面进行调查的过程中，发现了当下农村实现乡村振兴的两种不同路径——工业振兴和农业振兴，这两种路径在九棵松村和长石村尤为典型。

一、九棵松村与长石村乡村振兴战略的不同实施路径

（一）九棵松村乡村振兴战略的实施路径

九棵松村从1976年以前名不见经传的"贫穷村"，到发展工业反哺农业30多年的"小康村"，再到如今步入新时代后面临转型升级的"转型村"，通过不断发扬九棵松精神，获得了"全国文明村"等一系列殊荣，成了名副其实的"明星村"。九棵松村通过发展集体经济，基本实现了由农业向工业

的转变,是工业振兴实现乡村振兴的典范。九棵松发展工业有其独特的优势。

第一,自然资源优势。改革开放之后,该村党委、村委会为改善贫穷的农村现状,将"以工业兴村"作为发展目标,充分利用当地丰富的石英石资源,创立了九棵松村第一个工业项目——石英石采石场,自此开始了九棵松村的工业强村之路,到目前为止,九棵松村作为蕲春县域主要的工业园区,以工业兴村,滚动发展,已经建成一个集工、贸、林于一体的跨行业领域的综合性集团,包括以人造板、板式家具、石英砂、汽车配件、建筑建材等为支柱产业的42家企业。

第二,交通地理优势。九棵松村地处蕲春县西大门,京九铁路、黄标公路贯穿其中,为工业资源的开采、工业产品的加工和运输提供了极大的便利。地理位置的优越性使之在招商引资、人才引进、政策倾斜等方面具有突出的优势,是当地工业腾飞的重要条件之一。

第三,党建引领优势。把党建作为引领全村社会治理的抓手,健全党组织,充分发挥党组织战斗堡垒作用和党员的先锋模范作用是九棵松村村党委所坚持的。为适应新形势,让九棵松村这一"明星村"社会治理制度化、规范化、现代化,九棵松村从党支部到垸组,党小组到车间,按照上级决策部署,抓党建促进经济发展,坚持党建与村委工作齐头并进,实现了党建与经济社会建设共同发展的局面。

经过几十年的发展,九棵松村的工业企业逐步由原来资源开发为主导的传统型工业发展模式向以新能源为主导的高科技型工业发展模式转变。九棵松村通过工业振兴实现了乡村振兴,2019年九棵松村的民生支出达900余万元,村民的获得感、幸福感、安全感与日俱增。同时,在工业转型升级的过程中不可避免出现了生态破坏、环境变差、基础设施老化、人员养老、收入差距增大等困难。

(二)长石村乡村振兴战略的实施路径

2019年中央一号文件指出,"因地制宜发展多样性特色农业,倡导'一村一品'、'一县一业'"。各村落从本村的实际情况出发,大力发展特色产业,使其成为振兴乡村产业的有力举措。长石村共有村民2300人,分成15个小组,村内有55名党员。在与长石村书记的交流中,长石村书记从三个方面介绍了该村实施乡村振兴的基本情况。

第一,保护生态。建设生态宜居的家园既是乡村振兴的重要目标,也是国富民强的重要基础和保障。乡村振兴是全方位的振兴,不只是乡村经济的发展,还必须兼顾政治、文化和生态文明等方面。长石村在实施乡村振兴战略过程中十分强调保护生态,不允许村民乱建房,对村民民房的规模和范围进行了一定的规定,避免出现攀比现象,同时保护耕地,保护青山绿水。

第二,挖掘民间故事,发展乡村旅游业。长石村有两大文化招牌:一是"孝善长石",在当地,每年均会评选"最佳媳妇""最孝儿女"等,为了丰富当地老人的文化生活,长石村每逢重阳,村委会便会为60岁以上的老人办长寿宴;二是戏曲文化,长石村有深厚的黄梅戏戏曲文化,戏曲演出不仅丰富了当地人的精神生活,而且也逐渐成为长石村独特的招牌。通过对这两大招牌进行宣传,吸引游客到本村,由此带动旅游业和相关产业的发展,促进经济的发展。

第三,做好土地流转,发展"一村一品"。乡村振兴必须依靠产业振兴,长石村通过土地流转,将分散在农民手中的1000多亩土地集中起来经营,种植蕲艾和莲子。同时,当地书记认为农村要实现发展,必须发展农业,以农业兴办农业,办特色农业和生态农业,进行农业深加工,打造"一村一品"。长石村依托土地流转,发展特色农业,精准扶贫工作、乡村振兴工作都取得了显著的成果,村民的经济生活和文化生活大幅改善。在进行实地访谈的过程中能体会到当地村民在长石村生活的幸福感和获得感。

长石村是依靠农业振兴实现乡村振兴的典型,与九棵松村有着明显的差异,但也实现了该村的发展,因此并不能评判某种发展模式是正确或者错误的,乡村振兴发展模式本没有定式,必须因地制宜。

二、实施乡村振兴战略过程中存在的问题

本小组通过调查以九棵松村和长石村为代表的村落,发现实施乡村振兴战略的过程存在着一些误区,这些误区的产生部分是由于不能根据本村的实际情况制定战略,无法因地制宜地探索出多元化的实施方案。

(一)土地流转并未使土地利用效率和收益最大化

目前,中西部地区农民单纯依靠土地以期望实现致富的可能性较小,青壮年劳动力大量外出务工,致使当下农村土地抛荒现象严重。通过调研,我们发现现在的乡村都普遍意识到土地抛荒的严重性,因此,各个村落均通过土地流转的方式将分散在农民手中的土地集中起来经营,这样既避免了土地抛荒,资源闲置浪费,也发展壮大了农村的集体经济,在一定程度上增加了农民收入。但是在当下,土地流转也存在一些问题。

一方面,以九棵松村为例,将农民的土地集中起来,以承包的方式租给厂商,发展工业和规模经济,导致大量农田的"非农化"和"非粮化"。在土地流转这一过程中无法做到完全吸纳原有土地转移的劳动力,工厂会根据收益调整雇工人数,因此无法形成较为长久而又持续的雇工需求,这就导致了当地有些农民在失地之后又面临失业的风险。另一方面,以长石村和其他以经营农业为主的村落为例,这些村落在土地流转过程中普遍存在的问题是,土地虽然流转起来由集体集中经验经营,但土地的收益并不高,种植的农产品的经济价值不高,所带来的收益也不高。在调研的过程中,我们小组发现横车镇通过土地流转主要种植蕲艾,但蕲艾在一年当中只有第一季的质量比较高,因此有些村落种植蕲艾一年只种一季,这就使土地的利用效率变低,不能达到最大化的收益。

(二)旅游产业发展规划不健全,品牌效应不明显

蕲春县是"医圣"李时珍的故里,中医药历史悠久,文化底蕴深厚,同时又拥有优良的生态环境,当地县政府也高度重视中医药健康旅游业的发展,对当地旅游业的发展进行了谋划,致力于使旅游业发展成为当地的战略性产业和综合性产业。横车镇作为蕲春县的一个乡镇,也在大力鼓励各村落发展旅游业,但是不同的村落在发展旅游业的过程中存在着一些突出的问题,主要有以下几种情况。

第一,不考虑本村实际情况而盲目发展旅游业。在调研的过程中,我们小组发现几乎每个村都有发展旅游业的想法,但有些村却并不适合发展旅游业。有的村的基础设施建设仍不完备,其中包括该村的交通情况与公共基础设施,如厕所与住宿问题。可以说,旅游目的地基础设施的完善程度直接影响了游客对此次旅游的满意度,基础设施不完善会直接降低游客的满意度,会直接阻碍当地旅游业的发展。

第二,品牌效应发挥作用不足。蕲春县作为"医圣"李时珍的故乡,这一独特的人文资源使其发展旅游业特别是康养旅游更有优势。但蕲春县当前的品牌宣传仍然比较滞后,根据调查,当地宣传品牌的方式局限于电视台和一些零星的微信公众号推送,这种宣传手段限制了到本地旅游的客源,也无法达到良好的宣传效果和作用。

(三)乡村能人回乡的困境

在调研的过程中,我们深入横车镇的各个村落,访谈了相关村的村支书和村主任,他们在回答"影响乡村振兴有哪些重要的因素"时,都谈及了人才、能人这一重要因素,普遍认为当前乡村振兴迫切需要能人回乡。

可以说，乡村人才"空心化"的问题是当前乡村振兴过程中所普遍存在的困境，工业化和城镇化的发展，改变了传统乡村社会的结构和环境，劳动力的城乡流动使乡村的人才流失严重。乡村能人可以算是乡村社会中知识、素质、能力比较高的群体，他们在提升乡村治理水平的过程中发挥着不可替代的作用。但在市场导向下，越来越多的乡村人才离开土生土长的农村。能够在城市工作和立足的外出人员，大多是农村最精壮的劳动力，也是乡村能人的重要来源。除此之外，随着教育、升学，许多大学生精英对自己的家乡并没有浓厚的眷恋之情，教育制度在一定程度上造成了农村精英群体的萎缩。

同时，即便是能人响应国家号召回乡也不一定能充分发挥其作用，回乡能人是伴随着城镇化从农村涌入城镇的，其离乡生活和工作的背景在一定程度上造成了对乡村社会的疏离，并进一步影响其回乡后能人作用的发挥。一方面，这些比在村村民拥有更高的文化素质和城市工作能力的能人，大部分从小就在城市生活，自己并不擅长在农村生活并进行相关农产品种植，他们回乡主要是因为受到政府政策的鼓励，并享受政府回乡政策的补贴。这导致村民对回乡能人的能力转化存在担忧。另一方面，回乡能人虽然积极建言献策，但有时他们所提建议并不切合村庄发展实际，没有考虑村庄现实基础和条件，因而难以落实。比如在乡村改厕方面，有的回乡能人认为这是有利于乡村环境整治的好事，在承接政府改厕任务时大包大揽，但对于其可能面临的实际困难缺乏足够的考虑和安排，使得工作推进效率并不高。

三、对于横车镇实施乡村振兴战略的相关建议

通过几天的调研以及本小组的讨论与交流，我们认为在实施乡村振兴战略的过程中，需要根据各个不同村的情况因地制宜，同时可以从以下几个方面进行改进和完善。

(一)因地制宜、因村制宜选择合适的发展模式

打造城郊乡村和山区乡村两种不同的发展模式。横车镇九棵松村应依托靠近城区、工业发达、交通便利、人口密集等优势，充分发挥乡镇的党委龙头作用和村党支部的战斗堡垒作用，大力发展集体经济，同时充分利用当地的自然资源优势发展工业，创造就业机会，提供就业岗位，带动经济发展；而长石村等其他山区村落应依托山区优美的自然环境、丰富的生态资源、富于特色的民俗文化等优势，在政府的政策与资金支持下，推进农村

基础设施建设,全力补齐农村公共服务短板,大力引进外来资金,打造美丽乡村。

(二)根据本村情况理性而非盲目推进土地流转

在实施乡村振兴战略过程中,推进土地流转确实能部分解决乡村青壮年劳动力外出而造成的土地抛荒问题,但是需要特别重视的是,我们所提倡的土地流转是在"三权分置"和土地承包关系稳定并长久不变的基础上,要尊重农民土地流转以及不流转的意愿,如果采取经济力量的无声强制或超经济强制的方式推进土地流转,这样既损害了农民的利益,又违背了实施乡村振兴战略的初衷。

(三)在政府引导下健全旅游产业,充分发挥品牌效应

在制定旅游规划时,政府能发挥十分重要的作用。一方面,地方政府对于国家和省里出台的相关政策措施要及时了解并加快研究和充分利用;另一方面,政府在出台关于旅游业相关的优惠政策以及为当地争取招商引资的机会上具有主动权。同时,当地政府在规划时要充分利用好"医圣"李时珍故乡这一招牌,要严格把控利用"蕲艾"这一品牌发展相关产业的质量,生产出质量过硬的产品,同时要充分利用互联网进行宣传,将招牌打出去才能吸引更多的人进来。

(四)呼吁并正确引导能人回乡

乡村振兴的关键要素是人,对于当下城镇化和工业化发展导致的乡村人才流失问题,吸引能人回乡是破解人才瓶颈、实现乡村振兴的重要举措。但是,能人回乡不仅要"回得来",还要"用得好"。能人回乡是乡村精英的再造,需要从能人本身、乡村环境以及促进二者的融合与适应等方面考量,构建乡村能人促进乡村振兴的作用机制。在这一过程中必须明确人才类型,分类进行。在明确乡村需求的基础上,分析外乡能人的特点,在经济、政策、文化、技术等各个领域按照不同的需要配置不同的人才。也就是说,在落实能人回乡的过程中,要对于不同类型的人才,根据不同需求采取不同的引入、激励和使用策略,确保回乡能人具有各尽其能、各展其长的环境,提高效率以及可适用性。

四、小结

乡村振兴不仅仅是经济上的振兴,同时也是政治、文化、生态等各个方面的振兴。在这一过程中,各村的发展模式并没有一定之规,而是要因地

制宜探索出适合各个村的发展模式。实施乡村振兴战略不仅是一场攻坚战,还是一场持久战,只有农村通过因地制宜发展,解决好农村的"三农"问题,农业现代化才能实现。

参考文献

[1] 瞭望.因地制宜推进乡村振兴[N].北海日报,2020-05-31.

[2] 杨建彩.因地制宜,探索美丽乡村建设模式[J].中国商论,2020(5):204-205.

[3] 于建嵘.乡村产业振兴要因地制宜[J].人民论坛,2018(17):64-65.

[4] 宫同伟,周梅婷.乡村产业兴旺 因地制宜是关键[J].人民论坛,2019(28):56-57.

[5] 鲍梦春.因地制宜促乡村振兴——结合湖北省十堰市郧阳区实际谈实施乡村振兴战略[J].农村经济与科技,2019,30(7):227-228.

[6] 马颖杰.乡村振兴背景下我国乡村康养旅游发展对策研究——以湖北省蕲春县为例[D].舟山:浙江海洋大学,2020.

[7] 钟刚琼.加快推进乡村振兴与产业扶贫[N].黄冈日报,2019-01-23.

乡村振兴背景下数字化乡村治理模式探析
——以横车镇为例

钟晴晴　石艳丽

摘　要：数字化乡村治理是实现乡村振兴的主要抓手，数字化时代的到来为乡村治理现代化向纵深发展提供了重要支持。大数据、物联网、云计算等技术的运用，促进实现了治理主体多元化、决策依据科学化、公共服务高效化、治理方式精准化。但数字化在赋能乡村治理的同时仍面临着人才匮乏、治理思维受限、信息共享阻滞等问题。因此，建议从加强人才建设、创新治理理念、完善信息化设施等方面着手，激发乡村治理活力，助力乡村振兴。

关键词：乡村振兴；数字化；治理模式

2019年5月，中共中央办公厅、国务院办公厅印发《数字乡村发展战略纲要》，强调数字乡村"既是乡村振兴的战略方向，也是建设数字中国的重要内容"，指出数字乡村发展要"注重建立灵敏高效的现代乡村治理体系"，要"着力发挥信息化在推进乡村治理体系和治理能力现代化中的基础支撑作用"。由此可见，数字化技术对乡村治理现代化和实现乡村振兴都具有十分重要的意义。本文结合数字化发展的背景，分析数字化嵌入乡村振兴进程中的现实价值，在分析当前乡村治理数字化面临的困境基础上，提出数字化治理提升乡村振兴治理能力的措施。

一、数字化乡村治理模式的主要做法

横车镇隶属蕲春县，是全国重点镇、全省中心镇、全市二十强镇，版图面积约193.77平方千米（2017年），辖48个村，截至2019年末，横车镇共9.83万人。近年来，横车镇交通发展迅速，大项目、大园区建设相继落地，促进了当地经济的发展。新经济新气象，横车镇在新时代背景下创新乡村治理模式，数字化助推乡村振兴。横车镇积极探索基层数字化治理的创新模式,用数字化、智慧化手段为乡村治理赋能,在数字化基层治理上的积极探索多次获得人民网和省市县媒体的点赞好评。

(一)数字化网格管理

网格管理是乡村治理的创新模式,它将管理区域划分为若干个网格,以网格为单位,每个网格内搭配网格管理员,网格管理员负责管辖区域内的信息采集,依托网络信息管理系统,及时反映网格动态,解决乡村中出现的问题,为村民提供精准的服务。在横车镇推进数字化乡村建设进程中,实行了网上积分管理卫生评比活动,村民通过上传自家照片,获得卫生评比积分,来换取生活物品。活动开展不到一周,就得到了村民们的热烈响应。横车镇村民反映道:"我每天早上起来第一件事情就是扫扫地、抹抹桌子,把所有卫生全部搞好,然后拍几张照片上传到钉钉上面去,到我们村部领取生活物品,我觉得这个活动蛮有味、蛮开心。"在调研中村书记与我们交流时谈到:"以前干部下去检查卫生需要家家户户去看,要花很多时间,费时又费力,现在有了钉钉群,保证村里每户有一人在群里,每户提供五张住户环境照片上传网上检查,通过这个网上卫生评比,村容村貌和村民的环境卫生意识得到了显著提升,活动设置了积分奖励,村民的参与积极性也高。"

(二)数字化乡村治安

横车镇通过引入"互联网+"技术,建立了"雪亮工程"。在辖区内各村村口、人流密集地、村交界处、主要交通路口、部分群众院坝等地安装远程视频监控摄像头,让社会治理有了"千里眼"。"我们已建成乡、村、户三级视频监控体系,实现乡、村、户视频云存储,有需要时可调取查看","这个监控不仅给我们的工作带来了便利,我们还可以通过视频实现云监控,及时发现并制止不法行为和违规行为。比如在疫情和防汛期间,我们一方面下去巡视,另一方面也通过这个监控观察乡镇内的疫情隔离情况和汛情。去年和今年好多村民也在乡镇政府的组织下在家门口安装了监控,与我们综治中心的监控是一个系统,所以我们也可以通过监控搜索是否有可疑人员进入村民家中,相对来说我们对村内的人和事还是很熟悉的,所以很容易辨别",横车镇综治中心的相关负责人介绍说道。数字化的治安环境,不仅为村民带来了更加安心舒适的生活环境,而且为乡村稳定发展筑牢了防护墙。

(三)数字化村务管理

随着农村信息化进程的深入,村务管理也开始进入信息化时代,加快对农村信息化的建设和投入,对村务管理起到了显著作用。"为村"平台在村务决策、村务公开、村务监督、便民服务等方面进行系统管理,大大提高了村务管理的水平和效率,让村务信息更加透明和公开。村民可以在"为村"上反映问题、提出意见,村干部在手机上看到村民留言的问题会及时地予以答复并趁早解决。例如,横车镇九棵松村村民提到:"我们组的这个路口的杂木都长出来了,非常占道,影响大家的出行,视线也不好。就抱着试一试的想法,就地拍摄了路口杂木占道的照片,将占道问题通过'乡村钉'—'民情反馈'一键提交给村两委。还没到五分钟,就收到了村两委的回复,答复下午就安排环卫工人来给我们处理。"随后该村民把这个意见反馈给小组其他村民,大家对村两委处理事情的效率感到非常满意,认为这个平台也非常实用,问题迅速得到了解决,提高了群众的满意度和幸福感。此外,依托信息技术建立的乡村数字化便民服务平台,方便了村民网上学习、网上诉求、资源共享等,拉近了干部与村民、村民与村民之间的感情距离,极大地方便了沟通交流和相互帮助。

(四)数字化党建

乡村是国家稳定的根基,乡村治理有效是国家治理的关键,也是社会经济发展的重要基础。党是领导一切的,党管农村工作是我们党的优良传统。《关于加强和改进乡村治理的指导意见》提出"坚持和加强党对乡村治理的集中统一领导,坚持把夯实基层基础作为固本之策,坚持把治理体系和治理能力建设作为主攻方向"。横车镇在县委组织部的大力支持下,充分发挥党建引领作用,积极推行钉钉数字化平台建设。目前横车镇48个村均已建立有钉钉数字化平台,全镇已有31000人在组织架构内,已激活13000人。利用钉钉平台实现了"支部全覆盖,党员齐参与"。疫情期间,许多工作和生活场景从线下转移到线上,利用钉钉平台开展"云上支部主题党日"活动,实现本地党员"面对面",外地党员"屏对屏",让所有党员能够深度参与到家乡的党建工作,对提升支部凝聚力、向心力有很大帮助。"云上党建"不仅适应了疫情防控形势,也为流动党员教育管理提供了思路。在日常生活中,横车镇借助网络智能平台,采用线下线上相结合的方式,开设入党积极分子、发展对象和预备党员培训班,开通干部的日常考核、请假审批等机制,开展入党申请人到正式党员的跟踪培养和教育管理,实现了党员管理精细化。横车镇各村级党支部于每月第一个星期一召开党组织生活会,针对部分党员常年不在家的情况,可以通过钉钉以直播的方式参与线上支部会,还能通过钉钉看回放,后台管理者可以实时检测到所有党员到会、参会情况,保证了党组织生活的有序进行。乡村治理也呈现了"脱域治理"的特征,即不受时空限制。数字化信息技术不仅赋予了基层党建新的活力,也使基层党建更贴近广大人民群众,提升了党建工作的实效性。

从实践来看,横车镇已经形成了数字化网格管理、数字化乡村治安、数字化村务管理和数字化党建等,有效解决了基层治理中村民诉求解决慢、村级事务参与少、信息沟通耗时长等问题,让村民"少跑公路,多走网路"。横车镇推进数字化乡村建设激活乡村治理的经验迅速在全县推广,全县已有15个乡镇办300余名党员干部分批前往横车镇参观,学习推广横车乡村建设、社会治安、公益美德、党员管理、个性化群直播、积分管理、工作日志、便民服务等乡村治理创新举措。

二、数字化乡村治理的重要作用

(一)治理主体多元化

在乡村振兴背景下,数据技术的介入不仅破除了信息鸿沟和数据壁垒的桎梏,而且赋予社会组织和公民更多的参政机会。乡村治理由以政府主导为主、单一垂直的方式转变为民主协商、合作共治的模式。一方面,数字化乡村治理通过整合乡镇资源和社会各方数据资源,形成了数据信息共享的数字化格局。2020年我国农村网民规模增至2.55亿,农村互联网普及率达46.2%。另一方面,在数字化信息技术的推动下,数字化乡村治理有效调动了各类主体参与乡村振兴的积极性,实现多元共治。

(二)公共服务高效化

乡村公共服务与数字化技术的有机结合,是推动实现乡村治理现代化的必然要求。借助大数据、云计算等新兴技术的运用,不仅提高了公共服务的效率,而且为村民群众提供了精准周到的服务,满足了基层群众的个性化需求,缓解了基层矛盾,党群干群关系、乡里乡亲的关系也更加亲密和谐。此外,所需资源在不同部门、层级及地区之间互联互通,推动公共服务便捷化、高效化。数字化技术的应用,创新了乡村公共服务供给方式,实现了由实体服务向数字服务的转变。

(三)治理方式精准化

数字化技术的发展能够促进乡村振兴中治理精准化,治理内容精准要求自上而下的政府治理精准施策以及自下而上的村民自治精准高效。首先,基层政府通过对信息的有效分析,总结出村民的实际需求,为做好乡村治理的精准施策奠定基础。其次,村民利用数字信息平台实现自治的精准化。政府及企事业单位利用自身的数据资源建设信息平台为村民自治提供便利,村民通过数据平台参与乡村的民主监督、村务处理以及某些重大事项决策,从而实现乡村自治事务的精准治理。

三、数字化乡村治理存在的主要问题

尽管在信息科技技术的推动下,乡村治理各领域的数字化实践取得一定成效,但总体来看,乡村治理数字化仍停留在信息渠道畅通层面,数据在治理过程中的乡村社会态势感知、公共事务辅助科学决策等方面的价值未能得到有效发挥,数字化空间管理、信息技术使用率、数字化人才队伍建设方面仍存在诸多问题。

(一)思想能力不足,参与意识不足

思想是行动的先导,治理的思想观念很大程度上决定了治理的成效。一般情况下,农村群众的受教育程度低,对社会治理理念的认识和理解不足,在一定程度上减缓了乡村治理的步伐。第一,基层党员干部多习惯于用之前的老办法解决问题,多以经验为主去解决问题,一定程度上忽视了数字化技术带来的治理理念的创新,即新的办法不会用的现象。同时,缺乏对乡镇干部的技术上岗培训及训练,造成乡村治理主体在使用新兴技术时往往不够熟练。第二,村民群众参与治理的意识仍有待提高,农村"空心化"严重,留守在农村的绝大多数年龄偏大,他们对信息化技术使用率不高,造成资源的闲置和浪费,因此互联网信息技术在基层的实践效果仍有待考察。实现乡村振兴离不开多元主体的共同参与,村民在乡村中不仅是受益者,更应成为乡村振兴的有效参与者。

(二)人才资源匮乏,数字化平台使用率低

近年来,随着村庄的大量减少以及人口的外出所,乡村社会的"空心化"与"原子化"趋势不断地加强。习近平总书记在 2016 年网络安全和信息化工作座谈会上的重要讲话中指出:"网络空间的竞争,归根结底是人才竞争。"然而,新型城镇化发展进一步推动我国进入要素资源稀缺争夺期,乡村精英外流、村庄"空心化"、人口老龄化已成常态。因缺乏足够的数字化技能培训与宣传,大多数村民对数字化治理的认识停留在利用微信等手段发布信息上,部分地区已开发的乡村治理数字化平台,大多处于"有建设无使用"状态。因此,这样不仅浪费了数字化信息资源的建立,而且不能有

效地发挥数字化的优势,助力乡村治理实现为基层减负。

(三)基础设施落后,信息共享受阻

我国乡村信息化基础设施建设仍有待加强,由于人口密度、搭建成本等因素影响,网络设备、通信线路、服务器设备等基础设施还未实现完全覆盖。此外,主体间信息共享受阻碍,政府部门之间缺乏数据共享平台;横向职能部门采集数据时未依据统一的标准,造成了资源的浪费;纵向职能部门层级复杂,使用数据时审批时间较长,影响治理决策的及时性和准确性;其他主体只能依靠政府的公布来获取政务信息与数据。这些因素都对实现乡村振兴背景下的信息有效共享造成了威胁。

四、加强数字化赋能乡村治理的建议

党的十八大以来,党中央、国务院高度重视农业农村信息化事业。新冠肺炎疫情对我国广大乡村地区及农民群众造成了诸多不利影响,值得注意的是,在此次疫情中多地充分发挥社会治理和数字经济优势,充分印证了数字动能在乡村经济社会发展和社会治理中的现实价值。对于广大乡村地区而言,应加快推进数字乡村建设发展。

第一,突出农民主体地位,加快培育数字农民。一方面将数字化技能培训纳入农民培训工作,发挥远程教育与社交网络平台的作用,培育一批具备互联网思维和信息化应用能力的数字村民。

第二,建立以党建为引领、以微信等移动互联网应用为载体的大众化村民互动交流平台,鼓励村民在平台上对村庄事务发表意见与公开投票,让更多村民参与数字乡村自治,提升村民的参与度和认同感。

第三,鼓励引导乡贤等能人进村。优化乡村创业环境,积极实施"乡贤回归"工程,鼓励乡贤人士、经济能人、返乡退休干部与大学生等精英回村发展乡村产业,向村民宣传普及乡村治理数字化手段,带领村民共建乡村治理数字化平台,推动乡村治理数字化进程。

第四,运用信息技术,坚持自治、法治、德治、智治、政治五治结合。村民自治就是要让村民自我协商、自我决定村庄事务。通过村庄网站、微信公众号等平台,及时公开党务、村务、财务等,保障村民的知情权、参与权、表达权、监督权。德治要发挥新媒体赋权功能,以法治为保障。构建乡村公共法律服务的信息服务平台,将公益律师、调解员、村民三者整合到平台上。探索新时代"枫桥经验"的数字化模式,达到"小事不出村、大事不出乡"。巧用数字化平台,以德治为引领。收集乡村好人好事,建立健全道德先进事迹数据库,建立电子功德数据库。表彰奖励电子功德数据库储蓄多的先进人物,树立道德标杆,弘扬正能量,以社会主义核心价值观引领乡村德治。智治要发挥乡村多元治理主体的力量,集中民智,汲取民意。政治要始终坚持党的领导,以党建引领乡村治理。

五、小结

乡村治理发展迅速,治理主体由一元走向多元,治理模式和治理形式不断创新,乡村建设取得了巨大成绩。随着市场化以及国家治理现代化战略的持续深入,现代化在注入乡村治理的同时,期望数字化信息技术为横车镇乡村治理赋能,提高乡村治理水平,助力实现乡村振兴。

参考文献

[1] 数字乡村发展战略纲要[EB/OL].[2022-01-08]. http://politics.people.com.cn/n1/2019/0517/c1001-31089161.html.

[2] 关于加强和改进乡村治理的指导意见[EB/OL].[2022-01-08]. http://www.gov.cn/zhengce/2019-06/23/content_5402625.htm.

[3] 张春华.大数据时代的乡村治理审视与现代化转型[J].探索,2016(6):130-135.

[4] 2020中国农民网民规模[EB/OL].[2022-01-08]. http://finance.people.com.cn/n1/2020/0513/c1004-31706831.html.

[5] 任雪,刘俊英.数字化时代乡村治理能力现代化问题研究[J].洛阳师范学院学报,2021,40(5):55-59.

乡村振兴战略视角下第一书记嵌入乡村治理路径探析
——以横车镇第一书记为例

王 贺

摘 要: 派驻第一书记是精准扶贫中解决"谁来扶"的一项重要举措,也是一项具有中国特色的扶贫治理实践。第一书记制度设计是推动国家治理体系和治理能力现代化的探索,第一书记作为一种外部力量,嵌入乡村治理的全过程中,解决农村发展、党建、稳定等治理难题,并培育乡村发展的内生性动力,助力乡村振兴的可持续性。治理成效关键在于治理主体的运作策略,纵观治理实践,在第一书记这一相同的制度底色下,各个村和各个第一书记却产生强弱不同的治理结果。本调研报告梳理第一书记制度,以横车镇多位取得强治理成效的第一书记为例,重点探究其运作机制和实践逻辑,并提出相应的优化路径。对第一书记嵌入机制的分析,既是对精准扶贫中帮扶治理模式的总结,也为乡村振兴的人才选派和治理效率提供了有益参考。

关键词: 第一书记;嵌入乡村治理;运作机制

一、第一书记制度概述

随着市场化、城市化发展,当前中国农村基础差、底子薄、发展落后的现实状况尚未根本改变,经济社会发展中最明显的短板仍然在"三农",现代化建设中最薄弱的环节仍然是农业。首先,农村治理资源不足。一方面,城镇化发展使大量资金、资源、政策向城市倾斜,城市发展对农村的"虹吸"效应,使得农村发展面临物质短缺、农村产业结构单一、发展动力不足等现实困境。再加上农村税费改革后,上级均衡性转移支付资金的断裂,以及基层政府财政供给能力不足,使得农村基础设施和公共服务与城市差距较大。另一方面,城乡二元社会结构日益固化,农村大量精英和青壮年劳动力外流，农村空心化现象严重，留守农村的大多是一些老弱妇幼，人员流失不仅造成农业产业资源、土地资源、环境资源等的闲置和浪费，也引发了一系列民生保障问题。因此，迫切需要外部力量的注入，改变农村无钱无人的状况，通过嵌入外部资源和激活内生资源为农村现代化转型提供物质保障。其次，部分村级组织力量薄弱。农村空心化加剧了乡村治理主体萎缩。具体表现为：村"两委"干部总体老龄化突出，相对而言，其综合素质较低，集体经济发展和政策推广等工作能力存在一定程度的欠缺，以及后备力量不够充足，应对农村社会各种治理难题时面临一定的困难。最后，乡村社会治理困境。在后农业税时代，政府与农村社会之间基于农业税费建立起来的"征税—服务"关系结束，"基层政权从过去的'汲取型'变为与农民关系更为松散的'悬浮型'"，只有实现国家权力下沉，与乡村社会形成良性互动，才能减少工作梗阻，重构乡村治理的新格局。

  党的十八大以来，我国把脱贫攻坚作为全面建成小康社会的一项重要指标和中心任务，提到了治国理政的突出位置。其中，派驻第一书记是精准扶贫中解决"谁来扶"的一项重要举措，作为国家权力代表的第一书记，能够解决当下农村治理资源不足、村级组织力量薄弱等一系列治理问题。2019年1月3日中共中央、国务院印发了《关于坚持农业农村优先发展做好"三农"工作的若干意见》明确指出，"建立第一书记派驻长效工作机制，全面向贫困村、软弱涣散村和集体经济空壳村派出第一书记，并向乡村振兴任务重的村拓展"。这也表明精准扶贫任务完成后，第一书记不撤离，并将接续开展乡村振兴的新任务。2020年12月2日，国新办就扶贫工作举行发布会强调，把2021—2025年作为巩固拓展脱贫成果的过渡时期，在过渡期内，继续实行"摘帽不摘帮扶"等"四个不摘"举措。2021年新发布的《关于向重点乡村持续选派驻村第一书记和工作队的意见》，对下一阶段乡村振兴中第一书记的选派和管理提出新要求。截至2021年2月，全国累计选派43.5万名干部担任第一书记，目前在岗第一书记19.5万名，第一书记嵌入乡村社会的结构内部、关系网络和治理规范中，以实现精准扶贫为目标，将制度优势转化为治理效能，在这期间取得了丰硕的脱贫成果也积累了宝贵的治理经验。从"国务院扶贫开发领导小组办公室"撤牌到"国家乡村振兴局"挂牌，这体现了中央农村工作的连续性，摆脱贫困和乡村振兴是一脉相承、前后衔接的，同时也意味着"三农"工作重心向高质量方向转移。在全面脱贫攻坚战胜利之后，第一书记还将继续留在农村继续开展乡村振兴工作,由贫困治理向常规治理转变、由短期攻坚战向长期治理战转变。

二、第一书记嵌入乡村治理的运作机制

关系嵌入是在第一书记嵌入组织或与他人互动而形成的社会网络中,社会网络中的利益交换与互惠、价值情感的交流与认同、相互赞同的渴求与激励等因素会形塑第一书记行为,使乡村原有社会结构和社会关系发生变化。第一书记属于"资源型角色",附带大量资源下乡驻村,并盘活基层原有资源,由书记下乡到资源下乡嵌入村庄传统治理格局中,需要解决与村干部的利益纠纷以及"群众路线"的具体实践,本次调研深度访谈横车镇连续两年年度考核优秀的第一书记,分析他们向外争取资源、平行处理与村干部关系以及向下联系群众三种关系嵌入,构建乡村治理的新型社会关系与互动结构,提升乡村治理水平。

(一)资源关系:以行政能力向外争取资源

向外争取资源是第一书记开展帮扶治理工作的重要手段,也是第一书记最大的优势。第一书记的资源获取渠道有两种。第一,体制内政府资源,通过第一书记的行政制度设计,将国家权力和组织资源嵌入乡村社会结构中。国家对于"三农"问题有专项的资金和政策扶持,精准扶贫、美丽乡村、乡村振兴等战略都有大量的政策和资源辐射到农村,因此,第一书记能为贫困村发展争取对应的国家资源支持。同时,第一书记隶属于不同的派出单位,按照"单位做主体、一把手负总责"的政策要求,第一书记不但没有完全脱离于原单位,而且都携带后援单位的项目、资金、技术等各类资源,能够利用原单位的资源优势解决农村治理难题,原单位也必须在财政资金下拨、项目审批和立项、信贷融资等方面给予第一书记强有力支持。第二,个人社会资本。第一书记在此前生活中建立了庞大的社会关系网络,积攒了大量社会资本,包括社会组织、公司企业、公益组织、校友会、老乡群,都是其强大的资源后援团。第一书记在治理工作中通过动员社会扶贫力量,充分挖掘和整合这些私人关系网络、非官方渠道的社会资本,将其转化为资源优势,为农村在引进项目、获取资金支持或者在解决贫困户特殊问题中提供全方位支持,解决治理难题。

许岗村王书记被称为"蕲春通"。在访谈中,王书记提到最多的就是

"这个部门我熟,这个机构我熟,这位领导我熟",他利用原单位和职务建立的资源网络帮助贫困户孩子办理异地教育扶贫,帮助残疾人士就业,也借助外部专业人士力量,帮助贫困户进行危房鉴定,顺利进行危房改造。对于不熟悉的分管领导和单位,王书记也有经验,在一位村民医疗报销的问题上,王书记找到卫计局的分管领导,自报家门,说明情况和问题,得到了相关单位的积极配合和支持,促成这一事件解决。除此之外,他为村民当过"职业介绍人",在村民微信群中长期发布县劳动就业局提供的招聘信息,帮助介绍工作,组织开展科技助力精准扶贫实用技术培训,推荐村民参加艾灸师、汽车驾驶、淘宝电商等免费职业培训。他也做过"网销员",帮助村民网上销售菱角、土鸡、鱼等农副产品。作为扶贫先进代表,他去市里参加活动,主动与其他获奖的市场主体建立联系,介绍许岗村的情况,学习别人先进的发展模式,并邀请他们到本村投资,为集体经济发展、农民脱贫致富出谋划策。

田书记是县自然资源和规划局派出干部,以土地整治为抓手,充分发挥"娘家"部门职能,经过半年的努力,让"增减挂"项目在策山村落地,该项目通过土地平整、田间道路工程、农田水利工程、农田防护林与生态环境保持工程的实施,改善了农业生产条件,方便了村民承包土地流转,促进了农业适度规模经营,土地利用效率得到提高,水土流失得到有效控制。严格按照土地利用总体规划的要求,积极开展土地整治工作,使该项目区内形成了"田成方、路相通"的格局,不断提高耕地质量,逐步改善农业生产条件,进一步夯实了农业基础,达到促进农业增效和农民增收的目的,也大幅改善了该村生产生活条件。

何书记是县商务局派出干部,原单位高度重视其所驻村的脱贫工作,局长更是亲自指挥、协调各方参与帮扶,将江坳村纳入全县电商快递物流网,在村内兴建村级电商服务站,构建优质工业品、农资化肥下乡,特色农产品进城双向流通渠道,大幅降低村民生产、生活消费成本。

(二)利益关系:以组织力量向内有序分工

在传统的农村自治格局中,村委会主任和村党支部书记是村治的两大主体,第一书记扶贫工作的顺利开展有赖于村干部的紧密配合。布迪厄将场域定义为"在不同位置之间存在的客观关系的网络或构型",第一书记与内生力量代表的村支书在乡村治理场域中共同存在,二者的分工配合程度对治理实践会产生不同的效果。如果村干部积极配合第一书记，落实具体工作，处理利益矛盾，对乡村治理将起到积极的促进作用；反之，扶贫政策将难以落地实施。第一书记选派由各级组织部门牵头，在领导机制上是"党委领导、单位挂钩"，以组织力量保障利益关系的嵌入。一方面，指导监督村干工作，巩固基层组织，健全村"两委"工作机制，培养村干部的工作能力，在村务决策方面加强与村民的沟通，引导村民参与协商，完善基层自治民主，改进工作方法，端正工作作风，增强村级组织与村干部自身的号召力与执行力。第一书记监督村"两委"遵纪守法、村务公开、资源分配等基础性工作，提升其村庄治理能力。另一方面，培育村庄自治力量。对乡村原本涣散或软弱的"两委"成员进行重新合理的分工，强化村"两委"在乡村治理的主体性角色，拒绝"等、靠、要"，以及推动村民自治，培养后备干部，从而培养一支素质高、团结力强和战斗力强的村委班子。基层治理秩序呈现出"连带制衡"的特性，外嵌权力与内生力量只有紧密配合、分工有序，才能实现村庄治理变革。

许岗村王书记与张书记就是一种合作的关系。王书记表示，第一书记首先站位要准，第一书记不等同于支部书记，是协助支部书记的工作，要明确各自权力和责任等，既发挥出第一书记的资源优势，又基于农村熟人社会这一特点发挥村干部在处理村务中的作用。王书记认为，第一书记很多事情坚持高标准、严要求，但是一些村干部思想觉悟、工作积极性都不太高，村里很多工作也缺少新思想、新方法，在与上一级政府对接时，很多事情难以应付，在向村民和村小组组长下达任务时，很难及时回应。面对这些问题，需要发挥第一书记的引导作用，带头作为，大胆创新，多承担一些难题难事，因此，王书记总结村"两委"对第一书记是"既害怕又舍不得"。在村民心中，第一书记比村"两委"干部能力更强，更有威望，更能赢得民心，提升群众满意度，正是双方的弹性互动，保证了农村各项工作的有序开展。

汪井村梅书记驻村以来，首先解决村干工资多年拖欠的问题，所有工资全部发放到位，包括退休老干工资，这项工作的落实充分增加了她的威望，大家凝心聚力，心往一处想，劲往一处使，各司其职，做好村务工作。梅书记总结村干是"讨钱弱项，做事强项"，所以一方面指导村内组织建设，解决扶贫、发展、稳定等一系列难题，另一方面学习村干做农村工作以及和群众打交道的经验，二者是互补关系，分工合作产生最大的帮扶效益。

何书记从2018年开始驻村帮扶，参加镇党委政府安排的村级党组织换届动员培训会,运用"二推一选"程序全程参与村级"两委"换届,会同村党支部周密部署,顺利换届。新任村委班子普遍年轻化,村书记是一位"85后"的回乡能人,两位是"工作中的好搭档,生活中的好兄弟"。分工负责制是何书记与村"两委"在长期磨合中形成的主要经验,形成了"对外以第一书记为主、对内以支书主任为主"的工作分工,简单事务按分工、复杂事务团结协作的工作模式。二者工作首先强调到位不越位,到位是指各自按分工按时保质保量完成工作,不越位是指不插手他人分工,不管不该管的事;其次强调补位不缺位,在支书、主任统一领导下协同配合。作为第一书记,他主动担当救火员和勤务兵,帮着"两委"一起干,完成工作的同时,既加深了友谊,也提高了效率。

(三)情感关系:以情感互动向下联系群众

第一书记扶贫和治理的对象是贫困户,只有沉下去才能得到群众的认同和支持,而沉下去不是指时间的长度,而是为民办事服务的深度。第一书记驻村将"悬浮型"政权沉下去,成为联结国家与乡村社会的纽带。首先,畅通正式的信息沟通渠道,将自上而下运作的国家政策和法律法规内化为地方性规范以被农民所了解和接受,减少政策执行的阻力;同时,便于民意自下而上反馈到上一级政府,及时掌握基层农民的利益诉求,制定有效政策。第一书记选派标准高,干劲足,又有派出单位和上级党委组织部门强大后盾支持,再加上近几年扶贫政策的大力宣传,使其在村庄中拥有比村干部更高的角色优势,村民将其视为脱贫致富的领航人,相较于一般行政干部,第一书记基于特殊定位更易获得村民的信任和期待,相应地村民也更加配合和支持第一书记的工作,一定程度上缓解了干群矛盾。另外,第一书记属于村庄的外来陌生人,超脱于与村庄原有的依靠熟人关系组建的小团体利益纷争之外,不会碍于人情关系而徇私舞弊、"人情扶贫"。因此,第一书记往往更具公平、公正的优势特征,精准识别,实现国家资源在乡村配置的公平、有效,规避治理失效的风险,赢得农民对国家权力和基层组织的信任,为村庄治理实现规范化、制度化奠定了基础。

第一书记实际上要求一位"全能型"的人,要熟悉医疗政策、住房政策、教育政策等,还要充分调动可支配资源,切实解决农民衣食住行各类难题。王书记分享了主动帮残疾人办证并送证上门、带残疾人办证被别人误以为带父亲看病、"十个鸡蛋"等脱贫攻坚的故事,充分体现了"服务型政府"的工作要求,想百姓所想,急百姓所急,王书记收到的一面锦旗赞扬道"真心为民不辞苦,实意精准来扶贫"。在一次县里组织对精准扶贫政策开展的

"一度两率"随机暗访抽查中,横车镇许岗村一个指标是100%,另一个指标是98.6%。两项指标在当期排名第一。由此可见,只要真情实干老百姓才能满意。

田书记总结,作为第一书记,一是要做政策的明白人,变过去的背靠背为现在的面对面,各项政策"一口清"。增强运用政策和转化政策的能力,同时利用集中宣讲、入户随讲等方式,向贫困群众宣讲精准扶贫政策,使广大群众准确全面了解政策、充分熟悉政策,最大限度推动扶贫政策落地见效。二是要做贫困群众的贴心人。进村入户不摆官架、访贫问苦不讲官话,多坐坐群众的小板凳,多听听群众的心里话,真正融入群众中间、走进群众心间,使所指定的精准扶贫方案更符合村情实际、更具有针对性。驻村工作关键是要真正融入群众的生活,熟悉群众的思维方式,了解群众所思所想,遇到事关群众切身利益的问题,要直面解决,不能绕着走,不能让群众觉得不干实事,光来虚的。如果和群众来虚的,脱离群众,群众必然会对干部敬而远之,不掏心窝子,工作必然浮于表面,最终损害的是政府的形象和威信。

梅书记开好垸子会,在村民群众的大力配合下,联合驻村工作队、村干部就全村七个小组逐组不断开垸子会,主要是宣传精准扶贫、洁美乡村、厕所革命、乡村振兴等相关政策及工作,与群众交心谈心,听取群众意见。在与村民谈心中梅书记了解到长期以来,村里一直没有卫生室,百姓有病需到镇卫生所或邻村卫生室就医,年龄大的和三留守人员过多,不方便就近看病就医,梅书记迅速向镇县有关部门申请,经多方协调,努力争取,顺利批下卫生服务站建设项目,解决村民看病难的问题。

三、优化第一书记嵌入乡村治理的路径

结构嵌入是第一书记嵌入乡村治理的基础,关系嵌入是有效治理的重要保障,但是由于派出单位实力强弱不同以及个人能力的差异,关系嵌入难以产生广泛的强治理成效。另外,在治理制度化、结构化的趋势下,还需要完善结构嵌入,借鉴古今中外的政党治理经验,一方面挖掘传统的关系资源,依靠关系嵌入绵绵发力,另一方面推进结构嵌入,在制度赋权上久久为功,弥补差异化治理,二者融合,从而构建自治、法治、德治相结合的乡村治理体系。

(一)精准择优选派,严管厚爱激活人才干劲

一方面,坚持严格标准,择优选派。根据《关于做好选派机关优秀干部

到村任第一书记工作的通知》要求,第一书记人选的基本条件是:政治素质好,坚决贯彻执行党的路线方针政策,热爱农村工作;有较强工作能力,敢于担当,善于做群众工作,开拓创新意识强;有两年以上工作经历,事业心和责任感强,作风扎实,不怕吃苦,甘于奉献;具有正常履行职责的身体条件。总结来看,综合工作经历、基本素养和群众评价,要求选派政治性强、年轻、有能力的干部。在实际选派中,一些单位把一些退居二线的人派下来,或者把在原单位不合群、不做实事的人员派下来。这些人到农村开展工作,积极性、创造性低,没有深入下来,即便拥有强大的资源优势,也没有去调动和发挥,影响脱贫工作进程。贫困村的脱贫致富,关键是要有好的领导班子和领头人,所以要结合当地实际,并根据选派单位的综合实力以及第一书记的个人专长,有针对性地选派扶贫干部,做到"人岗匹配",例如,把经济部门干部派到贫困村,把党委部门干部派到软弱涣散村,把少数民族干部派到民族村,因村施策,对症帮扶,有效开展群众工作,提升选派的精准度和匹配度,为农村基层党组织建设和经济发展注入新鲜血液。同时,坚持岗前培训、任期交流、全程帮带,省市县三级联动。

  另一方面,严管厚爱,加大财政资金支持力度,协调多方资源,为第一书记开展扶贫工作提供强大的资源保障,派出单位和乡镇党委要派专人与第一书记长期联络,帮助第一书记解决乡村振兴实际问题,保证"人下村,资源到村",做好第一书记最强大的后盾。同时,第一书记选派之后,不能对其不管不问,要增加关怀,增加激励机制,包括物质激励和精神激励。由于环境的变化,第一书记的工作十分辛苦,分级督促派出单位要为第一书记办理任职期间人身意外伤害保险、兑现生活补贴,力所能及保障第一书记住宿、办公条件。当地政府要多倾听基层干部的声音,及时了解第一书记在基层的工作情况,在工作上给予支持,在生活上给予更好的保障。在提供基本生活保障的同时,综合评估第一书记工作绩效,提高第一书记的职级,增加工资,还要宣传报道第一书记的先进事迹,激励第一书记继续真情实干,为民服务,使其无后顾之忧,这也能从思想上动员后续的人员选派工作。

  (二)加大资源供给,完善资源均衡的分配机制

  第一书记作为外部力量,通过嵌入外部资源和激活内生资源,改变农村无钱无人的状况,为农村现代化转型提供物质保障,但是由于派出单位的实力不同和第一书记个人社会关系网络差异,各村资源分布不均衡。推进乡村振兴,需要大力整合资源,强化支持保障。首先,制定政策要从整体

设立第一书记资源供给渠道,一是划拨专项资金和给予政策项目,支持第一书记所驻村村级集体经济、产业振兴、基础设施建设和公共服务体系。二是联村结队帮扶。省、市、县各单位一把手和班子成员纷纷定时进村入户,并做好第一书记的强大后盾,落实从脱贫到振兴阶段的过渡措施。其次,根据村庄的实际情况和第一书记驻村工作难易程度,给予差异化的政策扶持和优惠倾斜,在顶层设计上因村供给资源,解决弱村、小村的治理问题。

(三)重厘权责界限,形塑多元治理的权力格局

首先,明确第一书记与村干部的职责范畴和角色定位,第一书记是扶贫和治理的领头羊和排头兵,村干部必须紧紧围绕在第一书记周围,服从安排,高效配合,通过建立健全责任清单,落实驻村第一书记的"事权"与"财权",提高履职效率,防止由于权力重叠造成博弈性内耗。其次,在现有的村庄自治格局中,村委会主任和村党支部书记是两大治理主体,第一书记不能完全包办和替代基层工作,具体工作的开展要充分调动村干部的积极性和主动性,健全村"两委"工作机制,提高村"两委"的公共服务和治理能力,将外部嵌入力量转化为激活内生动力的优势,使乡村治理朝着规范化、可持续化方向发展。

(四)制定多维评价,建构全面公平的考核体系

对第一书记的绩效考核是评价其工作效果的主要依据,只有制定科学的考核指标,才能实际评测第一书记职责效能,从而激发他们的责任心和荣誉感。目前,只有第三方走访村民评估显然是不够的,王书记讲到:"因为村里在家里的大部分都是老人,通过开会、走访宣传政策,你前面说他们后面忘,所以有时候是非常无奈的,有时候上面下来进行精准扶贫检查或者考核,前面跟他说了,后面他忘了,今天东西给到他明天都忘了。第三方评估也不允许我们在场。"由于村民大多是老弱妇幼,容易造成评价的片面性,因此,需要进一步制定派出单位和管理单位联评联考制度,考核的内容要紧紧围绕四项职责,过程性考核和结果性考核并重,多重指标各有侧重,综合评价。同时,还需将派出单位纳入考评序列,防止派出单位对第一书记"一派了之"的不负责行为。此外,省市县三级纪检监察部门要经常暗访督查,全覆盖检查和随机式抽查暗访全配套,日常考核和动态监测相结合,强化对第一书记的绩效问责,发现问题限期整改,对履职不到位、有众多工作失误、工作不得力、贪污腐败以及群众不满意的进行约谈、调整或召回,以科学的考核促进工作效能提升。

参考文献

[1] 周飞舟.从汲取型政权到"悬浮型"政权——税费改革对国家与农民关系之影响[J].社会学研究,2006(3):1-38,243.

[2] 张登国.第一书记"嵌入式"乡村治理的行动范式与优化策略[J].山东社会科学,2020(11):74-79.

[3] Pierre Bourdieu. Social Space and Symbolic Power[J]. Sociological Theory,1989(1):14-25.

[4] 谢小芹."接点治理":贫困研究中的一个新视野——基于广西圆村"第一书记"扶贫制度的基层实践[J].公共管理学报,2016,13(3):12-22,153.

农村土地流转的成效、困境及其突破之路探析
——基于湖北省蕲春县横车镇的调研

徐东辉

摘　要：随着我国农村劳动力的不断外流，农村土地流转的规模也在不断扩大。横车镇在土地流转的过程中发展集体经济、推进农业生产转型升级，积累了一些经验，但受各方面主客观条件的制约，也还面临着一些困境，尤其是在流转后土地的利用效率还存在着一定的提升空间。土地流转已成为我国农村发展改革的一个重要趋向，做好土地流转这篇大文章，首先要切实保障农民的根本利益，还要确保流转后的土地得到更加高效的使用，推动农村产业兴旺，实现乡村振兴。

关键词：土地流转；农业现代化；经验；困境；对策

　　随着改革开放的深入与市场经济的发展，越来越多的农民选择离开农村，到城里去"讨生活"。进城务工成为这些农民的主要收入来源，农村的土地收入变得不再那么重要，于是相当数量的农民不再继续耕种土地，而是任由其在农村承包的责任田抛荒或流转给他人耕种。在这样的大背景下，土地流转在农村愈发常见，有的是"种粮大户"自发将散户的土地流转到一起集中经营，有的则是由村集体或基层政府将土地流转后再进行集体经营或承包给"大户"、企业经营。需要特别指出的是，当前在全国各地普遍开展的土地流转，并没有动摇我国家庭联产承包责任制的土地经营制度，只是在一定程度上改变了土地承包经营的具体形式。

　　土地流转在很大程度上解决了农村土地抛荒的困境，同时也为农业现代化的深入发展提供了良好的契机。但是，在具体的实施过程中也难免存在着各式各样的困难和误区。2020年10月中旬，笔者跟随华中科技大学马克思主义学院调研团队，来到了地处大别山区的湖北省蕲春县横车镇，进行了为期5天的调研。通过实地考察当地的10余个村庄，与当地干部、村民进行交流访谈，对当地土地流转的情况有了一些基本的了解。希望能

够通过对横车镇土地流转情况的分析,总结出一些经验和对策,为乡村振兴大计提供些许参考。

一、农村土地流转面临的现实情况

横车镇在走上土地流转之路之前,面临着比较紧迫的形势。通过调研发现,由于农村人口外流,当地的土地抛荒现象比较严重,老人留守农村耕种田地的情况十分普遍,土地利用效率不高,生产经营模式粗放,进一步导致了土地资源浪费和农民增收缓慢。在这样的形势下,当地积极作为,逐步探索推行土地流转,化解"危机"。

(一)农村劳动力外流与土地抛荒

在此次调研中,非常直观的一个感受就是在村庄内走访时很少遇到青壮年男性,当地干部也反复强调当地农村劳动力外流的严峻局面。以乌石桥村为例,该村超过80%的青壮年劳动力都在外务工,乡村振兴面临着严峻的人才危机。改革开放后,农民进城务工的现象越来越普遍,由于城市务工收入一般远高于农村务农收入,越来越多的农民工尤其是在外地务工的农民工,一般不再同时耕种家乡的土地。这些农户的土地要么由留守家中的老人耕种,要么转租给其他农户耕种,租不出去的就只能任由土地抛荒。在调研中,许岗村的党支部书记就告诉我们,"我们村的一些土地是在毛主席时代开出来的,后来没人种了,就又长满竹子和灌木了"。在家务农的收入与外出务工的收入相差悬殊,这是导致农村劳动力外流最大的现实因素。在这种现实条件下,农民已经自发开展了相当长一段时间的土地流转,在此过程中也相继遇到了一些问题,如进城农户大多为防止进城失败而会保留随时收回土地耕种的权利,所以大多数流转是非正式的、无固定合同期限的自发流转,还有土地转租价格、国家种粮补贴纠纷等。面对这些情况,基层政府和村集体积极介入,使得当地的土地流转逐渐走上了规范化的轨道。

(二)粗放式经营与土地资源浪费

土地生产经营方式的落后,也是当地面临的一大困境。调研发现,当地多山地丘陵地带,集中连片的优质耕地较少,土地的肥力不高,且不适宜开展大规模机械化生产。因此,当地的农业生产经营方式还是较为落后的。以当地的特色经济作物蕲艾为例,收割蕲艾虽然使用了小型机械,但主要还是依靠人力,晾晒蕲艾等工序也还存在着一定的"靠天吃饭"现象,这就严重制约了蕲艾种植规模的进一步扩大。据了解,蕲艾在精心养护的情况下1年可产3季,但当地的蕲艾每年却只能产1~2季,到了第2季产量就比较少了,第3季甚至连收割成本都无法收回。此外,在调研中我们还发现,当地的耕地在秋冬季节基本上处于闲置状态,而实际上当地的水热条件在秋冬季依然能够满足多种农作物的生长,这部分耕地资源在很大程度上被浪费掉了。之所以出现这种情况,主要还是因为当地的劳动力大量外流,农业生产方式较为粗放、现代化水平较低。通过土地流转,进行专业化的经营,不失为推动当地农业生产经营方式升级换代的一条路径。

(三)土地效益不足,农民增收缓慢

由于当地自然地理环境的限制和农业生产经营方式的落后,土地所能产生的效益非常有限,农民仅仅依靠耕种土地很难实现脱贫致富。这就使得越来越多的农民选择离开家乡进城务工,进一步加剧了农村青壮年劳动力的外流,而农村青壮年劳动力的外流反过来又加剧了土地抛荒和农业生产经营方式的落后,由此形成了一个恶性循环。农民越是在土地上没有致富的希望,就越没有继续耕种土地的积极性。因此,将土地从散户手中流转集中起来,采用现代化的农业生产方式进行经营,提升土地的单位产值,是一条化解危机的有效途径。这样既能解放农村的富余劳动力,也能为留守劳动力提供就业机会,农民还有一定的"租金"或者分红收入,农民增收致富缓慢的问题也能在一定程度上得到缓解。

二、横车镇土地流转的经验及成效

横车镇在推进土地流转的过程中,并没有单纯的"为了进行土地流转而进行土地流转",而是将土地流转作为乡村振兴的一个重要抓手,在土地流转的过程中既注重维护农民的基本权益,也发展壮大了集体经济,更推动了农业生产方式的转型升级,初步探索出了一条具有当地特色的土地流转之路,值得进一步剖析。

(一)以土地流转为契机发展壮大集体经济

横车镇在推进土地流转的过程中积极发挥村集体的重要作用,逐步发展壮大了集体经济。当地改变了以往由农户自发进行土地流转的做法,鼓励村集体将全村的土地(水塘、山林)按照不同"等级"进行定价,由村集体将农户手中的土地集中流转起来。村集体将这些土地一部分转让给"大户"或者农业企业进行经营,一部分则由村集体成立的生产合作社进行经营。通过这样的方式,村集体就有了相当可观的一笔收入,一些村庄没有集体收入来源,单纯依靠上级财政扶持的局面就得到了一定程度的缓解。

横车镇的实践再次证明了,村集体以市场化改革为机遇,重新复苏于村级土地实践场域,将来可能成为新的"政经合一"的市场经营法人。乡村振兴要求农村产业兴旺,要想实现农村产业兴旺就必须要有一定规模的集体经济,虽然当地这些村庄通过土地流转建立起来的集体经济总的来说还比较薄弱,但也已经为农村集体经济的振兴开辟出了新的空间,其前景不可小觑。

(二)通过多主体协作保障农民的基本权益

土地流转是乡村振兴的重要举措,而乡村振兴首先要考虑的还是农民的问题。在土地流转的过程中,农民的各项权益必须得到应有的尊重和保障。横车镇在土地流转的实践中,通过多主体协同的方式,多措并举来保障农民利益。村集体在进行土地流转前邀请专业的第三方机构对土地进行评估,按等级给出合理价格,在农民认可的基础上再进行土地流转。村集体将流转后的土地转让给市场主体之后,将80%以上的转让收益都分配给了农户,确保农民的收益占整个土地流转收益的绝大多数。由村集体进行经营的土地,其收益则进行"分红",农民可以拿到相应比例的集体收益分红。而留守家中的老人和妇女则可以通过在村集体生产合作社或农业企业中工作的方式再获得一份收益,"半工半耕的家庭代际分工"模式仍能继续维持。这样一来,农民的土地承包经营权不仅没有受到动摇,而且还可以获得更多更稳定的收益,农民增收的途径更加稳定、多元。

(三)引入社会资源推动农业生产转型升级

推动农业生产方式转型升级,不仅需要大量的资金投入,还要有人才、技术等方面的支撑,更需要思想观念上的变革。单独依靠村集体和农户推进农业生产方式的变革,显然是非常困难的。土地流转则提供了一个非常好的契机,当地将现代化的农业生产企业引入乡村,发展现代化的种养殖产业,既推动了农业生产方式的变革,也带动了村民思想观念上的改变。许岗村将该村的山地流转给一家现代化的生猪养殖企业,该企业在该村建立了一座年出栏生猪6000余头的现代化养殖场,既实现了村集体的增收,也让村民了解到了现代化的养殖理念。同样是通过引进现代化农业企业,有的村庄发展起了绿色生态的"虾稻共作"种养模式,有的村庄建起了现代化的蔬菜种植基地,土地资源闲置、利用效率不高的问题得到有效解决,土地的单位面积产值显著提升。

三、横车镇土地流转的困境与不足

横车镇的土地流转工作虽然已经取得了比较突出的成绩,探索出了一些宝贵的经验,但受各种主客观因素的制约,还面临着一定的困境,也还存在着一些可以改进和提升的空间。这些困境和不足,在全国同类地区也有着较大的共性,是实现乡村振兴必须克服的问题,值得进一步分析探讨。

(一)自然地理环境和基础设施条件的限制

横车镇地处大别山西麓,虽然并不处于大别山腹地之中,但当地的地形依然是以丘陵、山地为主,这种地形条件给当地的乡村振兴带来了很大的影响。以山地、丘陵为主的地形,不便于开展大规模的机械化经营,交通条件也往往受到一定程度的限制。开展土地流转,仅仅把分散的承包形式集合起来是不够的,更要实现生产的集约化、规模化。由于自然地理条件的限制,在当地进行现代化的农业生产需要投入的成本更高,对外地企业的吸引力也相对较弱。相对于地形条件上的劣势,当地的水热条件则相对较好,当地兴建了不少中小型水库,农业用水基本得到保障,洪水对生产、生活的威胁基本解决,但对这些水库进行维护也需要不小的开支。自然地理条件给当地带来的并非只是制约因素,也给当地提供了丰富的生态资源,如何利用好这些生态资源,将"绿水青山"进一步的转化为"金山银山"还有待进一步的探索。

(二)土地的利用效率和经济价值有待提升

从调研的情况来看,横车镇的土地流转工作进展总体上还是比较顺利的,当地土地流转的规模比较大,我们在实地参访的每一个村庄几乎都进行了土地流转。从某种程度上来说,该地土地流转中前期的"流转"工作做得还是比较成功的。但是在流转后土地的利用情况上,还存着这一定的改进空间。流转后的土地,一部分由村集体进行集体经营,还有一部分则由村集体转让给了个人或者企业经营。从这些土地的利用情况上来看,大多数的土地依旧没有彻底改变原有的生产经营方式,由村集体耕种的土地还是由原来的农民按照原有的技术手段进行经营,只不过从自己经营变成了给集体"打工",并未彻底走上现代化的农业生产道路。从当地生产经营的主要农产品来看,蕲艾最具特色,但蕲艾的单位面积产量却并未因土地流转而出现大幅度增长,秋冬季节土地闲置的问题也没有因集体经营而得到完全解决。因此,如何利用好流转之后的土地,当地还需要进一步探索。

(三)农民在土地流转中的参与度有待提升

农民在土地流转过程中究竟应该扮演什么样的角色? 土地流转究竟给农民带来了什么? 通过本次调研,可以看出,土地流转在农民增收致富方面确实有所助力,但在此过程中农民的参与度却并不高,农村人口外流的问题并未因土地流转而有所改观。从土地流转的基本模式来看,外出务工的农民将自家承包的土地转让给集体或他人,农民仅是简单地获取了少量的"租金"收益,但却更进一步地脱离了土地,更坚定了农民进城务工的脚步。只有少量的老年人和妇女留守家乡,在集体或企业经营的土地中"工作",赚取一部分工资性收入。当地并未建立起大规模的现代化农业企业,更没有形成具有影响力的农产品深加工企业,农产品的经济效益相对较低,对农村劳动力的需求小,农村青壮年劳动力大量外流的情况短时间内还是难以改变。

四、如何做好土地流转这篇大文章

2021年2月25日,习近平总书记在全国脱贫攻坚总结表彰大会上的讲话中强调,"脱贫摘帽不是终点,而是新生活、新奋斗的起点"。乡村振兴显然就是我国农村发展的下一个目标,这是一个有着明确目标体系的宏伟蓝图:产业兴旺、生态宜居、乡风文明、治理有效和生活富裕。其中,产业兴旺被放在了第一位,而土地流转又是解决当前农村产业衰落问题的一个重要突破口。结合本次调研的情况,如何做好土地流转这篇大文章,使土地流转在乡村振兴战略的实施过程中发挥好的作用显得尤为重要,在此提出几点思考。

(一)切实维护农民的根本利益

"三农"问题最根本的还是农民问题,乡村振兴必须要振兴的便是农民的幸福生活。中国共产党始终坚持以人民为中心的发展思想,把人民群众的根本利益放在首位。习近平总书记曾指出,"全面建成小康社会要得到人民认可、经得起历史检验,必须做到实打实,不掺任何水分"。因此,无论是脱贫攻坚还是乡村振兴,农民的幸福生活都是我们第一位的奋斗目标。在开展土地流转的问题上,首要考虑的便是农民的根本利益。进行土地流转的首要目标必须是通过其改善农民生活,增加农民收入,其他方面的目标应当在考虑的范围之内,但不应放在首位。在土地流转工作开展的具体过程中,一定要充分尊重农民的意愿,耐心细致地向农民做好宣传解释工作。在制定土地流转细则的过程中,一定要切实维护好农民的根本利益,严格依法有序推进,避免"一刀切"和过快过急,避免将"好事"办坏,使农民通过土地流转切实感受到乡村振兴的好政策,切实提升幸福感和满意度。

(二)探索土地经营权退出机制

家庭联产承包责任制是我国现行的农村土地承办经营制度,农民依法享有土地的承包经营权。在这一土地承包经营制度下,一部分农民已经举家进城,在城里有了稳定的工作和收入,甚至已经在城市里安家落户,彻底变成了"城里人",但他们依然享有对农村土地的承包经营权,在一定程度上"占用"了农村的土地资源。这些已经完全进城的农民,显然没有直接耕种自己在农村承包的土地,其承包的土地大部分已经进行了流转。针对这部分农民承包经营的土地,进行土地流转只是"权宜之计",只有完善农村土地承包经营权的退出机制,使这部分已经完全进城的农民自愿出让在农村的土地承包经营权,彻底盘活这部分土地资源,才是治本之策。2021年2月21日,中共中央、国务院印发《关于全面推进乡村振兴加快农业农村现代化的意见》,其中提出要"保障进城落户农民土地承包权、宅基地使用权、集体收益分配权,研究制定依法自愿有偿转让的具体办法"。也就是说,农村土地承包经营权退出机制的探索必须要依法审慎进行,必须遵循农民自愿的原则,既要考虑农村发展的现实需求和农民发展的长远利益,又要充分考虑农民进城失败的缓冲因素和农民长远发展的代际利益,切实保障出让土地承包经营权农民的根本利益。

(三)推进农业现代化深入发展

土地流转的意义绝非是将分散的土地经营模式转变为集中经营这么简单,土地流转仅仅是第一步,其深层意义在于以此为契机推动农业现代化的深入发展。土地流转在形成后,会通过引发村庄内部社会生态系统中特定因素的变化,进而对农村集体行动能力产生影响。在今天,我国农村普遍的生产经验模式仍是一家一户的分散经验,这种生产模式虽然适应了我国长期以来形成的文化传统,符合我国农村人多地少的基本国情,在相对长的一段时间内也起到了调动农民生产积极性的正面作用。但是,就现在而言,这种生产经营模式与农业现代化的发展趋势已经相悖,规模化、机械化、集约化的生产经营模式更符合现代农业的发展要求。要通过土地流转进一步推广现代化的农业生产经营模式,进一步节约资源投入,减少对生态环境的破坏,发展更加绿色高效的现代农业,实现农业的现代化变革。逐步尝试将农民的角色转变为现代"农业产业工人",鼓励新型职业农民成长发展,彻底撕掉长期以来贴在农民身上的"落后""贫穷"等负面标签。

(四)形成规模效益与品牌效应

土地流转不仅在生产经营方式上要将分散的土地集中起来经营,更要在具体农产品的选择上进行适当程度的集中,发挥集中经营的优势,产生规模效益。在一定的区域范围内集中经营同一种农产品在生产经营上更加便利,同时也更容易形成品牌效应,在市场上更具有竞争优势。只有具备了一定的规模,才能逐步掌握市场的话语权。在此基础上,调动"乡贤"资源,因地制宜地探索"名优特产一村一店"的发展推广模式,拉动"乡愁经济",再进一步推动品牌特色优势农产品"走出去"。规模化的经营不仅仅在于扩大某种农产品的生产经营规模,更在于统一生产经营的流程及标准,只有同时具备规模和品质才能进一步成长为市场认可的品牌。至于在多大的范围内进行集中,要视各地的具体情况而定,根据不同的土地类型选择不同的农作物,既要发挥集中的优势,更要尊重农业生产规律,避免为了追求规模而盲目进行集中的错误。如果在土地流转之后,集体耕种的土地上种植经营的农产品种类或品种仍五花八门,缺乏统一标准和生产规范,那么土地流转的价值显然没有发挥好。

随着农民进城队伍的不断壮大,农村土地流的规模还在不断扩大,并且已经发展成了一种趋势。但土地流转并非万能的,农民"暂时"将土地流转出去也并非意味着其彻底放弃了对土地的承包经营权。希望相关主管部门能够深刻认识当前我国土地流转与农村土地承包经营制度的复杂局面,审慎推进改革试点,既要有改革的勇气,更要把群众利益放在第一位,稳妥有序推进土地流转,以此为契机推动农村的深层次变革,妥善处理土地流转中出现的各种风险矛盾,切实助力实现乡村振兴的美好蓝图。

参考文献

[1] 贺雪峰.大国之基:中国乡村振兴诸问题[M].北京:东方出版社,2019.

[2] 朱冬亮.农民与土地渐行渐远——土地流转与"三权分置"制度实践[J].中国社会科学,2020(7):123-144,207.

[3] 习近平.习近平谈治国理政(第三卷)[M].北京:外文出版社,2020.

[4] 苏毅清,秦明,王亚华.劳动力外流背景下土地流转对农村集体行动能力的影响——基于社会生态系统(SES)框架的研究[J].管理世界,2020,36(7):185-198.

[5] 杜志章.以"乡愁经济"助力湖北疫后重振——"名优特产一村一店"模式探讨[J].国家治理,2020(28):25-29.

第七部分

他山之石篇

从脱贫攻坚到乡村振兴的一条"于都路径"
——以于都县产业脱贫为例

武汉纺织大学思想政治教育专业 2021 级硕士研究生　刘璐华

摘　要：2021 年 2 月 25 日，习近平总书记在全国脱贫攻坚总结表彰大会上庄严宣告：我国脱贫攻坚战取得了全面胜利。《中共中央 国务院关于实现巩固拓展脱贫攻坚成果同乡村振兴有效衔接的意见》提出"要在巩固拓展脱贫攻坚成果的基础上，做好乡村振兴这篇大文章"。党的十八大召开以来，作为曾经的国家级贫困县，于都县在党中央的带领和人民群众的不懈努力之下，于 2020 年 4 月 26 日成功脱贫摘帽，走出了一条从脱贫攻坚到乡村振兴的"于都路径"，但是于都县在面对贫困问题上仍存在一些不足之处。基于此，本文首先介绍了于都县的概况，论述了十八大以来于都县党和人民因地制宜为脱贫摘帽所做出的努力以及于都县脱贫所取得的一些成果，随后分析了于都县在产业脱贫中存在的问题，进而最后探索了从脱贫攻坚到乡村振兴的一条可行路径，针对不同产业的状况提出了建议，希望能够给其他地区在历经脱贫攻坚之后坚定实施乡村振兴战略以启发。

关键词：乡村贫困；贫困治理；脱贫攻坚；乡村振兴战略；产业脱贫

一、引言

2021 年颁布的《中共中央 国务院关于全面推进乡村振兴加快农业农村现代化的意见》是 21 世纪以来第 18 个指导"三农"工作的中央一号文件。2020 年是"十三五"规划的收官之年，在以习近平同志为核心的党中央的带领下，中国于 2020 年底实现了绝对贫困的全面消除，中国的减贫事业取得了巨大成就。2021 年是"十四五"规划的开局之年，中国的减贫事业将迈向新的历史阶段——乡村振兴，这是"三农"工作重心的历史性转移，也正是 2021 年中央一号文件的关注点所在。文件指出"民族要复兴，乡村必振兴""要坚持把解决好'三农'问题作为全党工作重中之重,把全面推进乡村振兴作为实现中华民族伟大复兴的一项重大任务,举全党全社会之力加快农业农村现代化,让广大农民过上更加美好的生活"。

脱贫摘帽不是终点,而是新生活、新奋斗的起点。解决发展不平衡不充分问题、缩小城乡区域发展差距、实现人的全面发展和全体人民共同富裕仍然任重道远。我们没有任何理由骄傲自满、松劲歇脚,必须趁势而上、再接再厉、接续奋斗,这就要求我们要切实做好巩固拓展脱贫攻坚战成果同乡村振兴有效衔接各项工作,让脱贫基础更加稳固,成效更可持续。

实现巩固拓展脱贫攻坚成果同乡村振兴有效衔接,离不开产业脱贫。产业扶贫是指以市场为导向,以经济效益为中心,以产业发展为杠杆的扶贫开发过程,是促进贫困地区发展、增加贫困农户收入的有效途径,是扶贫开发的战略重点和主要任务。

本文以江西省于都县的产业脱贫为例,对于都县的贫困现状进行了相应的介绍,论述了十八大以来在于都县委县政府的带领之下,于都人民为脱贫攻坚所做出的一些成就,分析了于都县产业脱贫中仍然存在的问题,并且提出了相应的解决措施,希望能够给其他地区在打赢脱贫攻坚战之后,乘势而上,巩固现有脱贫成果,实现乡村振兴,让人民群众过上富足的生活,以相应的启迪。

二、于都县贫困现状与产业发展状况

(一)于都县概况

于都县地处赣州东部,东邻瑞金市,南连会昌县和安远县,西接赣县区,北毗兴国县和宁都县,素有"六县之母"和"闽、粤、湘三省往来冲"之称。因以北有雩山,取名雩都,于1957年更名为"于都"。于都县属于典型的亚热带季风湿润气候,气候温和、雨量充沛、四季分明。县域总面积2893平方千米,全县下辖9个镇、14个乡:贡江镇、铁山垅镇、盘古山镇、禾丰镇、祁禄山镇、梓山镇、银坑镇、岭背镇、罗坳镇、罗江乡、小溪乡、利村乡、新陂乡、靖石乡、黄麟乡、沙心乡、宽田乡、葛坳乡、桥头乡、马安乡、仙下乡、车溪乡、段屋乡。共有25个居委会,357个村委会。

于都县是中央苏区时期中共赣南省委、赣南省苏维埃政府所在地,是中央红军长征集结出发地、中央苏区最后一块根据地、南方三年游击战争起源地、长征精神的发源地、中央苏区全红县之一和苏区精神的形成地之一。

目前,于都县大多数的劳动人口需要依靠农业解决就业,农业的发展离不开产业的带动,因此产业对于都县来说具有举足轻重的重要地位,正是于都县大力发展各类产业才使于都县脱贫出列,于都县的乡村振兴,自然也离不开产业振兴。

(二)贫困现状及脱贫攻坚成果

于都县是赣州唯一一个人口超百万的县,总人口111.9万。于都县,1986年被确定为国家级贫困县;2002年被确定为国家扶贫开发重点县,属罗霄山集中连片特困地区扶贫开发范围。自十八大召开以来,于都县为解决本县贫困状况,大力开展产业扶贫、政策扶贫、生态扶贫等扶贫开发工作,并且进行了很多探索。

2012年6月于都县被国务院列为瑞(金)兴(国)于(都)经济振兴试验区,新一轮扶贫开发正式启动,156个重点村整村推进项目全面完成,2.7万人实现脱贫。

2013年培训农村贫困劳动力1378人,培育产业扶贫示范户2075户。完成移民搬迁3092人,完成贫困村整村推进项目395个,4.3万农村人口实现脱贫。

2014年扶贫攻坚步伐加快。完成贫困对象精准识别建档3.9万户18.1万人,4.55万农村人口实现脱贫。探索了工业园区、中心镇、中心村三级梯度安置的"于都模式"。

2015年打造"于都扶贫样板"取得重大进展。筹集扶贫资金4.8亿元,完成移民搬迁3728人,实现脱贫5.01万人。率先推出"安居贷""油茶贷""光伏贷""电商贷"等精准扶贫信贷产品,探索创新移民搬迁扶贫、油茶产业扶贫、光伏产业扶贫、农村电商扶贫四种模式,得到了新华网、凤凰网等主流媒体的高度关注。

2016年精准扶贫取得阶段性成效。实现8个贫困村退出、30089人脱贫,贫困人口减少到55305人,贫困发生率由9.8%降为6.13%。

2017年脱贫攻坚取得重大进展。全年实现2281户10587人脱贫、7个贫困村退出。

2018年扎实推进脱贫攻坚进程。实行县领导挂点包乡镇、乡镇领导分片包村、第一书记和常驻队员驻村帮扶,安排每村1名村主任、每组2名小组长、每户1名帮扶干部,建立了县乡村组四级网格化工作体系。

2019年脱贫攻坚扎实有力。完成脱贫8535户35645人,剩余58个贫困村全部退出。

2020年脱贫摘帽顺利完成。坚持尽锐出战,扎实开展"十个清零"①,以"零漏评、零错退,群众认可度99.12%"的好成绩脱贫摘帽。严格落实"四个不摘"②,深入推进减贫工作接续战,2969户7350名剩余贫困人口顺利脱贫,历史性消灭了绝对贫困,为全国脱贫攻坚战的全面胜利贡献了一份力量,探索出了一条"于都路径"。

(三)于都县产业发展现状

于都县是一个典型的山区丘陵农业县,贫困面广,贫困人口多,贫困程度深。为解决于都县面临的贫困问题,于都县委、县政府不等不靠、自我加压、主动作为,抢抓赣南苏区振兴发展、罗霄山片区扶贫攻坚等重大历史机遇,积极探索、先试先行,结合县城产业规划,将资源状况、发展条件、产业基础相近的贫困乡村进行集中连片布局,通过实施产业连片重点开发建设,扎实推进产业扶贫开发,取得了明显的成效,产业集群日益壮大。

1. 工业产业提档升级

2020年,于都县新增规模以上工业企业24家,总户数达161家,实现营业收入268亿元,增长9.4%。园区综合承载力不断提升,新开工标准厂房70万平方米,新建园区道路6条。圆满举办中国服装论坛创新峰会等系列活动,于都时尚之都品牌迅速打响。江西卫棉、华美集团等39家龙头企业相继落户,引进江西星都服装弹性供应链示范基地项目,积极探索"核心工厂+卫星工厂"模式,265家小微企业赋能成长。挂牌成立纺织服装产业研究院,建成运营省级纺织服装产品质量监督检验中心。顺龙水洗(一期)、FDC面料图书馆建成投运,"梧桐台""辛巴达"等智慧供应链平台上线运营。规上纺织服装企业突破100家,纺织服装产业集群产值突破500亿元,被认定为国家纺织服装外贸转型升级基地。光电电声产业快速发展,规上企业达到26家,实现营业收入70亿元。硅基金黄光LED光源技术、热敏灸机器人等一批科创产品实现量产。天键电声健康声学研究中心被认定为省级工程研究中心。奥科特照明等16家企业完成智能化改造。绿色装配式建筑产业加快发展,全行业产值突破35亿元,成功入选全省首批

---

① "十个清零":受疫情影响收入减少的贫困户清零,有劳动能力和就业意愿的零就业贫困户清零,贫困户滞销积压农产品销售清零,农村现住唯一住房是危房的人口清零,农村饮水不安全的人口清零,农村义务教育阶段适龄儿童、少年失学辍学的人口清零,农村基本医疗未得到保障的贫困人口清零,农村符合条件办理残疾人证和慢性病证明未办理的贫困人口清零,农村家庭无卫生厕所的人口清零,农村未应享尽享兜底保障的人口清零。

② "四个不摘":摘帽不摘责任、摘帽不摘政策、摘帽不摘帮扶、摘帽不摘监管。

装配式建筑产业基地。新增高新技术企业31家、科技型中小企业41家。

2. 现代农业提质增效

2020年,于都县蔬菜首位产业扬优成势,新建规模大棚蔬菜基地46个、面积1.02万亩,总面积达4.5万亩,跃居全市第一。肉鸡产业发展迅速,新建肉鸡大棚27万平方米,年出栏肉鸡3700万羽,位居全市第二。特色产业百花齐放,新增脐橙种植面积6000亩、油茶种植面积7000亩,高产油茶种植面积稳居全市第一,楝木果油、花卉等产业蓬勃发展。粮油生产扎实推进,完成6万亩高标准农田建设,种植水稻73.6万亩、油菜10.6万亩、花生8.8万亩。富硒品牌逐步打响,蔬菜、脐橙等37种富硒农产品获权威机构检测确认,于都脐橙荣获"中国富硒好果"称号,于都获评全国硒资源变硒产业十佳地区提名奖,被评为"全省农业农村综合工作先进县""绿色有机农产品示范县",梓山镇成为全市唯一入选的2020年全国农业产业强镇。

3. 现代服务业提速发展

2020年,于都县红色旅游蓬勃发展。中央红军长征出发地纪念园完成改扩建,成功创评国家4A级景区,红色旅游发展入选全国典型案例。于都红军小镇、潭头秀美乡村建设步伐加快。长征国家文化公园核心项目"一馆一院一道一剧"①开工建设。禾丰兰花小镇一年建成,成为全省规模最大、标准最高的兰花基地。圆满承办了全省旅发大会、"2020年中国农民丰收节"江西活动,旅游经济全面引爆,接待旅游总人数433万余人次。现代金融加快发展。金融中心项目落地启动。九丰能源IPO首发上市获批通过,天键电声、润鹏矿业报江西省证监局辅导备案,企业上市"映山红行动"走在全市前列。商贸物流全面繁荣。新增限上商贸企业19家,全县网络零售额达17.7亿元,同比增长45.57%。直播带货等新业态方兴未艾。

(四)于都县产业脱贫中存在的问题

1. 第一产业(农业产业)

于都县是典型的农业大县,大棚蔬菜、高产油茶、脐橙等现代农业产业迅猛发展,尤其以梓山镇富硒大棚蔬菜产业基地最为著名,2020年5月20日,习近平总书记就曾深入梓山镇调研参观。

近年来,于都县大力实施"一村一品"发展战略,加快了贫困户脱贫致

---

① "一馆一院一道一剧":"一馆"即中央红军长征出发纪念馆扩建项目;"一院"即长征学院项目;"一道"即长征步道项目;"一剧"即《红军夜渡于都河》演艺项目。

富的步伐。然而,资金不足、农业技术落后等多种因素,特别是思想观念落后、市场发育不足、风险大等困境,阻碍着农业产业扶贫的深入推进。

1) 思想观念落后

思路决定出路,贫困户之所以贫困,很大程度上是因为思想观念落后,大多数时候不能很好地理解和尽快接受新政策、新事物、新产业模式。比如在精准扶贫工作中发现,贫困户对土地经营权的流转不放心、不认同,这导致有些贫困户宁愿弃耕也不愿意流转给农业经营企业,这是典型的思想观念落后的表现。

2) 农业生产要素市场不完善

当前我国农村集体土地实行"所有权、承包权、经营权"三权分置,目的在于引导农村土地经营权有序流转,发展农业适度规模经营,提高农业生产效率,提高农民收入水平。然而,土地劳动力等生产要素市场的不完善,制约着土地经营权的流转和农业的规模经营,市场的不完善导致信息不畅和缺乏有效的竞争,从而导致价格与价值发生偏离。例如由于市场不完善、缺乏有效竞争,土地流转价格普遍过低,于是有的困贫困户宁愿土地荒芜也不愿意流转。再比如由于市场不完善,企业需要劳动力时,高价也难招到人员;而贫困户要就业时,由于缺乏选择机会,工资经常被压低。

3) 农业产业的高风险

虽然当前已基本上告别了靠天吃饭的局面,但是农业产业仍然是高风险的产业。养殖户一旦遇到流感,很可能会血本无归,例如2019年,于都县发生的非洲猪瘟给养殖户造成重大损失。种植户一旦遇到自然灾害,很可能颗粒无收,例如2019年7月,于都县遭受百年难遇特大洪灾,部分低洼农田被淹。

4) 农产品销售不畅

长期以来,于都县生产的产品主要是一些初级产品,没有进行深加工、精加工等高附加值产品的生产,严重阻碍着经济效益的提高。

此外,于都县的农产品信息不流畅,销售渠道较为单一,导致于都县的农产品并不为外界所知,阻挡了农民增收的步伐。于都县是亚热带季风型气候,光照充足,昼夜温差大,且于都县境内大多是天然营养物质的红壤,非常适合脐橙等作物的生产,赣南脐橙甜度高、产量大,但是由于赣南脐橙信息不流畅,销售渠道大多数以线下销售为主,难以为贫困农民产生经济效益。

同时,于都县还缺乏相应的电商人才,没有专业的电商团队,难以推广农产品,优质农产品的市场还没有拓宽,种植技术应用还较为落后且难以推广,阻碍了乡村振兴的步伐。

2. 第二产业(工业产业)

于都县是个超百万人口的农业大县。2006年于都县地方财政收入仅有1.7亿元。于都县之所以连续多年成为贫困县,其根本原因是工业产业落后,工业基础相对薄弱,没有发展于都县自身的工业产业。近年来,于都县把工业园区作为主攻工业的主战场,以招商引资、项目建设为突破口,全力以赴推进工业园区建设,但是还存在着基础设施水平低,配套服务功能不明显,产业聚集度低,生产集群效益不明显,开发力度不够、进度慢,产业升级难等突出问题,阻碍着于都县工业产业的发展。

1) 基础设施水平低,配套服务功能不明显

目前,工业园的基础设施建设绝大部分仅限于"六通一平",即通水、通电、通路、通讯、通下水道、通有线电视和土地平整,园区内生产、生活以及治污配套设施建设跟进不力,园区内缺乏商贸餐饮、休闲娱乐、物流配套、金融服务、邮政咨询、医疗卫生、污水处理等配套服务。近年来,于都县大力完善工业园的基础设施建设,但仍有部分地区存在着不完善之处,制约着企业的入驻。

2) 产业聚集度低,生产集群效益不明显

早期的入园企业门槛低,规模小,主要以纺织业和劳动密集型产业为主,几乎没有产业联动,产业集群流于形式。随着近年来招商引资的力度加大,入园企业规模实力越来越雄厚,企业群已初具规模,但目前集群效益仍不明显。

3) 开发力度不够、进度慢

于都县工业园于2001年7月经赣州市人民政府批准设立并开始动工建设,规划面积18平方千米,2005年初具规模,2006年3月经省政府批准为省级开发区。于都县工业园区从开始建设至今已经20余年了,建设面积仍没有达到规划面积,基础设施的建设严重落后,二期工程规划道路、土地平整等,总体进度偏慢,严重阻碍企业入驻。

4) 产业升级难

于都县人力资源和矿产资源丰富,全县总人口已经超百万,劳动力充足,矿产丰富,拥有钨、锰、铅、锌、铜、稀土等28种矿产资源,是赣州重要的矿产基地,被誉为"东方乌拉尔"。但是从当前入园的企业来看,绝大部分企业是生产低端产品、劳动力密集、高能耗、高资源消耗的企业,高新技术

企业较少,从长远发展来看,于都县的产业转型较为困难。

3. 第三产业(服务产业)

于都县的第三产业起步晚、发展缓慢、资金投入少。

本文重点关注于都县的旅游业。在森林生态旅游方面,于都县森林覆盖率高达71.68%,有江南第二大天然草场——屏山牧场,有丹山碧水、众多名人摩崖题词的罗田岩森林公园。在人文旅游方面,于都县是千年人文之乡,有兼怀"中国传统村落名录""江西自然风光最具魅力村庄"美誉的千年文化古村——寒信村,有被国务院公布为国家级非物质文化遗产保护名录的"于都唢呐公婆吹",是全国著名的"唢呐艺术之乡",保留着众多客家文化遗产。在红色旅游方面,于都县是万里长征之源,建立了赣南第一支正规工农武装、第一块红色根据地、第一个县级红色政权,是中央苏区全红县核心县之一、中央苏区最后一块根据地、中央红军长征集结出发地、南方三年游击战争起源地、长征精神发源地,为中国革命做出了特殊贡献和巨大牺牲。

可以说,于都县可开发和利用的旅游资源十分丰富,但是于都县的旅游产业至今没有发展成为支柱性产业,其根本原因是于都县的旅游基础设施不完善,旅游产品文化内涵不足,没有打造自身旅游品牌形象。

1) 旅游基础设施不完善

于都县的旅游资源虽然丰富,但较为分散,分布在各个地方乡镇,距离较远,没有非常好的旅游路线规划,去往各个景区的道路也较为破旧。景区地理位置较为偏僻,景区内部及周边地区与之相配套的酒店、餐厅及便利超市较少,住宿、用餐不便。

以屏山旅游景区为例,屏山旅游区坐落在于都县南部的靖石乡境内,是江西百景之一,距离于都县城55千米,景区属喀斯特地貌,主要的自然旅游资源包括保存完好的大面积原始森林和5万余亩的高山草原,是江西著名的避暑胜地。然而,和江西省著名的庐山旅游景区对比,屏山旅游景区在基础设施方面还存在以下问题。①没有开设专门的旅游大巴,游客出行不便。②景区内部度假酒店及度假餐厅缺乏。③旅游产品过于单一,产品开发缺乏红色和客家文化内涵,没有利用屏山本身优势建立品牌宣传推广方式。④旅游景区管理服务水平尚在提高,景区工作人员专业技能和知识有待提高,没有配备专业的导游解说团队。

2) 旅游产品文化内涵不足

于都县各地区的文化旅游纪念品,基本上以书籍、书签、徽章、服饰、领导人形象、仿军事装备为主，与江西省其他地区的旅游产品形式和风格大同小异。

以于都县长征出发地纪念园为例，于都县是中国工农红军万里长征的出发地，是长征精神的源泉。2019年5月20日，习近平总书记深入于都考察时，就曾到过于都县长征出发地纪念园，向长征红军出发纪念碑进献花篮。长征精神是新时代建设和发展中国特色社会主义的强大精神力量，对于传承红色基因，弘扬以爱国主义为核心的民族精神，具有重要的现实意义。可以说，于都县具有丰富的红色文化旅游资源。

但是，与江西省井冈山红色旅游景区对比，于都县的红色旅游景区存在以下问题。①定位并不清晰，景区建设与红色旅游理念并不协调。②相关纪念品的种类不够丰富且相互雷同，缺乏地域特色和文化内涵，红色遗迹、红色革命故事和革命人物没有融入延伸设计中，这使得作为红色文化载体的纪念品，无法让游客通过购买纪念品睹物思情、睹物思景，无法从中感悟到精神的力量。

3）没有打造自身旅游品牌形象

于都县旅游产业的创新设计并不突出，没有形成自己的文化旅游品牌形象。于都县自然风光、红色文化、客家人文等方面都有着独特的旅游优势，但是于都县并没有利用自身的优势建立品牌，宣传推广方式较为单一，市场开拓意识不强，景区市场化运营能力不足。

4. 其他问题

于都县发展不平衡不充分的问题比较突出：经济总量不大，经济结构不优，人均水平偏低；自主创新能力较弱，产业层次不高；教育、文体、养老等公共服务领域仍有不少短板；污染防治任务艰巨，安全生产、社会治理等领域存在薄弱环节；有的干部工作作风不实，落实意识、担当意识和服务意识不强等，严重阻碍乡村振兴进程。

1）青壮年劳动力流失严重

劳动力是社会生产力的重要组成部分，劳动力是具有一定生产经验、劳动技能和知识，能够运用一定劳动资料作用于劳动对象，从事生产实践活动的人。于都县由于基础设施、社会保障、工资待遇等还存在许多不完善之处，青壮年劳动力流失比较严重，许多受过良好教育的高端知识人才向外省流动，留在本县的人才比较少，难以留住人才，导致产业转型升级较为困难。

2)教育资源匮乏,专业技术培训较薄弱

中国特色社会主义事业是面向未来的事业,要想在巩固脱贫成果的同时接续发展,实现乡村振兴,更需要一代又一代的有志青年勇敢地自觉地承担起继往开来的历史责任。青年兴则国家兴,青年强则国家强,青年一代有理想、有本领、有担当,国家就有前途,民族就有希望。于都县学校较少,师资力量较为薄弱,专业技术学校更是缺乏,2016年全县各级各类学校仅413所,其中小学359所(含教学点133所),初中41所(含九年一贯制学校6所),高中9所(含十二年一贯制学校2所),职业中学3所,特殊教育学校1所。全县专任教师仅11858人。教育资源难以满足全县人民日益增长的需求,优质的师资力量更是稀缺。

三、于都县完善产业脱贫模式、确保乡村振兴的对策建议

于都县1986年确立为国家级贫困县,2020年4月26日正式脱贫摘帽,为全国脱贫攻坚战的胜利贡献了自己的一份力量。于都县在脱贫攻坚中,走过了34年的历程,于都县委县政府和于都人民群众艰苦奋斗,付出了巨大的牺牲和努力。于都县能够顺利脱贫摘帽,也与党和国家的政策支持、资金支持分不开。但是,脱贫摘帽不是终点,而是新生活新奋斗的起点,脱贫摘帽之后,让人民群众过上更加美好的生活,需要做好巩固拓展脱贫攻坚成果同乡村振兴有效衔接,不断促进人的全面发展和社会的全面进步,增强广大人民群众的获得感、幸福感、满足感,让广大人民群众的生活更加充实、更有保障、更可持续。为此,于都县所要做的仍任重而道远。

(一)第一产业(农业产业)

于都县是典型的农业大县,超过一半的劳动力从事农业产业。因此,农业产业对于都县来说有着重要地位,是支柱性产业,农业产业的振兴与于都县的乡村振兴息息相关。

1.解放思想,树立新观念

思想理念是行动的先导,一定的发展实践都是由一定的发展理念来引领的,思想理论创新是社会发展和变革的先导。针对思想观念落后的问题,我们要解放思想,树立新观念。要巩固农业产业脱贫成果实现乡村振兴,就要加大新政策、新措施的宣传力度和完善专业技能培训,大力解放干部群众的思想。2019年,习近平总书记到于都县梓山富硒蔬菜产业园考察调研时,曾对产业园"龙头企业＋合作社＋农户和贫困户"发展模式表示了充分的肯定,这种模式带动了当地村民脱贫致富。可见,思想解放对实现

乡村振兴至关重要。

2. 建立健全农业生产要素市场

市场在资源配置中起决定性作用,是经济发展中"看不见的手"。市场配置资源是最有效率的形式。针对农业生产要素市场不完善这一农业产业当中存在的突出问题,必须建立健全农业生产要素市场,充分发挥和利用市场配置土地、劳动力等资源的作用,让贫困群众在脱贫以后能更好地融入市场当中,创造自身的价值,实现乡村振兴。

3. 建立完善的农业保险制度

针对农业产业自身的风险,应当建立和健全完善的农业保险制度。农业保险是在政府政策层面保证脱贫攻坚战成果,继而实现乡村振兴。农业保险是专为农业生产者在从事种植业、林业、畜牧业和渔业生产过程中,对遭受自然灾害、意外事故、疫病、疾病等保险事故所造成的经济损失提供保障的一种保险,这在一定程度上满足了农业产业从业者的安全和保障需求,保证农业产业劳动者收入,维持其最低的生活水平,改善农业产业劳动者的社会状况,减少自然灾害等因素对农业产业经营者的影响。

4. 运用农业科技,大力发展现代农业

科学技术是第一生产力。目前,于都县的农业大部分属于自给自足的小农经济,生产力低下,生产效率不高。近年来,于都县梓山镇充分利用当地的资源优势和区位特点,把现代农业产业发展摆在首要位置扶持发展,作为脱贫攻坚根本之策深入,推进通过流转土地、山林建设,打造了万亩蔬菜产业基地、万亩油茶产业林和千亩脐橙产业带,大大地提高了梓山镇的经济效益,使梓山镇摆脱了贫困。由此可见,现代农业的发展,对巩固脱贫成果以及推进乡村振兴有重要的作用,应当大力推广。

5. 利用电商平台,开展直播带货

对于于都县农产品销量不高、销路不广这个问题,应当引进专门的电商团队和电商人才,利用电商平台积极大力推广于都县农副产品的优势,提高于都县农副产品在全省乃至全国的知名度。

(二)第二产业(工业产业)

于都县的工业产业起步晚、基础薄弱,还存在着巨大的发展空间。于都已形成以有色冶金、新型建材、机械电子、现代轻纺和食品加工为主导的五大支柱产业,以轻工业为主。实现乡村振兴,也离不开工业的发展。

1. 发展新理念,增强工业产业竞争力

党的十八届五中全会,坚持以人民为中心的发展思想,鲜明地提出了创新、协调、绿色、开放、共享的新发展理念,引领着我国发展全局发生历史性变革,新发展理念是建设现代化经济体系的重要措施。于都县工业产业的发展也离不开新发展理念的支撑,要用创新的理念规划工业园区,用协调的理念建设工业园区,用绿色的理念发展工业园区,用开放的理念服务工业园区,用共享的理念推广工业园区,完善于都县工业园区基础设施,吸引企业入驻,走出一条有于都特色的工业产业发展之路,增强于都县工业产业竞争力。

2.发挥优势,发展特色工业产业

于都县的工业产业发展需要新鲜血液——特色产业。于都县工业园区主要的定位就是发展工业,要充分利用本县丰富的有色金属资源,引进相关高新企业,从事有色金属产品的深加工、新产品的开发和利用。

3.保护环境,严把引进产业质量关

于都县风景优美,山清水秀,绿水青山就是金山银山。近年来,于都县大力引进工业产业的同时,必须严把引进产业的质量关,了解国家相关的产业政策,严格执行国家相关产业的标准,对有环境污染、市场前景不确定、高能耗低效益的项目不能引进,确保引进项目的生命力。

4.抓好服务,完善基础设施建设

于都县2021年政府工作报告提到,于都县委县政府以致力于于都县工业产业提档升级,形成产业集群效益为目标。完善于都县工业园区基础设施建设,落实园区产业落户优惠政策,以改善服务为抓手,努力构建多个政策之间的联系,营造出一种亲商、富商、安商、稳商的良好政策和人文环境。

(三)第三产业(服务产业)

于都县的第三产业起步晚、发展缓慢、资金投入少,但发展潜力巨大,如果能够大力发展,于都县巩固脱贫成果、推进乡村振兴将受益匪浅。

1.选准主导产业,用旅游业带动其他产业发展

于都县旅游资源丰富,旅游产业发展前景广阔,如果旅游产业能够振兴发展,必然会带动于都县的餐饮业、金融业等服务业的振兴发展,从而对于都县落实乡村振兴战略产生巨大的推动作用。于都县靖石乡立足于生态、着眼于旅游、把境内的屏山打造成为具有草原风光的"江南牧场"和赣南度假胜地的"江南九寨沟",形成了集接待住宿、休闲娱乐、会议接待、旅游购物等功能于一体的旅游度假区,大大提高了靖石乡的经济效益。因此,于都县各乡镇应当把旅游产业作为促进自身乡村振兴的重点之一。

2. 加大资金投入,完善配套服务设施建设

对于旅游业来说,完善停车场、交通线路、酒店、餐厅等的配备,进一步完善各项功能,以满足接待大型旅游团体的能力。增设公共交通,在交通要道路口设立公共标识和安全疏导标识。在景区内部还应当建设商业小区,完善以购物、饮食为主的娱乐区,充分利用当地的自然资源、人文资源,挖掘于都客家饮食,让游客了解正宗于都风味。创新设计旅游手工艺品等特色旅游商品,以满足游客购买旅游纪念品、生活日用品的需要。

3. 加强宣传,提升于都知名度

以深厚的红色文化、客家文化资源和丰富的森林景观资源为重点,运用电视、网络、报纸等媒介进行全方位的宣传,提高于都县知名度。发掘利用于都现有资源,融合相关产业,开发于都特色旅游产品,通过宣传于都旅游品牌,讲好于都故事,加强对外交流和与合作,促进于都旅游发展。

4. 提高服务技能和水平

目前,于都县的旅游行业工作人员大多是附近的村民,并没有受过旅游方面知识培训。为了更好地提高服务质量和服务水平,应当大力引进专业人才,创新人才培养方式,专业的人干专业的事。同时对现有的从事旅游业的工作人员,应当加强专业知识的培训,使其提高服务技能,端正服务态度,与游客进行积极的沟通和交流,提高自身的服务水平和工作效率。

四、总结与展望

本文以于都县的产业脱贫为例,首先弄清楚了于都县目前发展的特点以及贫困现状,并且了解了全县已有的一些产业扶贫项目,以及在脱贫攻坚路途上所取得的一些成就,在此基础上,指明了于都县在产业脱贫当中仍存在的一些问题,并且针对第一、第二、第三产业的具体状况提出了相应的对策及建议,希望"于都路径"可以为全国打赢脱贫攻坚战之后巩固脱贫成果实现乡村振兴以有效的启迪。

产业脱贫是精准脱贫的根本之策,做好新时期的"三农"工作离不开改善农村产业,中国是一个人口大国,农村人口占总人口的绝大多数,人民富则国家富,人民强则国家强,所以加强和改善农村产业有利于人民脱贫致富,为人民群众增加经济效益。农业产业是实现乡村振兴的基石,必须加强和改善已经形成的农业产业,大力宣扬和推广现有的科学技术,大力发展现代农业。工业产业是实现国家现代化的重要组成部分,要利用好自身的区位优势和资源优势,完善工业产业体系,发展高端工业体系。当前人民生活水平显著提高,对美好生活的向往更加强烈,不仅对物质文化生活

提出了更高的要求,而且对环境、精神等方面的要求也日益增长,实现乡村振兴也离不开服务业的振兴。要加强和改善已经形成的产业,必须尽快集中精力培养产业和形成产业,在产业脱贫过程当中,难免会遇到一些这样那样的问题,为应对这些问题,要根据自身状况提出相应的对策和建议。

本文对产业脱贫仅仅只是进行了一个非常浅显的研究,尽管前期做了大量的文献阅读准备工作,但由于个人的知识、能力等方面的限制,选取的方法存在一定程度的主观性,再加上研究的广度和深度不足,所以研究结果与实际情况存在一定的差距,更多具体的内容和措施还需要反复的调研以及总结。针对于都县的产业脱贫以及乡村振兴,目前来说还有很大的发展空间,在于都县委县政府和于都人民的不懈努力之下,将会在产业发展上打造一条"于都路径",也期待于都县在巩固好脱贫成果的同时实现乡村振兴,迎接美好的明天。

参考文献

[1] 陈兢.乡村振兴视角下电子商务发展对农业产业集聚的影响——以广西为例[J].商业经济研究,2021(8):123-127.

[2] 陈明曼,郑国威,涂先莉.乡村振兴战略背景下乡村旅游提质增速路径研究[J].现代商贸工业,2021,42(14):35-36.

[3] 房彬,房婷.精神脱贫:内涵阐释与路径探索[J].昆明理工大学学报(社会科学版),2021(2):78-83..

[4] 张雪芬.脱贫攻坚背景下如何促进农民持续增收[J].现代化农业,2021(4):54-56.

[5] 廖灿亮.有效衔接脱贫攻坚 全面推动乡村振兴[J].中国报业,2021(7):48-49.

[6] 王志刚,封启帆.巩固贫困治理策略:从精准脱贫到乡村振兴[J].财经问题研究,2021(10):14-23.

[7] 潘剑瑛,刘祯岩."五位一体"视域下的于都县"党建+"扶贫模式探析[J].新经济,2020(12):102-106.

[8] 叶小飞,张杨青.以农业产业为龙头引领高质量可持续脱贫——于都县梓山镇产业扶贫工作的实践与成效[J].当代江西,2020(1):34-35.

[9] 管明旺.于都县农业产业扶贫的困境及对策[J].乡村科技,2016(29):91.

[10] 水木,上官涛,于龙广.依托红色文化 走好绿色发展——江西省于都县创新旅游扶贫新模式[J].老区建设,2016(19):20-23.

如何通过改善乡村教师资源问题实现乡村教育振兴①
——湘西乡村教师资源案例调查报告

徐梓源　段松涛　李鼎成　虞凯杨

摘　要：自2020年以来，我国各个地区逐步实现脱贫，国家战略也由脱贫攻坚逐步转移为乡村振兴。我国社会主要矛盾已转化为人民日益增长的美好生活需要和不平衡不充分的发展之间的矛盾，而这种矛盾在乡村地区尤为突出。教育资源不均衡是造成城乡发展不均衡的主要因素之一。改善乡村教育不仅是我国乡村振兴的目标，也与联合国可持续发展目标中的三个目标紧密相连："优质教育""消除贫困"与"社会平等"。而乡村教育目前最大的难题是教师资源的紧张，很难找到"招得来、留得住、教得好"的乡村教师。为研究乡村教育的困境，本文作者调研了湖南省湘西土家族苗族自治州的教育问题。从村小老师、毕业学生、师范学校学生、教师培养计划等多个方面入手，探寻从政策层面改善乡村教师资源问题的方式。

关键词：乡村振兴；教育；教师资源；城乡差距；可持续发展；政策分析

一、案例调研：湘西的乡村教师资源问题

"从我第一次来到这里，已经过去20多年了。尽管我赚的钱不多——每月不到3000元，但我仍然对学校里我教的孩子充满热情。他们都来自当地的村庄，参加从学前班到三年级的各种课程。作为村里唯一的老师，我必须教授所有的小学学科，并独自照顾所有的学生。去年，这里来了一位实习老师，她教得很好，很受孩子们的喜欢。然而，她很快就离开了，只来了一个月，孩子们都很不高兴，"唐华叹息道，"像这样的乡村学校对教师

---

① 作者简介：徐梓源，多伦多大学学生；段松涛，康奈尔大学研究生；李鼎成，北京外国语大学学生；虞凯杨，伦敦政治经济学院研究生。文章简介：本文初成稿为英文版，曾获清华大学公共管理学院政策案例分析大赛研究生组第三名，入选中国公共管理案例库。

没有任何吸引力。"唐华从1994年开始工作,是湘西板井村唯一的小学教师。

长期以来,中国各地农村教育资源短缺的问题令人担忧,其中最突出的是乡村教师的问题。由于工资低、交通不便、生活条件差等各种因素,农村中小学"招得来、留得住"的难度极大。同时,这些地区的学生在完成九年制义务教育后,进入高中学习也很困难。这两种现象构成了乡村教师短缺困境的两个方面。

(一)农村教育振兴政策概述

基础教育被认为是长期解决贫困问题的关键,因为它最终可以提高一个地区的劳动力质量。此外,确保教育资源在地区之间和城乡之间的平等分配是解决国家发展不均衡的根本途径。乡村教育振兴与联合国可持续发展目标中的三个目标紧密相连:"优质教育""消除贫困"与"社会平等"。同样,解决乡村教育问题也是我国精准扶贫和乡村振兴战略重要的一环。

1. 中央政府政策

中央政府政策的主要目标是缩小中国城乡之间的教育差距,因此这些政策主要是为了提高农村地区的教育质量。

2015年,国务院颁布了《乡村教师支持计划(2015—2020年)》。该计划的主要措施包括:①拓宽乡村教师招聘渠道,如实施特岗教师和公费教师;②改善乡村教师的工资待遇和生活条件;③统一城乡教师编制岗位的评价标准;④对乡村教师的职称(职务)评聘做出倾斜性政策安排;⑤促进城市学校的优秀教师向农村学校流动;⑥通过一系列公共资助的培训项目提高乡村教师的素质;⑦对长期在农村地区服务(10年以上)的教师给予奖金和荣誉。

2017年,中共十九大正式提出实施乡村振兴战略。在中央农村工作会议上,习近平总书记强调:"对现有帮扶政策逐项分类优化调整,合理把握调整节奏、力度、时限,逐步实现由集中资源支持脱贫攻坚向全面推进乡村振兴平稳过渡。"

而解决教育问题,也是乡村振兴的重要一环。《国家乡村振兴战略规划(2018—2022年)》第三十章第一节明确提出:保障学生就近享有有质量的教育;发展农村学前教育,每个乡镇至少办好1所公办中心幼儿园;大力发展面向农村的职业教育;加强城乡教师交流轮岗;推进乡村学校信息化基础设施建设;落实好乡村教师支持计划。一系列的规划,充分展示了中央对发展乡村教育的决心。

2. 地方政府政策

我国的教育制度给予地方政府相当大的自由,地方政府可以在中央政府制定的指导方针下制定自己的教育政策。近年来,湘西州政府大力推进教育改革,取得了丰硕成果。此外,在教育扶贫领域,湘西州走出了一条"湘西之路"。

教育扶贫主要政策之一是避免学生因贫困而辍学。截至2017年底,湘西州仍有17.98万名贫困学生,占总数的36.22%。湘西州政府坚持扶贫应从教育扶贫开始的原则,高度重视教育的发展。自2016年以来,当地政府宣布将为全县登记在册的贫困户(建档立卡户)的学生提供15年的免费教育。目前,湘西州有12.7万名来自注册贫困户的儿童可以受益于这项政策并接受免费教育。同时,政府还提高了贫困家庭学生的生活补贴,包括农村学生的营养午餐。在永顺县,小学和初中学生的生活补贴已经从1000元和1250元分别提高到1500元和2000元,所有资金由地方政府支付。在上述政策的指导下,以湘西凤凰县为例,该县曾经有15%的初中辍学率,现在所有的中小学学生不再因为贫困而停学。

另一项主要政策是吸引更多的教师资源,提高教师的工资。乡村教师的报酬根据其任教地区的偏远程度,每月从300元到1200元不等。此外,教师每年的平均绩效工资为27000元。教师可以获得每月319元的补贴,以及年底的奖金。芦溪县、凤凰县等偏远地区的一些教师的年收入或超过8万元。越来越多的教师愿意留在农村地区,专注于教学。

这些有针对性的政策效果如何?根据东北师范大学中国农村教育发展研究院发布的《中国农村教育发展报告2019》:①乡村教师的工资和其他补偿已经平移,官方预算岗位的评估标准已经确定,相对于城市教师,更倾向于乡村教师;②乡村教师持有副学士或学士学位的比例增加;③83.46%的教师表示愿意继续在农村学校任教。

3. 理论应用:史密斯政策执行模型

理论方面,本文将应用史密斯政策执行模型(见图1)。根据模型,执行机构、目标群体、理想化政策和政策环境等因素都对制定政策有重大影响。本文分析可以改善乡村教师资源困境的政策,将牵涉这些因素。执行机构包括各级教育部门、乡镇中小学以及师范学校;目标群体包括乡镇地区的学生、教师以及潜在会成为教师的师范学生;政策环境则会从湘西州的角度进行分析。

(二)调查结果

根据调查,教师与师范学生在农村学校任教的意愿仍不高。教育扶贫

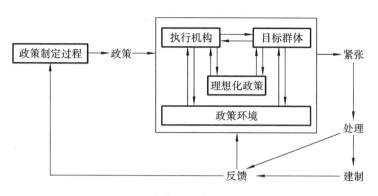

图 1　史密斯政策执行模型

等一系列措施虽然取得了一定的成果,然而成绩还不尽如人意。农村地区在招聘教师方面仍然存在困难。城市地区的普通高校学生和教师到农村地区长期服务的意愿仍然很低。根据我们的问卷调查显示,只有30.2%的城市教师和23.2%的普通高校毕业生明确表示愿意到农村和城镇长期服务,其余的人基本都不愿意。对教师来说,家庭原因是阻碍他们愿意到农村任教的最常见因素(70.3%),超过了交通困难(51.4%)、生活问题(40.5%)和待遇问题(35.1%),如图2所示。

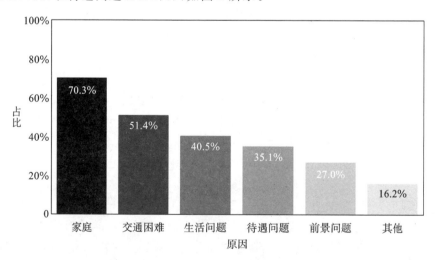

图 2　阻碍教师到乡村任教的原因

而对师范学校的学生来说,待遇和生活问题也不是最常提到的因素,而是工作前景不好(见图3)。城市学校的工作通常被认为是更好的教学技能的证明,可以确保城市教师有更好的工作前景。这是城乡教育不平衡的结果,也是一个诱因。

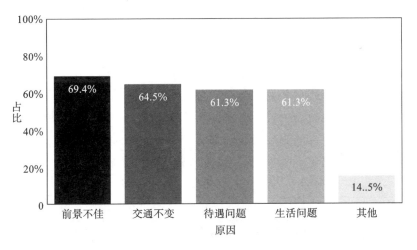

图 3　阻碍师范学校学生到乡村任教的原因

(三)湘西州简况

湘西州位于湖南省西北部,是湖南省唯一的少数民族(土家族和苗族)自治州。湘西州也是扶贫攻坚的主战场,其中七个县曾被国务院列为深度贫困县。图 4 所示为湘西凤凰县。

图 4　湘西凤凰县

根据中国第六次全国人口普查的数据,湘西州常住人口约为 254 万,占湖南省人口的 3.88%。在学校教育水平方面,完成高等教育的人占总人口的 5.76%,完成初中及以上教育的人占总人口的 52.45%,文盲率为 5.76%。

(四)教师资源的匮乏

对工资的担忧是导致教师在农村学校任教意愿下降的重要原因之一。由于政府对农村地区的教师实行优惠的补偿政策,乡村教师的月工资高于城市教师。表 1 显示了县城、镇和乡村教师的平均工资。

表 1 农村和城市地区教师的月薪(元)

学校位置	县城	镇	乡村
一级①教师的月薪	3248.3	4344.2	4155.1
高级②教师的月薪	3461.9	4317.9	4511.1

资料来源:《中国农村教育发展报告 2019》。

因为编制制度,从"新教师"(未评职称)提升到"一级教师"往往需要 9 年以上。也就是说,教师工资的增长速度可能非常缓慢。更糟糕的是,对于一些没有编制岗位而被归类为代课教师的教师来说,他们甚至没有机会在系统内获得加薪。

板井村小学的代课教师唐华也面临同样的情况。他的月工资是 2800 元,由 1600 元的固定收入和 1200 元的政府补贴组成。与拥有全额"五险一金"和住房公积金的体制内教师不同,唐华只有由学校支付的养老保险。代课教师的身份也限制了唐老师的发展,因为他没有机会参加公费的教师培训项目。唐老师的声音变得有点低:"凤凰县有 57 名代课教师和我的情况一样,我们都还在农村一线教学,等待编制岗位。"

"我已经在这里教书 26 年了,我从未后悔过哪怕一天",唐老师继续说:"我只是对那些孩子感到非常抱歉。因为我是这所小学唯一的老师,我必须成为这些孩子的语文、数学、英文甚至体育老师。说实话,我并不擅长教语文,我担心我的学生无法赶上县城学校的学生。如果我们有更多的老师就好了,这样我就可以更专注于教数学。"

唐老师的工作量很重,因为他需要承担不同年级共 35 名学生的课程,这与《中国农村教育发展报告 2019》的研究结果相吻合。研究表明,教师的

---

①② "一级"和"高级"是中国教师系统中编制岗位的一个组成部分。

增长速度没有目前小学生的增长速度快,表2显示的另一个结论是,农村小学面临最严重的教师短缺。

表2 小学教师人数与学生人数之比

年份	共计	市区	镇	乡村
2014	2.23∶1	2.45∶1	2.47∶1	1.93∶1
2015	1.99∶1	2.12∶1	2.17∶1	1.77∶1
2016	2.20∶1	2.43∶1	2.40∶1	1.89∶1
2017	1.96∶1	2.09∶1	2.11∶1	1.75∶1

资料来源:《中国农村教育发展报告2019》。

农村中学也出现了教师短缺的问题。刚刚结束中考的龙兴华同学说:"三年前我上初一的时候,我们有四个班。但是随着老师的离开,四个班变成了两个班。"

私立学校的兴起也是教师不足的一个原因。尽管大多数学校是公立学校,但凤凰县也有几所私立学校。私立学校支付给教师的工资更高。与公立学校4000元的月薪相比,私立学校教师的工资翻了一番。"难怪有14名教师从公立学校转到私立学校工作",唐老师说。然而,私立学校也向学生收取学费——每学期3000元,这不是每个家庭都能负担得起的。相比之下,义务教育阶段的公立学校则不收取学费。尽管费用很高,许多家长还是愿意把孩子送到私立学校。

长期以来,政府的政策主要集中在提高乡村教师的工资和改善农村学校的基础设施,希望吸引更多的城市教师留在农村地区。然而,吸引教师的目标可以从学生方面得到部分实现。

(五)乡村教育困境另一面:迈向高中的艰辛一跃

王同学的大姐总是向她抱怨:"我总是后悔我在初中就辍学了,我对工厂工作知之甚少,我的脑海中不自觉地出现了外出打工的概念。那时的我心浮气躁,不思进取,认为一旦开始工作,就会在大城市获得报酬,过上好日子。然而,现实的结果是工作辛苦,收入较低,与那些接受深造的人根本无法相比。"王同学是一所职业学院的大二学生,她毕业于湘西的山江中学,这是一所位于凤凰县的乡镇学校。

在过去的几十年里,中国的高中教育得到了有效的扩展。2017年,中国有1397万初中毕业生,其中800万人被录取为高中生,这意味着全国的高中入学率相当于57.25%。然而,农村和城市地区之间存在着鸿沟:与城市地区的学生相比,农村地区的学生面临着更低的高中入学率。如表3所示,城市地区55.77%以上的初中毕业生被高中录取,而村镇的学生只有13.36%进入高中。

表3 高中入学率数据

学生库	全国范围内	市区	县城	村庄和乡镇
2017年的初中毕业生人数/(人)	13974699	4836743	7058957	2078999
2017年高中的可用空间数量/(人)	8000548	3786008	3936780	277760
2017年的高中入学率	57.25%	78.28%	55.77%	13.36%

资料来源:《中国农村教育发展报告2019》。

这种现象在湘西州也同样存在。"我们班总共有63名学生,只有十几个人可以考上高中。"仍在等待中考成绩公布的龙兴华同学说,他同样毕业于山江中学。

类似的情况也发生在王同学和贾同学毕业的中学里。王同学提到,在100名初中三年级学生中,大约有20人可以进入高中。吉首大学师范学院的学生贾蕊也表示,进入高等学校的学生占学生总数的比例低于30%,与城市学校的高比例相比,农村学校的这个比例要低得多。

教师资源的严重短缺在很大程度上影响了学生,农村和城市学校的学生都必须参加同样的中考。初中毕业生的主要三条途径是:对于那些在考试中排名靠前的学生,他们可以进入高中;对于那些达到平均分的学生,可以进入职校;而对于那些在考试中表现不佳的学生,要么选择明年重新考试,要么直接找工作。

毫无疑问,学生的最后一条路是寻找工作。通常情况下,这些学生会试图在大城市找到一份工作,就像王同学的姐姐一样。许多来自凤凰县的初中毕业生开始在杭州的工厂流水线上工作。在十五六岁的时候,这几乎是他们第一次走出自己的家乡,离开他们熟悉的一切,匆匆赶往城市。他们在杭州的月薪在3000~4000元,比凤凰县的平均水平要高。但另一方面,杭州的生活费比他们家乡的高。

在竞争激烈、生活劳累的情况下,他们中的很多人都对之前暂停学业感到后悔。他们开始建议他们的亲戚或熟人不要走同样的路,并期望那些年轻人能接受更好的教育。"我放弃学习的部分主要因素是,我当时只能选择远离家乡的地方工作。虽然我已经很努力了,但还是无法被那些为人所知的好学校录取。我们地区的教育资源应该得到改善,我认为那里的年轻人应该得到更好的教育。"其中一名工人说。

由于各种原因,农村中学的学生在迈向高中的道路上更加艰难,但他们可能是培养未来乡村教师的最佳人才库。在对城市教师到农村地区任教的意愿调查中,过去在村镇学习的经历明显提高了意愿率。只有19%的没有经验的教师愿意长期服务,而37.5%的有经验的城市教师愿意这样做。一位大学生在调查中表示,他对未来担任乡村教师的决心。"我是在乡村长大的,然后才来到我的大学学习教育。在这里,我感受到了城市的高质量教育,也意识到了农村地区的教育在质量和教学设施方面的落后程度。我希望能通过自己的努力为农村教育事业做出贡献。"另一位来自湖北省农村地区的学生说,她打算回乡当老师,不仅是为了把教育理念从城市带到农村,也是为了照顾她的父母。

家乡和提供服务的农村学校之间的距离起着重要作用。在同一调查中,如果目标学校位于其家乡所在的同一城市或省份,城市中的现任教师的意愿率跃升至62.2%,师范大学的大学生的意愿率跃升为50.4%(见图5)。

所以,从农村青年中培养乡村教师可能是一种选择。

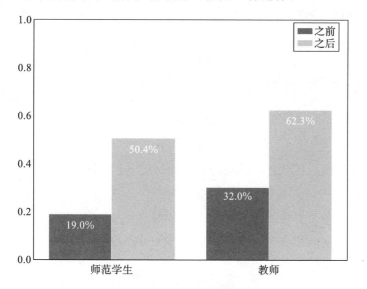

图 5　赴乡村任教意愿率的变化

(六)公费资助的五年制定向师范生培养计划

吉首大学师范学院的公费五年制定向师范生培养计划旨在快速培养某些农村地区小学所需的合格教师。该项目由政府和学院全额资助,免除了学生的经济负担,并给予他们津贴奖励。参加这个项目的学生需要与当地政府签订合同,承诺毕业后将在目标学校至少工作五年。在师范学院的五年中,他们不仅要学习数学、语文、英语等科目,还要学习教学技能。对于学前教育专业的学生来说,舞蹈和音乐是整个课程的必修课。

五年制定向师范生培养计划(见图6)始于2006年,吉首大学师范学院被湖南省政府选定为负责这些项目的教师培训学院之一。该项目主要针对湘西本地学生,为湘西州每个县提供10～30个名额。2020年,该项目计划在湖南省各地招聘240名初中毕业生,将他们培养成小学和幼儿园教师,其中大部分来自湘西。

图6　五年制定向师范生培养毕业合影(2013级)

吉首大学师范学院的向老师是该项目的教师之一,她认为该项目的吸引力来自学校在当地的良好声誉,以及对学生及其家庭的经济负担的减轻。特别是对于女生来说,向老师提到,稳定的工作预期也是这个项目的一个优点。同一所大学的大三学生贾同学被该项目录取,她认为学费减免和生活补贴是主要的吸引力。

小学老师唐老师说:"我曾经劝说我的一个学生申请这个项目,她有五个妹妹和弟弟。如果她去读高中,因为家庭困难,她所有的兄弟姐妹都将难以上学。即使她可以获得大学的学费减免,但大城市的高额生活费用将给她的家庭带来巨大的经济负担。五年制项目是一个更好的选择。"

该项目名额的高要求和相对较少的职位供应导致了极高的录取标准。唐老师说:"通常那些普通高中的录取分数只有650分(满分850分),但对于想被该项目录取的孩子来说,他们需要考到780~790分,这是相当困难的。"

严格的规定和严肃的处罚使入学的学生们不敢贸然报名,不过也有不少已经报名的学生表示后悔,他们希望转入高中、参加高考普招。该计划的大多数毕业生按照合同规定,成为县城、乡镇和村庄的小学教师。该计划在某种程度上是有效的,但问题长期以来没有得到完全解决。

尽管该项目旨在为湘西各县城、乡镇和村庄提供教师,但大多数毕业生在毕业后留在县城。"即使是县城的学校也面临着教师短缺的问题,更不用说乡村的学校。"向老师叹息道。

二、案例分析:如何从政策层面改善乡村教师资源困境?

(一)案例摘要

农村教育发展取得了巨大的进步,但成绩还不理想。事实上,农村学校仍然很难聘请教师。受此影响,农村地区的学生进入高中的比例要低得多。此外,即使那些上了大学的人也不愿意回到家乡教书。这对农村地区的教师招聘和学生发展都形成了一个恶性循环。

为了打破这个困境,湘西有一个典型的项目:吉首大学师范学院的公费五年制定向师范生培养计划。该项目为当地小学和幼儿园培养了绝大多数教师。

本案例研究将证明毕业生和教师不愿意在农村学校任教的原因,并分析该项目的利弊。基于这些发现,本案例研究将讨论如何修正目前的项目,以更好地实现乡村振兴的目标。

(二)案例分析:当前方案中暴露的问题

1. 农村地区的教师工资真的很低吗?

根据《中国农村教育发展报告2019》,乡村教师的月工资高于城市教师(都有编制的岗位),因为政府为农村地区的教师提供了补偿。可以得出结论,从这份报告中可以看出,农村地区的教师工资并不是真的低。

然而,即使乡村教师的收入更高,农村地区的学校在招聘教师时仍然面临困难。主要有上述案例部分提到的两个原因:首先,教师从入职到有编制需要太长的时间,而是否有编制与工资密切相关;其次,私立学校的存在可能导致农村公立学校的教师流失。在湘西,与农村公立学校相比,私立学校的工资要高出一倍。因此,从某种意义上说,农村地区的教师工资不足是合理的。

2. 乡村教师的工作负担真的很重吗？

现实情况的确如此。前文研究表明，农村地区的小学面临着最严重的教师短缺问题，许多教师不得不教授多门课程和科目。在板井村小学，唐华作为学校唯一的老师，不得不同时负责语文、数学和其他课程，即使他说他不擅长教语文。

教育部建议，中学的一个班级单位应平均配备2.7名教师，班级规模应在45~50人，不超过55人。然而，山江中学的两位毕业生龙同学和王同学也反映，他们学校遇到了教师短缺的问题。他们说，由于一些教师离开，四个班级必须合并为两个。也就是说，每个班的学生数量远远超过了国家标准。关于他们在中考中的表现，山江中学60名学生中仅有10人进入了高中。

这些事实提供了令人信服的证据，表明农村地区的教师工作负担沉重，对教育质量和学生的发展产生了负面影响。

3. 为什么五年制定向师范生培养计划是解决这一困境的潜在办法？

该计划能够打破这个困境。在教师方面，五年的不同学科和教学技能的专业教育可以显著提高新教师的质量。被录取的学生群体是一群优秀的本地学生，他们具有成为一名优秀教师的天赋和能力，他们也有独特的优点。首先，他们能够说当地的方言，更了解当地的文化，更接近当地的孩子，因为他们在同一个地方长大，他们可以成为学生更好的榜样，生活下来，回馈社会。其次，他们更有可能在村镇停留更长时间，因为他们的家人也在那里。正如调查显示的那样，家庭因素对长期服务的意愿起着重要作用，而所工作的学校与家乡距离较近，可以大大增强这种意愿。而且这些教师不会因为交通不便和不良的生活条件等因素而受到阻碍，因为他们已经习惯了这些因素。

在学生方面，该项目为当地优秀学生提供了一个良好的出路。农村学生从初中到高中的艰辛跨越，将很多希望接受进一步教育的学生拒之门外。他们中的一些人实际上和进入高中的城市学生一样优秀，但他们却成为城市和农村教育不平衡的受害者。

而这两方面是紧密相连的。被该项目录取的学生享受更好的教育，毕业后成为教师。他们带着宝贵的教学技能回到自己的家乡，能够提高农村地区的教育质量。因此，不平衡现象可以得到缓解，农村学校的学生将可以与城市地区和县城的学生竞争，更多的农村学生可以有机会上高中或被五年制项目录取，更多的学生可以为农村教育的发展做出贡献。一个良性循环开始了。

4.五年制定向师范生培养计划是否符合预期？

自2006年实施以来，该项目为湘西的学校带来了许多教师，甚至一些校长。然而，在实际操作中，该项目并没有达到有效解决短缺问题的预期。

该项目对于初中生来说，录取分数很高，对于农村学生尤其困难。龙兴华和贾蕊同学都提到，在乡镇中学，一年只会有寥寥几个学生被该项目录取。因此，农村地区的大多数初中学生都没有资格参加五年制项目。

此外，少部分有参加过五年制项目的学生会后悔之前申请该项目。原因各不相同：一部分学生可能发现自己对教育事业没有兴趣，他们不愿意认真学习。同时，一些学生开始考虑他们本可以踏上"更好的道路"，因为他们与中学的同学接触，获得了一些新的信息。处理这些情况对该项目教师之一的向女士来说是一个巨大的挑战。她有时不得不安慰这些学生，鼓励他们继续学习，因为他们在完成该项目后也可以追求自己的梦想。事实上，申请这个项目的大量学生是被老师和家长说服的，学生们可能不知道这个项目到底是什么。唐老师认为，一些家长可能认为资助学生读高中是家庭的沉重负担，尤其是有很多孩子的家庭。另一些家长或老师则认为，吉首大学师范学院是他们孩子的好选择，这些家长或老师建议学生在完成初中学业后直接进入五年制课程。

虽然五年制项目要求毕业生在其户籍所在地的学校工作，但大多数毕业生选择在城市地区而不是农村地区的学校任教。其中一个原因可能要追溯到录取过程，因为五年制项目只根据学生在中考时的成绩来选拔学生，那些以高分成功录取的学生通常拥有城市户籍。另一个原因是该项目工作场所分配过程中的不完善之处。据向老师和贾同学介绍，名额由各县教育局分配，教育局首先要满足城区学校的需求，然后再为农村学校安排教师。有鉴于此，农村学校的教师短缺问题并没有因为该项目计划而得到明显的缓解。

(三)案例分析:潜在的解决方案

1.增加财政支出：一种缓和的办法

增加教师的工资往往被认为是提高教育质量的一个重要途径。补偿和补贴已被用作增加教师在农村地区工作的动力的策略。然而，增加对教师的额外补贴可能难以实施。2019年，中国的教育总支出为50175亿元，而其中近一半的支出用于基础教育①。因此,如果教师的平均工资是原来标准的两倍,这将是政府总支出的一个巨大负担。

此外,增加教师的工资可能无法有效地吸引教师到农村学校。根据问卷调查,阻碍教师到农村地区任教的最常见因素是家庭原因(70.3%)和交通困难(51.4%)。相比之下,只有35.1%的教师认为待遇问题是阻碍他们在农村学校工作的因素。因此,经济补偿可能不会增加对教师的激励。对农村学校教师的直接福利转移可能只是在短期内鼓励他们,但从长期来看可能并不有效。考虑到教师提到的因素,将更多的政府开支用于基础设施和农村地区的发展可能是一个更有效的策略。缩小农村和城市的差距,会给教师更多的激励,让他们在农村地区长期工作。

2. 关于五年制定向师范生培养计划招生的建议

第一个建议是通过适当地提供更多的项目名额来降低录取分数,并更好地选择那些真正梦想成为一名乡村教师的学生。极高的录取分数线是由于学生的高需求和有限的名额供应。需求量大源于向老师提到的项目的三个优点:学院的良好声誉,学费减免和生活补贴,以及作为编制教师的良好就业前景。但是,仍然有一群学生后悔被该项目录取。他们在年轻时被劝说申请该项目,不清楚自己的未来该如何发展。该项目应提供充分的信息,并清晰地描述该项目的生活和工作前景,不仅对学生,而且对他们的父母也是如此。同时,通过适当扩大招生计划,招收更多的学生,降低录取分数,培养更多的乡村教师。在目前的情况下,无疑是需要这些措施的,但也应该考虑到地方政府的财政负担。

第二个建议是将该项目的名额向农村学生倾斜,通过自主招生让更多的农村学生报名参加。该项目240个名额中的一半,甚至更多,可以只针对农村学生。因此,应该设置两个不同的录取分数线,一个针对县城的学生,一个针对乡村的学生,后者应该更低。但这并不意味着这些学生没有那么好——中考分数的差距部分是农村和城市教育不平衡的结果,在这种情况下,是县城和乡村之间的差距。然而,地方政府也应该考虑公正问题,并在农村和城市的利益之间保持良好的平衡。

3. 关于工作安排的建议

考虑到大多数五年制项目的毕业生毕业后会留在城市学校工作,我们建议师范学院与各县教育局合作,统一毕业生的就业标准。具体来说,所

---

① 资料来源:《中国农村教育发展报告2019》。

有学生都可以与学院和教育局签订合同,确认他或她以后五年服务的潜在学校。教育局对师资紧缺的农村学校进行倾斜性安排。

在编制岗位方面,在农村地区任教的毕业生应该得到优先考虑。同时,地方政府应关注那些为农村教育奉献一生的"代课教师"的编制岗位问题。

4. 关于继续培训和教育的建议

对于农村地区的教师和五年制项目毕业生,地方政府和相关机构可以定期提供更多的培训课程,引入新的教学方法,以提高他们的教学能力。此外,举办经验交流会和研讨会也能使这些教师受益,并为他们提供相互交流的机会。除了一些特定机构举办的培训外,可以继续允许他们参加学士学位的在职课程,以便他们能够接受进一步的教育和发展专业知识。

此外,教师之间的互动范围不应局限于乡村教师群体,来自城市地区的教师也可以参与进来,为农村教育提供宝贵的建议。通过双向交流,城市和农村的教师可以相互学习。

三、总结

本报告分析了为什么五年制定向师范生培养计划有可能成为缓解农村地区教师资源匮乏困境的一个很好的解决方案:一方面,它可以培养出更好的乡村教师,他们更熟悉村镇的情况,更有可能留下来;另一方面,它为那些在向高中的艰难跨越中挣扎的当地学生提供了一个良好的出路。

更重要的是,该项目运作中暴露的几个问题需要改进。高门槛阻碍了一些潜在的学生申请该项目;对该项目的宣传不够;学生对该项目的理解不够;农村和城市地区的教师安排不平衡。

最后,本报告为该项目提供了一些建议,以更好地实现城乡教育平衡的目标。在该项目的录取方面,降低录取分数,优先录取农村地区的学生。在教师安置方面,教育局对师资紧缺的农村学校进行倾斜安排。在继续教育方面,地方政府和相关机构可以定期为五年制项目毕业生和农村地区的教师提供更多的培训课程。

对于各级政府来说,解决教育不平衡问题没有简单易行的选择,但在湖南湘西、四川凉山、新疆和田以及其他许多地方,这是一条必须要走的路,虽然艰辛,但有收获。五年制定向师范生培养洒下了美好且饱含希望的光,我们应保障并珍惜项目的发展,让它成为乡村教育的火种。而乡村教育的改善也必将带来可持续且协调的发展,助力乡村振兴的百年伟业。

参考文献

[1] 国务院办公厅关于全面加强乡村小规模学校和乡镇寄宿制学校建设的指导意见[EB/OL].[2022-02-05]. http://www.gov.cn/zhengce/content/2018-05/02/content_5287465.htm.

[2] 深度贫困地区教育脱贫攻坚实施方案(2018—2020年)[EB/OL].[2022-02-05]. http://www.moe.gov.cn/srcsite/A03/moe_1892/moe_630/201802/t20180226_327800.html.

[3] 中共中央 国务院关于全面深化新时代教师队伍建设改革的意见[EB/OL].[2022-02-05]. http://www.gov.cn/zhengce/2018-01/31/content_5262659.htm.

[4] 国务院办公厅关于进一步加强控辍保学提高义务教育巩固水平的通知[EB/OL].[2022-02-05]. http://www.gov.cn/zhengce/content/2017-09/05/content_5222718.htm?wm=5219news.

[5] 国务院办公厅关于印发乡村教师支持计划(2015—2020年)的通知[EB/OL].[2022-02-05]. http://www.gov.cn/zhengce/content/2015-06/08/content_9833.htm.

[6] 国务院办公厅转发中央编办、教育部、财政部关于制定中小学教职工编制标准意见的通知[EB/OL].[2022-02-05]. http://www.gov.cn/gongbao/content/2001/content_61159.htm.

[7] 中共中央 国务院印发《乡村振兴战略规划(2018—2022年)[EB/OL].[2022-02-05]. http://www.gov.cn/zhengce/2018-09/26/content_5325534.htm.

[8] 教育精准扶贫的"湘西之路"[EB/OL].[2022-02-05]. http://www.moe.gov.cn/jyb_xwfb/moe_2082/zl_2018n/2018_zl44/201810/t20181022_352310.html.

[9] 联合国可持续发展目标[EB/OL].[2022-02-05]. https://www.un.org/sustainabledevelopment/sustainable-development-goals/.

[10] 陈庆云.公共政策分析[M].北京:北京大学出版社,2011.

[11] 邬志辉,秦玉友.中国农村教育发展报告2019[M].北京:北京师范大学出版社,2020.

[12] Banerjee A V, Banerjee A, Duflo E. Poor economics: A radical rethinking of the way to fight global poverty[M]. Public Affairs, 2011.

农村箬竹产业的发展现状与对策

江西省上犹县平富乡　明　朋

摘　要：党的十九大提出了乡村振兴战略，明确提出了"产业兴旺、生态宜居、乡风文明、治理有效、生活富裕"的二十字总要求。"产业兴旺"作为乡村振兴之首，是乡村振兴的源头和基础。为了解乡村振兴背景下乡村产业发展状况，本文在深入实地进行考察和梳理大量文献的基础上，选取江西省赣州市上犹地区的农村箬竹产业作为研究对象，分析了农村箬竹的生长和利用状况，考察了江西省赣州市上犹地区农村箬竹产业的发展状况，提出了对农村箬竹产业发展对策的思考。在推动乡村箬竹产业的发展过程中，各方治理主体协同促进，推动了治理结构的转型与重塑，产生了良好的治理效果，为乡村产业振兴发展提供了可供推广和复制的经验典范。

关键词：乡村振兴；产业兴旺；乡村产业；箬竹

上犹县平富乡位于江西省赣州市上犹县西南边陲，东靠营前镇，南与崇义县杰坝、金坑两乡相接，距县城49千米。全乡辖8个行政村，其中少数民族村2个（畲族），141个村民小组，11234人（其中非农业人口340人）。总面积为88平方千米，山地面积10.28万亩，耕地7195亩。乡内资源丰富，有优质高岭土、石灰石、箬竹等资源，其中尤以箬竹资源丰富，成为平富乡一道亮丽的风景线，同时又是农户心中的"摇钱树"。

党的十九届六中全会强调，"党始终把解决好'三农'问题作为全党工作重中之重，实施乡村振兴战略，加快推进农业农村现代化"。农业是国民经济的基础，是国家自立、社会安定的基础，国家践行和发展乡村振兴战略，利在当代，功在千秋。为深入实施乡村振兴战略，促进农民增收、农业增效，当地政府通过一系列措施推动箬竹产业转型升级和发展。

一、箬竹的生长状况与利用情况

(一)箬竹的生长状况

箬竹自然生长在南方海拔 300~1400 米的丛山峻岭、山坡路旁之中,生长快、生命力顽强,叶大、产量高;属阳性竹类,能长达到 2 米高,最大直径达到 7.5 毫米,禾本科、箬竹属植物,4—5 月笋期,6—7 月开花;性喜温暖湿润气候,适宜疏松、排水良好的酸性土壤,耐寒性较差,所以生长要求土壤有深厚肥沃、疏松透气、微酸至中性特性。

(二)箬竹的利用情况

箬竹的用途十分广泛,箬竹生长快,叶大、产量高,用途广泛。其秆可用作竹筷、毛笔秆、扫帚柄等;其叶可用作食品包装物、茶叶、斗笠、船篷衬垫等,还可用来加工制造箬竹酒、饲料、造纸等;其笋可作蔬菜(笋干)或制罐头;其植株可作园林绿化。箬竹叶、笋具有药用价值,含有多种营养保健物质、多种对人体有益的微量元素及维生素、叶绿素和多糖物等,其中氨基酸含量达 18 种之多,其中包括人体所必需的 8 种。《本草纲目》中记载,箬竹有清热止血、解毒消肿,治吐血、下血、小便不利、痈肿等功用。箬竹除大量野生外,目前已进入人工丰产栽培。

二、箬竹产业发展状况

20 世纪 90 年代以前,箬叶仅被用来包粽子,采摘量较小。20 世纪 90 年代初期,箬叶开始进入收购市场,其潜在的经济价值才逐渐被人们所认识。短短几年时间,箬叶收入就成了平富乡农户的主要经济来源之一,每年可以给当地农民带来比较可观的经济收入。农村箬竹产业的主要加工流程是,首先农民自行采摘卖鲜叶,然后进行简单分级后卖到收购厂家,再由收购厂家进行精选、分级、包装后外销。上犹县当地群众依托平富乡丰富的高山箬竹自然资源,鲜叶供不应求,将箬叶进行速冻保鲜和盐渍返青加工,不仅能保证叶片的自然形态和竹香味,而且也是一种理想的绿色包装材料和香精、色素的提取原料,平富乡箬竹畅销广东地区,为平富乡箬竹资源的开发利用和乡村箬竹产业兴旺提供了新思路。

三、箬竹产业发展对策的思考

党的十九大做出了实施乡村振兴战略的重大决策部署,并提出了"产业兴旺、生态宜居、乡风文明、治理有效、生活富裕"的乡村振兴总要求。乡村振兴战略将产业兴旺放在总体要求首位,凸显了产业兴旺在乡村振兴战略中的重要性。产业兴旺是指在脱贫攻坚和乡村振兴有效衔接中,通过挖掘区位优势,立足资源禀赋,整合市场资源,联结政府、农户、龙头企业、农村经济合作组织等主体,调整乡村传统产业结构,在农村地区形成一批现代化的集聚、共生协同产业,将资源优势转变为经济优势,进而带动群众增收,最终实现共同富裕的过程。乡村振兴关键在产业振兴,产业兴则乡村兴,产业强则乡村强。产业振兴是乡村振兴战略的底层逻辑,更是乡村振兴战略的物质保障。要想实现乡村箬竹产业的发展,必得从以下几个方面着手。

1. 领导重视,政府引导,政策惠顾

乡村箬竹产业的发展离不开领导的重视,领导重视是推进箬竹业提速发展的重要组织保障,幸福是奋斗出来的,正是在上犹县平富乡党委的领导之下,乡村箬竹产业才有如火如荼的发展;乡村箬竹产业的发展离不开政府的引导,政府既是箬竹业提速发展的导航员,又是箬竹业提速发展的引领人;乡村箬竹产业的发展离不开政策的惠顾,政策惠顾是箬竹业提速发展的加速剂。

2. 建立长效运作机制并加以落实

乡村箬竹产业的发展离不开上犹县平富乡人民的共同努力和接续奋斗。乡村箬竹产业的长效运作机制是目前吸引各类社会力量参与乡村产业发展的有效途径。要发挥人民群众在乡村箬竹产业发展当中的主体作用,发展乡村箬竹产业是"一切为了人民",更要"一切依靠人民",箬竹业提速发展是一个长远的系统工程,必须建立和制定长效机制并加以组织实施,发挥群众力量,奖勤罚懒扶优做强,壮大力量扩张总量,提升品位和质量,打响品牌,唱好主旋律。

3. 以科技为支撑,加大投入力度

科学技术是第一生产力,乡村箬竹产业提速发展离不开科技的支撑。在实施箬竹业提速发展的过程中要遵循自然规律,尊重科学,合理布局分类指导,分阶段施工,兑现政策落实任务,齐头并进,全面提升和发展。乡村箬竹产业要充分利用现代化信息技术等资源优势,在箬竹的生长过程中采用现代化的监测技术,防治病虫害的困扰;在箬竹的加工制造过程中,采取流水线生产的手段,提高加工制造效率;在箬竹产品的销售过程中,利用电商直播平台,让优质箬竹产品更好地"走出去"。

4. 扩大融资渠道,以足量的资金予以扶持

经济是产业发展的基础,箬竹产业离不开强有力的经济作为后盾,而

乡村箬竹产业的发展也可以带动当地的经济发展。乡村箬竹产业一直是当地政府农村经济发展体系中重点鼓励扶持的产业,推动乡村箬竹产业的发展可以为平富乡农民提供更多的就业机会,带动当地经济发展,为实现农民美好生活而贡献一份力量。为此,政府、财政和金融等要为第一、第二、第三产业扩大融资渠道给予足量的资金扶持,以实现箬竹业提速发展。保障产业链资金融通,充分体现政府、财政和金融对乡村箬竹产业发展的支撑作用,逐渐实现从原来农户的个体效益,到村集体的集体效益,再到乡村企业的社会效益。

5. 建设高效基地树立典型,推动竹业提速发展

要以市场项目带动箬竹业提速发展,以村集体经济为主,并建设高效基地树立典型,以基地建设和典型树立作为示范,强化市场化导向,推动兴县富民和箬竹业强县战略的实施,提速箬竹业的发展。振兴靠产业,产业靠市场,产业经营是市场行为,发挥市场在资源配置中的决定性作用,强化市场化思维和主体责任,精准攻克个别发展难题,培育出适应市场变化和人民需求的乡村箬竹产业。乡村箬竹产业的发展,要避免市场行为下的要素共生困境和要素集聚困境,在市场机制下对箬竹产业生产要素和资源进行优化重组,实现生产要素集聚且和谐共生,促进乡村振兴战略的实施。

6. 以正确的舆论为导向,加大宣传力度

乡村箬竹产业的发展不仅仅要立足上犹县平富乡实际,从实际出发,利用当地优质资源搞发展,而且要利用新闻媒体加大对"竹业富民"和"竹业强县"工作的宣传,用舆论引导林农为之奋斗,把乡村箬竹产业这一品牌打响,让箬竹产品走出去,形成全县动员、全民动手、人人参与的浓烈氛围,把箬竹业提速发展工作开展得扎实有效。

参考文献

[1] 中共中央关于党的百年奋斗重大成就和历史经验的决议[N]. 人民日报,2021-11-17(001).

[2] 郭俊华,卢京宇. 产业兴旺推动乡村振兴的模式选择与路径[J]. 西北大学学报(哲学社会科学版),2021,51(6):42-51.

[3] 梁裕,韦大宇. 职业教育服务乡村产业振兴的内在逻辑、实践困境与实现路径[J]. 教育与职业,2021(22):35-40.

[4] 郭秋玲. 乡村振兴与农村文化产业协调发展研究[J]. 农业经济,2021(11):77-78.

后 记
POSTSCRIPT

根据湖北省委宣传部和省委讲师团的统一安排,华中科技大学马克思主义学院2017年8月在湖北省蕲春县横车镇设立"理论热点面对面"示范点。示范点自开始建设以来,在理论宣讲、干部培训、校地交流等方面取得了一系列成果。

2020年10月,为了进一步推动该示范点的建设和发展,不断提升理论宣传、理论研究和政策咨询的水平与能力,支持横车镇深入实施乡村振兴战略和"十四五"规划,在蕲春县委宣传部的大力支持和配合下,华中科技大学马克思主义学院、蕲春县委宣传部、横车镇政府决定共同成立乡村振兴研究中心。乡村振兴研究中心的主要任务是:进一步推动横车镇"理论热点面对面"示范点建设落地落实;为横车镇实施乡村振兴战略和实现经济社会可持续发展开展镇情调查、提供政策建议、进行理论研究;为马院师生开展乡村振兴、农村经济社会发展及相关理论研究提供实践基地。

2020年10月16日至21日,马克思主义学院25名师生分成五个研究小组,即经济与产业研究小组、人力资源研究小组、资源与生态研究小组、文化建设研究小组、乡村治理研究小组,在该镇进行了近一周的调研。调研结束后,在老师指导下,大家撰写了调研报告。报告经过了两轮系统修改,部分同学还返回当地进行了再次调研,其他同学也通过邮件、微信等方式进行了跟踪调研。为了丰富本论文集内容,同时收录了几篇其他相关论文。

本论文集主要为在读硕士研究生调研论文,尽管他们经过了认真调研和撰写过程,但受经历和水平所限,肯定存在诸多问题和不足,请各位读者批评指正!